供应链高管都是数据控

COO数据分析与运营
手把手教你做

卓弘毅——著

中国铁道出版社有限公司
CHINA RAILWAY PUBLISHING HOUSE CO., LTD.

图书在版编目(CIP)数据

供应链高管都是数据控:COO 手把手教你做数据分析
与运营/卓弘毅著. —北京:中国铁道出版社有限公司,
2024.5

ISBN 978-7-113-30911-4

Ⅰ.①供… Ⅱ.①卓… Ⅲ.①供应链管理-数据处理
Ⅳ.①F252.1

中国国家版本馆 CIP 数据核字(2024)第 016441 号

书　　名:供应链高管都是数据控:COO 手把手教你做数据分析与运营
　　　　　GONGYINGLIAN GAOGUAN DOU SHI SHUJU KONG:COO SHOU BA SHOU JIAO
　　　　　NI ZUO SHUJU FENXI YU YUNYING

作　　者:卓弘毅

责任编辑:王　宏　　编辑部电话:(010)51873038　　电子邮箱:17037112@qq.com
封面设计:宿　萌
责任校对:苗　丹
责任印制:赵星辰

出版发行:中国铁道出版社有限公司(100054,北京市西城区右安门西街 8 号)
印　　刷:河北京平诚乾印刷有限公司
版　　次:2024 年 5 月第 1 版　2024 年 5 月第 1 次印刷
开　　本:710 mm×1 000 mm　1/16　印张:18.5　字数:247 千
书　　号:ISBN 978-7-113-30911-4
定　　价:88.00 元

　　2022 年我的第一本著作《供应链管理从入门到精通》出版后,受到了诸多读者的支持,仅过几个月就重印了,这坚定了我继续写作的决心,于是便有了我的第二本著作。

　　本书在第一本的基础上进行了深度拓展,聚焦库存和运输两大主题,从数据分析、模型、运营、算法和预测五个方面探讨供应链管理中的核心数据内容,如图前-1 所示。

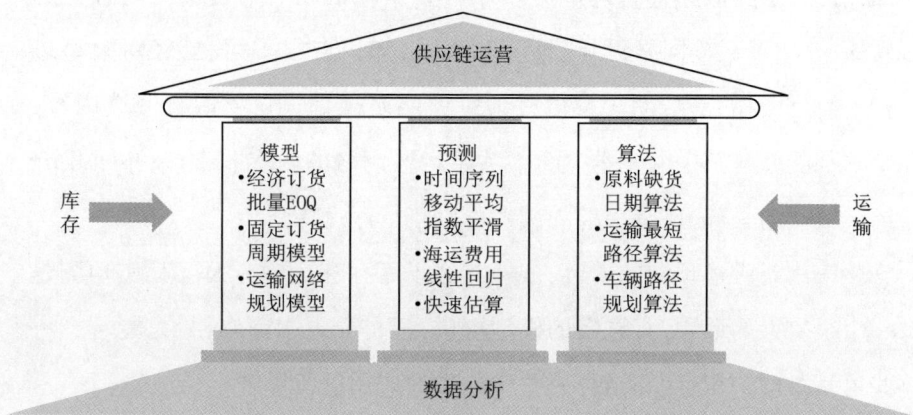

图前-1　供应链管理中的核心数据内容

　　本书共六章。第一章为读者解释了数据的重要性。供应链管理是文理并举的学科,软实力和硬核数据分析缺一不可,尽管有些人对数字并不感兴趣,但我们还是要面对它们,因为供应链的决策离不开数据支持。本章可以看作是全书的预热，希望能够激起朋友们学习的热情。

第二章和第三章是库存数据分析的内容。首先为读者介绍管理的理念、物料需求计划（MRP）计算逻辑和订货模型。库存模型有许多种，受限于篇幅，我无法把所有的模型介绍给大家，仅希望大家能够从中获悉数据的重要性，理解其中的计算逻辑。

库存管理进阶的内容是探讨预防缺货和过量库存这是两个相互背离的目标，供应链管理的工作就是要平衡库存成本和服务水平，这是相当有挑战性的工作。为了避免"按下葫芦浮起瓢"的情况，我们需要使用一套方法来控制库存，从根源解决问题，这是库存部分最后讲的内容。

第四章和第五章专注于运输管理。与库存管理一样，运输的内容也是由浅入深展开的。首先介绍运输管理的基础流程和关键知识点，例如成本和时效的权衡思考。书中会通过案例为大家详解国际物流的运输模式、费用计算和对库存的影响，从而把书中的两大主题建立关联。第四章使用了类似库存管理的方法来改善运输活动。第五章的内容尤为硬核，介绍了运输网络设计、模型和算法，知识点很多，我已经对模型进行了简化，目的是帮助大家更好地理解网络规划。只要认真阅读内容，基本都能理解其中的基本概念。关于运输网络的内容非常多，本书仅介绍了很小的一部分，有兴趣的读者可以自行深度探索。

第六章讲述预测的内容，依然专注于库存和运输方面。其实预测是一个很宏大的话题，有许多的模型可讲，但是受限于篇幅，我只能选择一些最基本的知识点，并结合一些实战中的应用进行讲解。

为了创作本书，我深度学习了许多资料，前后时间长达一年。在此期间，也把许多知识运用到现实工作中，并取得了一些成就，获得了公司高层的认可，所以我坚信数据分析的力量。现在，我把积累的知识和学习心得分享给大家，希望更多人看完本书后能够加深对数据分析的理解和认知。

本书中有一些 Excel 表格，如无特殊说明，使用的 Excel 版本是 Office 365 版。

在拿到本书以后，我希望读者能够尽快开始阅读，并坚持看完。持续学习是保持竞争力的秘诀，我是其中的受益者，所以也请大家和我一起探究数据分析，感受它带给我们的力量吧。

由于本人能力有限，如果书中有不正确的地方，请不吝赐教，非常感激。

卓弘毅

目录

第1章　供应链的尽头是数学

某脱口秀演员李×琴有一句著名的梗，"宇宙的尽头是铁岭"，意思是老家铁岭是她的起点，也是终点。如果按照这个逻辑，供应链的尽头应该是哪里？

1.1　数学为什么这样重要

供应链管理为什么要讨论数学？这需要了解供应链管理是如何诞生的，未来的供应链也与数学息息相关。

1.1.1　供应链的起点和终点

供应链管理从哪里来？以后要往哪里去？

供应链管理起源于 20 世纪 40 年代美军的军事后勤管理，它主要是由工业工程和运筹学组成，后者是应用数学的一个分支。

随后，后勤学被应用于制造业领域，例如研究如何利用机械化来改善劳动密集型工作的处理过程，以及如何利用货架、优化仓库设计布局来提高空间利用率。后勤学的名字也变成了今天我们熟知的物流。20 世纪 80 年代，电脑的发明对物流影响重大，它改进了物流规划和执行技术。从那时开始，物流被认为是快速发展的学科，它整合了产品、信息和相关服务的流动。

20 世纪 90 年代，企业资源计划（enterprise resource planning，简称 ERP）系统的问世进一步推动了物流的发展，供应链管理的概念开始出现，它整合了物流、高级计划和调度、财务、研发、人事、产品管理等许多内容。现在全球专业人士形成了一致的看法，他们认为物流是供应链管理的一部分。

供应链管理本质上是应用数学,例如需求预测会使用各种从简单到复杂的数学模型。供应链网点设计是运筹学的范畴,它研究多点之间的运输,目的是在几个方案之中找到最优解。供应链模型中会使用算法,例如启发式算法、遗传算法等,这些算法都和数学有关。所以供应链的终点还是数学,供应链管理专业是应用性很强的理工类学科。

1.1.2　我们终究要和数学共处

数学是供应链管理的必修课。

既然说到供应链管理离不开数学,那么这本书里就会有不少数学公式和模型。有句话讲"一本书上每多一个公式,就会少一半读者。"我很理解读者的心情和感受,换作是我,看到一大串不好理解的数学公式也会不自觉地想要跳过。能够欣赏数学之美的人毕竟是少数,而我的数学水平肯定是能和群众打成一片的。

尽管如此,数学依然是供应链管理中无法回避的内容。我们的日常工作就是在和数字打交道,每天早上开例会,领导要看前一天的库存金额是多少,订单完成率如何,这些都是量化的指标。月初,财务会来询问本月的预测运费,有些还会要求提供未来三个月的数据。领导会要求我们提供各类数据报表,有些是现成的,只需要刷新一下数据即可,还有些报表需要定制开发,这就有难度了。我们要先理解领导的意图,然后思索数据可以从哪些地方获取,如何提炼、整理、汇总,最后把结果呈现给对方。数学是供应链管理绕不开的话题,不管您是否喜欢它,我们都要和数字共处,并且学会欣赏它。

1.1.3　如何理解书中的数学公式

我的工作是给读者"减负"。

许多读者对我的文章和书籍的评价是"通俗易懂",这是我写作的特色之一。我之所以能够获得大家的认可,关键在于我是站在读者的立场写作。我时刻都在思考,如何让那些没有相关经验的朋友们理解抽象的供应链概念,给他们一种身临其境的体验。想要做到这点,我要尽可能地把文章写得浅显易懂,并且多使用生活中的场景,例如早餐铺、快餐店等。

在创作本书时,我也在考虑同样的问题,如果不使用数学公式,恐怕不能把事情交代清楚,我没有"大神"的水平,仅凭借文字就能解释复杂的问题。为了让更多读者能接受数学公式,我会在书中进行简化处理,在尽量保留核心概念的前提下,去掉一些非关键的变量,这样做的优点是公式会变得简单,缺点是降低了公式的强度,使它的内涵变得不那么丰富,可能会引起部分读者的诟病。我会尝试在数学概念的完整性和读者的可接受度之间进行取舍,找到平衡点。

在介绍公式内容时,我会直接把文字代入公式,这种做法看上去有些业余,但好处是读者不用反复查看公式中的字母都代表了什么意思。因为当一个公式中有五六个变量时,我经常会前面记后面忘,被多个字母搞得糊里糊涂,所以在书中,我就干脆把文字写在公式里,省得大家来回对照着看。我还会尽量把计算步骤写得详细些,让读者能够看懂每一步是如何计算出来的。如果是用电子表格展示,还会注明公式及数据来源,便于读者理解。

站在读者立场写作,可以避免"自我陶醉",使我写出的文字能够让大多数人看懂,让他们得到期望的结果。在此过程中,内容难免会有些瑕疵,逻辑上也可能存在漏洞,敬请谅解指正。

1.2 如何把数据分析和供应链运营结合起来

在职场上,既会数据分析,又懂业务运营的人最受欢迎,这种人可以把企业高层的战略意图落地,并且制定一条路径图,带领团队实现目标。企业里会做事、有执行力的人很多,懂得数据分析的人却较少。本节内容会浅谈一下如何把数据分析和供应链运营结合起来。

1.2.1　关于 ERP 的基础知识

ERP 是一个大型数据库,其中有许多的模块和各类数据,通过共享的平台打破数据孤岛,这是 ERP 的基本原理。

在 ERP 中,数据大体可以分为三种,分别是组织机构数据、主数据和交易数据,如图 1-1 所示。

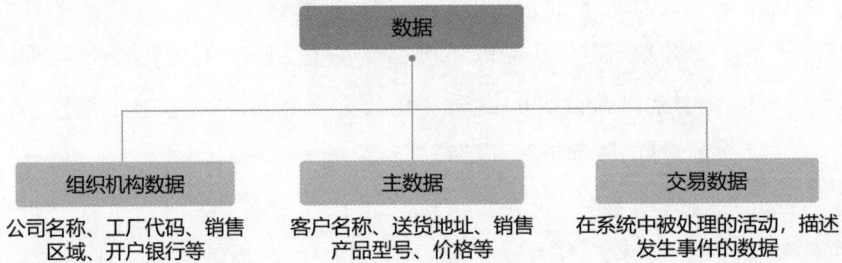

图 1-1　数据的种类

1. 组织机构数据

ERP 是 B2B(business-to-business 的简称,即企业对企业)业务的系统,是在许多组织之间开展业务和传输相关数据的系统。系统首先要包含一家企业的基础数据,包括公司名称、工厂代码、销售区域、开户银行诸如此类的信息。当公司的规模越来越大,就会出现分公司,例如在北京设立配送中心、在山东开设工厂。如果这些分公司都是独立法人,那就要"自立门户",各自负责财务损益表,在 ERP 里不能混为一谈。组织机构数据代表了公司的结构,它与供应链管理的相关性较弱,所以不是本文重点讨论的话题,我们应更关心另两种数据——主数据和交易数据。

2. 主数据

主数据(master data),相信许多人对这个名字不陌生。在 ERP 系统中有很多种主数据,如在销售模块有客户名称、送货地址、销售产品型号、价格等。供应链管理更关注物料的主数据,因为我们的工作是把原材料加工为成品,所以总是在和物料打交道。

尽管我们面对的是同一种物料,但是不同职能关注的主数据是不一样的。这是什么意思呢?假设销售的商品是盒装牛奶,财务的主数据是商品的分类、客户账号,销售关注的是价格、折扣策略,与库存和运输管理相关的是商品的最小起订量、生产周期和包装结构等。

以包装结构为例,我们在超市里看到的盒装牛奶是以 SKU(stock keeping unit 的简称,即库存进出计量的基本单元)为单位陈列在货架上的,这是商品最小的包装单位。超市在进货的时候,通常是以箱为单位,大型会员店则是用托盘。盒、纸箱和托盘,这些就是商品包装结构,每种容器类型对应的 SKU 数量是不一样的,如图 1-2 所示。

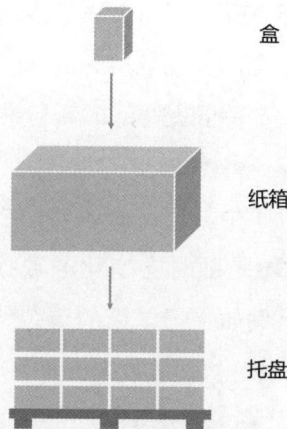

图 1-2　包装结构

假设每箱里有 24 件商品,一个托盘可以摆放 60 箱,那就可以知道每个托盘上的商品数量是 1 440 件。重量和体积并不是简单地乘以单位数量就能计算出来,还要考虑纸箱和托盘本身的重量,以及容器的内尺寸,这些包装结构的主数据可用于计算仓库所需面积和选择运输车辆类型。

举个例子,一家超市的客户采购了 200 箱牛奶,根据主数据就能算出这批货物是 3 个托盘,另加上 20 箱,计算如下:

(每托盘数量 60 箱×3 个托盘)+20 箱＝200(箱)

同时也能计算出相应的体积和重量,如图 1-3 所示。

	A	B	C	D
1	盒装牛奶	单位	重量（公斤）	体积（m³）
2	盒	1	0.2	0.000 2
3	纸箱	24	5.3	0.007 9
4	托盘	1 440	326.8	0.912 8
5				
6	采购订单数量	200箱	重量（公斤）	体积（m³）
7	纸箱	20	=B7×C3=106	=B7×D3=0.158
8	托盘	3	=B8×C4=980.4	=B8×D4=2.738 4
9	总计	3个托盘+20个纸箱	=106+980.4=1 086.4	=0.158+2.738 4=2.896 4

图 1-3　包装计算案例

　　有了商品的主数据以后，在预订运输车辆时就能立即得出货物的重量和体积，不需要再去询问仓库，可以节省不少时间。

　　给客户的最小起订量（minimum order quantity，简称 MOQ）也应以纸箱或者托盘为单位，这样仓库可以避免重新包装的环节，提高出库操作效率。

　　不同的流程和部门对于主数据有着各自的视角和用途，而主数据的状态是"相对静止"的，它不是随时会变化的数据。除非情况发生改变，主数据不会被随意修改。例如牛奶每箱的包装结构数量从 24 盒减少到了 20 盒，我们就需要在 ERP 中更新数据。而客户订单从 200 箱增加至 300 箱，这与主数据结构无关，就不用改动。

　　从另一方面看，由于主数据会影响 ERP 系统多个流程和部门，所以它的准确性就很重要，一个简单的错误会给库存和运输操作结果带来很大的负面影响，可以说是"差之毫厘，谬以千里"。

3. 交易数据

　　与主数据"相对静止"的状态相比，交易数据更趋于"实时更新"。在 ERP 的语言中，并不是只有把商品卖给客户才叫交易。它是指商品在系统中被处理的活动，交易数据（transaction data）是指描述发生的事件的数据。当原料达到仓库，工人在完成清点后要在系统里做收货处理，这个步骤就会产生交易数据。原料在入库后要存储在货架上，这又是一项活动，同样会产生交易数据。

交易数据会记录何时(when)、何地(where)、何人(who)、做了什么事情(what)、多少数量(how many)。

交易数据可以用于分析,它包含所有与供应商和客户之间的业务往来。从原材料的采购交易数据中,我们可以汇总过去一段时间内的采购订单,这是确定的订单(firm order),以此计算是否有足够或过量的原料;在回顾采购费用节省时,可以把仓库已经收到货物的交易数据从系统中提取出来,汇总后与采购预算进行比对,看看是否实现了节省的目标;想要查看每个客户的销售量,只要把仓库实际发货数量和销售价格数据导出,经过简单的处理后便一目了然。

交易数据储存在公共数据库里,从中直接获取的数据是无法做假的,是最真实的,可以帮助我们找到运营指标异常的根本原因。交易数据是事务性的记录,也是组织数据和主数据的组合。

1.2.2 数据清理都有哪些要点

数据是数字化的根基,数据清理是数字化中最为基础的技术之一,各个行业都会用到它。供应链管理活动会处理大量数据,有许多数据清理的场景。

1. 输入的是垃圾,输出的也是垃圾

相信许多人都听过这样一句话"Garbage in, garbage out",中文的意思是"输入的数据是垃圾,输出的结果也是垃圾",这个垃圾不是日常生活中的废弃物,它特指无用的、错误的数据。为什么会是这样?这需要从数据处理的过程说起。

当我们从外部数据源获得数据后,根据一定的公式和模型对数据进行分析处理,源头是输入(in put),结果是输出(out put)。我们可以把整个计算过程想象成一个函数公式,有些是无比复杂的计算,比方说物料需求计算,已经不是靠人脑能算出来的,必须依赖物料需求计划(MRP)系统。还有一些简单的线性函数,例如计算运输费用,一般会有一个基础起步价,然后根据距离乘以每公里的收费标准,得出这趟的运费是多

少。在该过程中，A点和B点之间的距离是一个变量X，根据计算公式得出费用Y的值。如果获得的X值是错误的，那么计算出的Y值肯定也是错误的。输入的源头数据是错的，输出的结果必然也没有用，这就是"Garbage in，garbage out"的意思。

数据错误的情况在供应链日常工作中比比皆是，例如盘点的时候数错了，输入了错误的库存数量，那么库存总数和金额就是错的。此处，列举几种典型的错误类型，欢迎大家"对号入座"。

1）错误的数值

表格中的无效值，比如加了空格和句号。有时候数据还会出现负值，例如库存，它怎么会是负数呢？可能是扣账的时候有一笔收货没有入库，就出现了负值。有些数值出现在了文本单元格里，自然就不能被统计。还有合并单元格，会导致数据统计错误或缺失。

2）重复项

有些编号应该是唯一的，比如货物追踪号，一票货对应的是一个追踪号码，是一对一的关系，我们要检查有没有重复出现的情况。

3）人为操作错误

只要是手工输入的，就一定存在出错的概率。输入数据的人手指一滑，碰到了其他的键，就输错了；或是在排序的时候没有全部选中单元格；还有可能是在用公式的时候引用错了。

4）其他

有些数据和大部分数据差距过大，例如在一个产品系列中，大多数产品单价在0.5元至10元，突然出现了一些超过100元的数据就很可疑，可能是系统里的报价前者是美元，后者是日元。

我们需要仔细地查看数据，每次可能都有新发现，那种感觉就像是哥伦布发现新大陆一样，总会给人"惊喜"。

2. 如何发现错误数据

找出错误数据就像是在大海捞针，如果没有合适的方法，可能看了半天数据只会看到满天的小星星，这里介绍几种方法供大家参考。

1）使用公式

首先要确保数据是有效的，因此要做一次大排查，把数据中的无效数值找出来。可以用求和或是查找的公式快速查看，根据公式结果判断是否有无效值。当一列数据求和结果为 0 时，说明这些数据格式不是数字。如果想要把无效数值找出来，在 Excel 中可以用 VLOOKUP 函数，如果返回值是"#N/A"，说明这个记录有问题，可能是输入错误，或是有空格。

2）使用目视化图表

用图表可以快速查看是否存在异常数据，我们可以用散点图和柱状图目测是否有特别离谱的数值。

3）使用数据透视表

通过数据透视表汇总查看异常。Excel 中的数据透视表（pivot table）是一个很好用的工具，拖拽起来方便，而且容易理解。

如图 1-4 所示，从左边的原始表格汇总出来的数据存在两个错误点，用灰色单元格标出。首先是两个产品号 ABC50535 没有被汇总，说明其中一个的产品件号存在无效值；其次，产品 ABC35816 汇总数量为 0，但是左侧没有为 0 的数值，说明这个产品的库存数量单元格存在错误，可能是格式问题。

4）分析变异系数

使用变异系数反映数据离散程度，也叫作离散系数。简单地说，在进行数据统计分析时，如果变异系数大于一定程度，如 15%，数据可能不正常，这是进阶的内容，属于概率和统计分析的概念，就不在这里具体展开了。

3. 有条理地清理数据

找到数据问题点后，最后就是要做数据清理了，具体的方法有许多种，每个人都有自己擅长的方式，在这里我们讨论一下通用性的原则。

1）先备份

以前我在打电脑游戏的时候，一般在和大 boss（在游戏领域，指首

	A	B	C	D	E
1	产品件号	库存数量			
2	ABC134557	5 000			
3	ABC30630	2 400		行标签 T.	库存数量汇总
4	ABC30704	700		ABC134557	5 000
5	ABC35703	3 000		ABC30630	2 400
6	ABC35815	2 100		ABC30704	700
7	ABC35816	2 000		ABC35703	3 000
8	ABC40744	2 000		ABC35815	2 100
9	ABC50362	4 200		ABC35816	0
10	ABC50448	800	汇总	ABC40744	2 000
11	ABC50448	400	→	ABC50362	4 200
12	ABC50523	2 400		ABC50448	1 200
13	ABC50535	1 000		ABC50523	2 400
14	ABC50535	1 000		ABC50535	2 000
15	ABC50535	1 000		ABC50535	1 000
16	ABC50560	8 000		ABC50560	8 000
17	ABC50593	600		ABC50593	600
18	ABC50596	2 000		ABC50596	2 000
19	ABC50603	1 000		ABC50603	1 000
20	ABC50605	1 000		ABC50605	1 200
21	ABC50605	200		总计	38 800

图 1-4　通过数据透视表汇总查看异常的数据

领、头目)决战之前都要先存档,万一打输了就调档,这样就不会游戏结束(game over)。

我们做数据清理之前也要先备份存档,万一没处理好,至少还有原始数据,否则后果不堪设想。

在做改动之前,一定要先把旧的文件存好,在 Excel 表格里选择另存为,或是复制。我们改动过哪些地方,也要留下记录。如果发现可疑数据,在清理之前,需要和相关人员进行确认。例如,价格汇率到底是美元还是日元,找到相关采购员问一下,确认后再进行修改。盘点库存的时候发现可疑数据,先不要急着改,再去现场盘点一次,然后根据实际情况修改。万一自己是错的,把数据改了岂不是太过草率?

2)做记录

一定要把发现的问题和采取的措施完完全全地记录下来。对于所有的改动,我们都要确保能解释清楚。人的记忆力没那么好,好记性不如烂笔头,记录一下也没什么损失,以后万一有需要,我们还可以随时找到改动过的地方,撤销改动。所以说原始数据永远不要删除,复制一份保存好,把清理过后的数据用于以后的分析。

原始数据绝没有我们想象中那样干净,需要花点时间进行清理,然后才能用于下一步的整理、汇总和分析,并进一步提炼洞察。我们要时刻对外部数据持有怀疑态度,警惕地观察一切不合理的数据。

1.2.3 为什么供应链离不开数学模型

本书会讨论很多数学方面的话题,当然也有其他供应链运营方面的内容,但是数学将会是重点。

1. 为什么要谈论数学

因为供应链离不开它。供应链从业者每天都要做各种决策:在战略层面上,要制定供应链战略,在什么地方开设配送中心和工厂;在战术层面上,要研究怎么做来年的预算,用海运还是空运;在日常操作层面,要思考订单数量,如何预防缺货,在运费和交付之间寻找平衡点。如何解决这些问题?靠主观臆测吗?那就是在瞎蒙,或许能够蒙对一次,但能保证每次运气都站在你这边吗?唯一可靠的方法就是通过数学分析,而决策的核心是模型,所以本节我们要讨论数学模型。

2. 什么是模型

我首先想到了高达机器人(由日本动画公司 SUNRISE 制作的机器人动画系列),其在设定上把动漫作品里的巨型机甲还原到了现实世界里。数学模型是通过数学手段进行模拟,还原真实世界的情形,来帮助我们进行决策。经典的供应链模型有经济订货批量,它会帮助使用者找到一个最合适的订货量,这种模型叫作指示性模型,它告诉我们该怎么做,也就是提供建议或推荐的模型。此类模型还有运输网络规划模型,可以帮我们找到最短的路径。

另一种是预测性模型,用来预测即将发生的事件,包括在需求预测中经常使用到的时间序列模型,以及线性回归模型,这两种是本书主要谈论的模型,它们会出现在库存、运输和预测的章节之中。

虽然书里有不少模型的内容,不过请读者放心,我会尽量把案例设计得简单易懂,并且过滤一些复杂的概念和公式。考虑供应链管理者的工作一定会涉及数学模型,所以建议大家放松心情,来感受学习数学的乐趣。

本书无意成为一本数学教科书,学习模型的目的不是让各位成为建模大师,而是帮助大家理解模型可以做些什么,知道模型的输入值和输出值应该是什么。当大家在日常工作中遇到实际问题时,知道该用哪种模型工具,这才是学习的主要目的。

1.2.4 为什么要讨论库存和运输

在供应链管理中有许多模块,包括采购、计划、交付和仓储等。在这本书中我会重点谈两个话题,那就是库存和运输。为什么是它们? 难道其他的模块就不重要了吗? 主要的出发点有以下三个方面:

首先,库存和运输管理都是供应链管理者最主要的工作,当然不是说其他的工作不重要,工作没有不重要的,但库存和运输管理更重要。

其次,库存和运输更加重要的原因是它们都直接和钱有关系,这很容易理解。库存里的物料是在系统中的钱,只有经过生产,销售给客户以后,才能转化为现金。关于库存的重要性已经众所周知,不需要再讨论了。运输也与钱直接挂钩,原料或商品完成在物理上的移动,就需要支付运费,不管是自己运输,还是找第三方,都得要花钱才行。如何用更少的钱来完成更多的任务,这是每一个管理者必修的功课。其他的模块是怎么样的? 它们未必就直接与钱有关系了。例如需求管理,它的重要性毋庸置疑,但它与现金的关系是间接的。如果管理者想要在工作上尽快取得一些成绩,不妨把方向先定在库存和运输上面。

最后,库存和运输是有关联的,这主要反映在运输对库存的影响上。在库存的总成本中有订货费用,另外还有库存的成本,包括循环库存和安全库存,以及这些库存的持有成本;运输成本也是一种可变成本,运输的货物越多,运费就越高,它反映在订货费用中,这是库存和运输的第一层联系。运输需要一定的时间,这是运输的提前期,随着运输周期的延长,我们持有的循环库存就会越多,这是由库存的公式决定的,在后续的内容中会详细介绍。不仅如此,提前期变长后,随机性也会增加,它可能是需求的突然增加或是减少。如果需求减少了,意味着库存的消耗量也变少了,它会滞留在系统里,占用更多的现金。所以运输和库存有着多重的关系,研究这两个模块能帮助我们理解供应链中许多的关键问题。

1.3 数据如何赋能

数据被誉为数字经济时代的"石油",它可以赋予企业强大的动能,谁掌握了数据分析的能力,谁就能获得洞察力,从而提升个人的竞争力。

1.3.1 数据如何给个人和企业赋能

在信息发达的社会,我们每天都被大量数据包围着,如何从中找到有用的数据,如何利用现有的资源进行数据分析,这些是经常困扰员工和企业的问题。

1. 数字化供应链中的短板

近几年来,有两个词在供应链管理中非常热门——第一个词是数字化,第二个词是赋能。

说起数字化,不管是生产制造企业还是流通企业,都在讨论数字化转型、升级,唯恐被时代抛弃。不仅是企业,在行业里也在流行数字化,采购、销售、营销也不例外,当然也少不了供应链管理。数字化浪潮正在横向的行业和纵向的企业维度360°无死角地展开,如火如荼地发展着。

我长期在供应链管理的一线工作,每天都在和数字打交道,库存数量、运费金额、预测结果等都是数字,我和数字化供应链也算是沾上边了,现在说说自己的所见所闻。

现在的供应链系统已经很发达了,各种软件覆盖了所有的供应链模块,包括采购、制造、交付、仓储,在模块的细分垂直领域里,也有针对不同行业的解决方案。在应用平台层面上,有传统的本地部署和新潮的云端技术。系统软件撑起了数字化供应链的架构和应用，所以说数字化确实是在推动行业发展，帮助企业提高效率和降低成本。数字化的好处毋庸置疑。

有了数字化系统后，企业是否就可以高枕无忧了？在十多年前，我曾经工作过的企业里有一家工厂，当时使用了一套 MRP 软件，虽然不是顶级的软件套装，但也是比较强的系统。MRP 其他的功能都运行起来了，但计划还是要靠老计划员手工做，因为计划模块并不可靠，还不如人工来做。我相信这种现象绝不是偶然的，坊间关于信息系统有一句话是："上系统是找死，不上系统是等死。"虽然我不是 100% 认同，但这句话流传已久，至今仍有一定的市场。

很难说清楚企业上系统失败的根本原因究竟是什么，成功的案例总是相似的，而失败却各不相同。不过有一点我可以确定，那就是人的因素。系统、流程和人是三个关键因素，缺一不可。

人的因素是很复杂的，有些人不想用新的系统，这部分先抛开不谈，剩下的就是不会用系统，或者说使用不当，没有发挥系统真正的实力，这是很有可能的。

为什么员工用不好系统？培训不到位是一个因素，系统本身的缺陷也是个问题，数据没有打通的系统加重了员工的工作量，所以大家都不愿意用，以上都是最常见的原因。除了这些以外，或许还有一种可能，那就是使用者对于数据的理解不够深入。

数字化系统是否可以解答所有的业务问题？想必是不能的。系统有它的边界，只能输出在它架构里的结果，有些问题是在系统之外的。经常有读者向我咨询问题，例如一家公司在上海有总仓，在武汉和北京有分仓，如何计算分仓的存储需求计划？类似的问题系统可能回答不了，否则读者也不会来问我。

系统可以输出许多报表，但它们是已经开发好的，使用者只需要按照步骤操作就可以输出结果。如果没有现成的报表怎么办？我们要手动整理数据，进行分析，提供结论。业务是动态变化的，系统预见不了未来还会需要哪些报表，而二次开发需要另外付费给服务商。

即使系统很强，但也不能解决企业的各种个性化的供应链管理需求。企业该如何应对？面对日新月异的运营场景，在系统能力边界之外，只有依靠员工给企业赋能了。

2. 如何实现赋能

赋能是另一个热门词汇，它的来源是英语的 empower，本意是授权，在中文语境里，现在意思是为某个主体赋予某种能力和能量，可以理解为帮助公司解决业务上的难题。员工可以从几个层面来赋能企业：在战略层面制定供应链战略规划，研究在哪里开设工厂和配送中心，这是顶层设计；在战术层面设计具体的运营流程，持续改进降低库存和运营费用；在执行层面处理各种系统外的数据交互异常、纠正错误的参数等。这些是最直接的赋能，也是企业急切需要的能力。

想要赋能企业，员工需要有很强的数据分析能力和运营的经验，这是在数字化系统之外的技能。而员工是否具备企业所需要的能力呢？

有些人只会操作系统，按部就班地执行命令，知其然，而不知其所以然，更换了场景，就不知道该怎么操作了。

有些人不理解计划参数的含义，更不敢贸然修改参数，前任设置好的数字，在没有人通知的情况下，绝对不去改动它。

有些人不能提供数据洞察，如果没有人教，他就不知道该从哪里提取数据进行分析，更别说提供结论了。

以上都是我在日常工作中观察到的现象，应该不是个例。供应链数字化发展方兴未艾，而人员的能力和企业的要求可能存在差距，导致再好的系统也发挥不出作用。企业在数字化方面的投资可能收不到预期的回报，转型之路走得磕磕绊绊。

对员工来说，数字化必然会淘汰一些低附加值、重复性的岗位。机器人流程自动化（robotic process automation，简称 RPA）已经从边缘变成了主流，其在供应链管理中开始大量地应用，物料采购、订单发货、货款对账、仓库保管等都已实现了自动化操作。不想学习新的技能、不具备提升核心竞争力的员工恐怕迟早要被机器所替代。用更直白的话来说，员工如果想要保住饭碗，就要让自己变得更有用，这样即使离职了，也不愁找不到下家。数据分析是一项核心能力，是所有供应链管理从业者要不断提高的技能。

明代著名的思想家王阳明说过一句著名的话"人须在事上磨，方立得住"，意思是人应该通过经历各种事情磨炼自己，才能立足沉稳。员工要明白一件事，其实每个人是在为自己打工，我们要利用公司的数字化系统和资源进行自我提升，把遇到的困难当作是锻炼的机会。当我们解决了一个个数据分析和处理的问题后，自己的经验值就增加了，这样累积到一定程度就会有质的飞跃。员工通过各项数据分析的工作来磨炼自己，才能立足职场，在升职加薪的同时，把主动权握在自己手里。企业为员工搭建好舞台，准备好道具（数字化系统），就等你来施展才华了。

数据和流程构成了系统，它需要由合适的人来操作，才能实现系统的投资回报。员工在使用系统的过程中，既掌握了最新的数据分析技能，又提高了自己的核心竞争力。至此，数据同时给个人和企业实现了赋能，达到了双赢的局面，如图 1-5 所示。

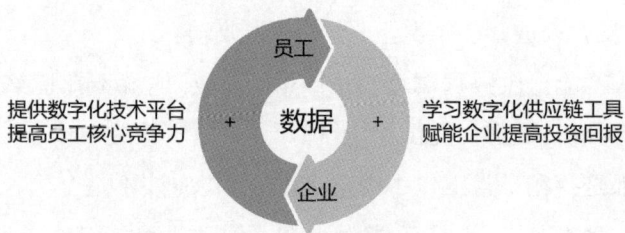

图 1-5 数据如何给个人和企业赋能

1.3.2 为什么使用 Excel 分析供应链数据

在数字化时代，供应链专业人员需要具备许多技能，其中一项是数据分析。有些公司使用了复杂的软件包来建立数学模型，还有些使用商业智能软件管理大量的数据。尽管有这些高大上的系统，但仍有许多公司在使用 Excel，它也叫电子表格。如今已经是数字化供应链时代，为什么我们还要用 Excel 分析供应链数据？

1. Excel 实在是太好用了

存在即合理，不管我们是从事什么工作，把 Excel 用好了都能够助力业务，例如使用 Excel 来管理供应链和库存。Excel 成为主流工具的主要原因如图 1-6 所示。

01 全球性的工具	02 简单易上手	03 鲜有竞争对手	04 使用界面变化不大
每月活跃用户数以亿计，是全球性的工具	大多数人经过培训练习后都能熟练掌握	产品太强大，竞品少	迭代的速度不快，使用界面基本没变化
05 高度的兼容性	06 开始具有人工智能	07 职场加分项	08 做供应链数据分析
许多外部系统都与其兼容，开放度很高	软件变得更加智能了	熟练掌握Excel是一项加分项	内嵌统计函数，可支持供应链数据分析

图 1-6　Excel 成为主流数据分析软件的八点原因

1）全球性的工具

全世界大多数的公司每天都在使用 Excel 处理业务，不管是什么行业、什么类型的公司或是组织，都在使用微软办公软件套装，其中用得最多的就是 Excel，它可以说是微软旗下最成功的软件了。有一种说法，即使用 Excel 的人数和全球说英语的人数差不多。Excel 每月的活跃用户数以亿计，它已经是一种全球性的工具了。

2）简单易上手

Excel 最大的特点之一就是容易上手。你可以在表格里输入一些信息把它用作记事簿，也可以输入一些数据用于统计汇总，这些功能只需要简单学习就能快速掌握，对使用者非常友好。Excel 中的公式也不复杂，一般只需练习几次就能理解其中的逻辑。例如，使用频率很高的 VLOOKUP 函数，用熟练后就能灵活掌握使用技巧，帮助我们节省许多时间。

3) 鲜有竞争对手

为啥大家都在用 Excel？主要是这款产品太强大，竞品很少。在国产软件中，金山的 WPS 能争取到一些市场份额；在国际市场上，谷歌的办公系统有一些用户。

Excel 也有弱点的。例如现在流行的云协同，由多个用户在同一个电子表格里同时工作，我个人的使用体验就不是很好；Excel 在线协同还不能管理和分析大量的数据，任何人都可以更改数据，而且看不到修改的记录，如果有人不小心手滑了一下，我甚至都不知道数据被改动过。

4) 使用界面变化不大

我有好几台电脑，其中有一台电脑上面还保留着 Excel"古董"级的 1997 版本，如图 1-7 所示，估计现在已经没有什么人在用了。

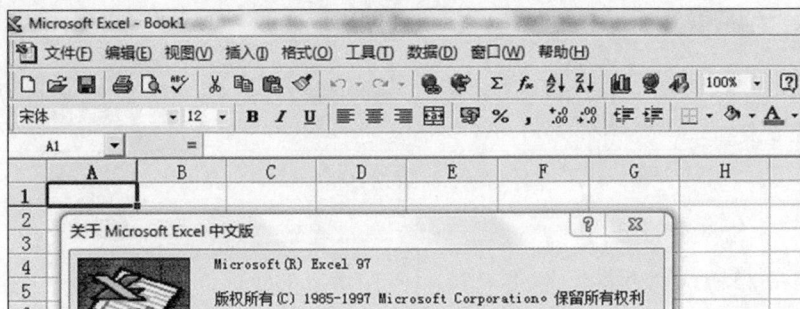

图 1-7　微软 Excel 1997 版本界面

对比 Office 365 订阅版的 Excel 界面，如图 1-8 所示，就会发现它的菜单栏几乎没什么变化。

图 1-8　微软 Excel Office 365 版本界面

Excel 迭代的速度并不快，使用界面基本没什么变化，而且支持向下兼容，也就是高版本可以打开低版本的文件，这种做法最大的好处是我们不必多次学习新的软件，只要熟练掌握 Excel，以后就可以"一劳永逸"。当然,完全"躺平"是不行的,毕竟新版本会有新的功能和公式,我们也要与时俱进,持续学习。

不得不说,Excel 在数据处理方面的功能越来越强大,其在数据存储量上,每个工作表可以包含 1 048 576 行和 16 384 列的数据,足以应对绝大多数的使用场景。估计很少有人会用得上这么多的行列,而且计算机的芯片和内存可能带不动这么大的计算量。面对海量的数据运算,通常我们会使用更专业的数据库,Excel 也不适合用于大量的数据处理。

5)高度的兼容性

Excel 非常灵活,所以使用者非常多,其他系统软件都支持 Excel 数据格式,可以在系统中导出数据,保存为 Excel 可以打开的文件格式。

各个 ERP 系统厂商之间的文件可能不兼容,但是他们的文件对于 Excel 都保持高度兼容性,还有厂商把系统的界面设计得与 Excel 相仿,就是为了给用户提供更好的使用体验。

6)开始具有人工智能

Excel 可以根据输入的信息,结合现有的数据,自动猜测你想要完成的工作,软件变得更加智能。

我在 A2 至 B5 的单元格中输入数据后,先在 C2 输入"七月一日 100",接着在 C3 输入"七月四"后,Excel 就自动猜测我要干什么,然后用快速填充完成其他信息输入,如图 1-9 所示,感觉软件变得有"智慧"了。在输入了第一行数据后,我们也可以使用【Ctrl+E】快捷键完成操作。

	A	B	C	D
1	日期	发货	日期+发货	
2	七月一日	100	七月一日 100	
3	七月四日	200	七月四日 200	
4	七月七日	150	七月七日 150	
5	七月十日	50	七月十日 50	
6				
7				

图 1-9　Excel 具有了一定的"智能"

7) 职场加分项

如果你是求职者，熟练掌握 Excel 是一项加分项。如果公司里的同事知道你是 Excel 高手，遇到难题会来向你求教；如果老板让你做数据分析，你三下五除二搞定了，领导定会对你刮目相看，委以重用。从各方面看，如果谁学会 Excel，就走遍天下都不怕了，在哪里都是香饽饽。

8) 做供应链数据分析

对于供应链管理者，虽然现有 ERP 等信息系统已经很强大了，但许多情况下还是要通过 Excel 进行数据分析，因为它更加灵活，在数据量不大的情况下，使用 Excel 可以更便捷地完成分析。业务部门经常要看一些定制化的数据报表，高手可以使用商业智能软件，但是对于更多的人来说，这些技术都有门槛，不是那么容易掌握的。相比之下，学习 Excel 就容易许多，而且它是你每日都在用的，更加有亲切感。Excel 内嵌了大量的统计函数，足够供应链数据分析的使用。在本书中，我使用 Excel 给读者展示数学模型和数据分析，这说明 Excel 是能够胜任供应链数据分析的。

2. 如何培养 Excel 技能

既然 Excel 这样重要，我们该如何提升技能水平，增强自己在职场的竞争力呢？

1) 多多练习

我最初接触 Excel 是在刚步入工作的时候，因为日常工作中需要使用这项技能，所以就有针对性地进行了学习。一般来说，我们都是由于业务需要，然后才会去学习如何使用数据透视表和一些复杂的公式，所以先要有需求，这和供应链的原理是相通的，由需求驱动的学习效率是最高的。因此，我们要尽可能多地练习，不要惧怕新的挑战。

2) 关注一些公众号

微信上有许多学习 Excel 的公众号，这里面的内容更加专业，文章质量比搜索引擎找到的要高一些，所以我习惯在公众号里查找。此类公众号会推送一些实用的方法和使用的技巧，比如图表和函数公式，我平时都会去瞄一眼，如果是我感兴趣的，就收藏下来，如果暂时用不上就大致了解一下功能,没准以后能派上用场。看公众号就是利用每天的碎片化时间学一点 Excel 技能,我曾看到一篇文章介绍新的 XLOOKUP 函数,试了一下果然比 VLOOKUP 函数更加好用,这些在平日里积累起来的点点滴滴知识,对自己工作很有帮助。系统化深度学习和碎片化学习都可以提高我们的 Excel 技巧,每个人可以根据自己的情况,找到最适合的学习方式。

3)拒绝重复劳动

人类因为懒得洗衣服,所以发明了洗衣机。懒惰并不一定全是坏事,特别是在 Excel 使用方面。我们为什么要做重复性的工作?不断地复制和粘贴到底有什么价值?我们一定要拒绝重复性的、无意义的工作。因为这些工作消耗了太多的时间,却没有创造什么价值,所以我们要更加高效地使用工具,否则就会变成工具人。

数据量较少的情况我可以接受手工操作,数据超过几十条还在一个个敲击,那就不能让人忍受了。如果可以使用公式,就绝对不要手工输入,这样做不仅效率低,而且容易出错。数据量较大时,我们就要思考如何使用公式,甚至是宏来解决问题。当你搞定了一项任务后,你就能够从中掌握新的知识,学到新的技巧,增强自己的数据处理能力。时间一长,经验技能累积到一定水平,你就可以实现质的突破,蜕变成为数据分析高手。

1.3.3 案例:使用数据洞察供应链的真相

前面的内容说了许多关于数据赋能的优点,接下来通过一个案例,来了解一下数据究竟能洞察到什么。

1. 案例背景

在 2021 年年末的时候,我的朋友张三向我咨询一个问题。由于 2021 年国际海运的运输时间很不稳定,他想要作一下分析,提供给总部作为参考,但不知该如何入手,所以想找我帮忙。

张三的 A 公司有几家工厂分布在长三角地区,产品通过上海港出口到美国印第安纳州的客户 B 工厂,主要的运输模式是海运加美国内陆多式联运。货柜抵达美国西海岸的洛杉矶或长滩港后,通过铁路运输至芝加哥,用卡车完成最后的派送。

考虑到启运港都是上海港,张三统计了从启运港开船到货物送达客户仓库的全部日期,用这个数据来分析运输时间的情况。总运输时间的公式如下:

总运输时间=海上运输+进口清关+内陆多式联运

A 公司的几家工厂出货量并不均衡,有整柜,也有拼柜,有时出货量介于两者之间,张三也想知道整柜和拼柜的时效性有多少差别。

张三把 2020 年 11 月至 2021 年 10 月的实际运输时间提供给我,在经过初步整理后,得出有效数据共有 127 条,具体情况见表 1-1。

表 1-1　国际海运数据

编号	启运港开船日期	抵达仓库日期	从启运港开船日到抵达仓库天数(天)
1	2020-11-27	2021-01-04	38
2	2020-11-19	2021-01-05	47
3	2020-11-27	2021-01-13	47
4	2020-12-02	2021-01-14	43
5	2020-12-09	2021-02-02	55
6	2021-01-05	2021-03-02	56
7	2020-12-29	2021-03-02	63
8	2021-01-05	2021-03-04	58
9	2021-01-30	2021-03-18	47
10	2021-01-11	2021-03-26	74
11	2021-02-04	2021-04-01	56
12	2021-03-20	2021-04-12	23
13	2021-02-12	2021-04-13	60
14	2021-03-10	2021-04-13	34
15	2021-03-15	2021-04-19	35
16	2021-02-28	2021-04-22	53

编号	启运港开船日期	抵达仓库日期	从启运港开船日到抵达仓库天数（天）
17	2021-03-21	2021-04-26	36
18	2021-03-28	2021-04-26	29
19	2021-04-19	2021-06-03	45
20	2021-04-19	2021-06-04	46
21	2021-04-13	2021-06-09	57
22	2021-05-03	2021-06-11	39
23	2021-06-19	2021-08-11	53
24	2021-04-06	2021-04-27	21
25	2021-04-19	2021-05-26	37
26	2021-05-18	2021-07-07	50
27	2021-05-18	2021-07-13	56
28	2021-05-18	2021-07-22	65
29	2021-06-12	2021-07-26	44
30	2021-06-12	2021-07-28	46
31	2021-06-19	2021-07-30	41
32	2021-06-21	2021-08-04	44
33	2021-05-18	2021-08-10	84
34	2021-06-12	2021-08-11	60
35	2021-06-28	2021-08-24	57
36	2021-06-28	2021-09-01	65
37	2021-06-28	2021-08-31	64
38	2021-07-19	2021-08-31	43
39	2021-06-28	2021-09-01	65
40	2021-08-04	2021-09-10	37
41	2021-07-19	2021-09-10	53
42	2021-08-18	2021-09-15	28
43	2021-08-18	2021-09-13	26
44	2021-08-18	2021-09-16	29
45	2021-09-05	2021-10-11	36

编号	启运港开船日期	抵达仓库日期	从启运港开船日到抵达仓库天数（天）
46	2021-09-05	2021-10-14	39
47	2021-09-05	2021-10-14	39
48	2021-09-05	2021-10-14	39
49	2021-09-05	2021-10-15	40
50	2021-09-05	2021-10-20	45
51	2021-07-19	2021-11-02	106
52	2021-10-01	2021-11-03	33
53	2021-10-01	2021-11-03	33
54	2021-10-01	2021-11-04	34
55	2021-10-01	2021-11-05	35
56	2020-11-21	2021-01-04	44
57	2020-11-15	2021-01-04	50
58	2020-11-21	2021-01-07	47
59	2020-11-28	2021-01-12	45
60	2020-11-29	2021-01-15	47
61	2020-11-28	2021-01-18	51
62	2020-11-28	2021-01-19	52
63	2020-12-05	2021-01-22	48
64	2020-11-28	2021-01-25	58
65	2020-12-05	2021-01-27	53
66	2020-12-12	2021-02-05	55
67	2020-12-12	2021-02-05	55
68	2021-01-09	2021-02-08	30
69	2020-12-13	2021-02-09	58
70	2020-12-19	2021-02-19	62
71	2020-12-19	2021-02-24	67
72	2020-12-19	2021-02-25	68
73	2020-12-26	2021-03-03	67
74	2020-12-26	2021-03-03	67

编号	启运港开船日期	抵达仓库日期	从启运港开船日到抵达仓库天数（天）
75	2021-01-04	2021-03-05	60
76	2020-12-30	2021-03-09	69
77	2021-01-02	2021-03-11	68
78	2021-01-12	2021-03-12	59
79	2021-01-12	2021-03-12	59
80	2021-01-12	2021-03-15	62
81	2021-01-08	2021-03-15	66
82	2021-01-02	2021-03-24	81
83	2021-01-09	2021-03-24	74
84	2021-01-09	2021-03-24	74
85	2021-01-16	2021-03-24	67
86	2021-01-23	2021-03-31	67
87	2021-01-23	2021-03-31	67
88	2021-01-16	2021-04-01	75
89	2021-01-20	2021-04-01	71
90	2021-01-16	2021-04-02	76
91	2021-02-19	2021-04-06	46
92	2021-02-19	2021-04-07	47
93	2021-02-19	2021-04-08	48
94	2021-02-22	2021-04-15	52
95	2021-02-22	2021-04-16	53
96	2021-03-06	2021-04-22	47
97	2021-03-06	2021-04-23	48
98	2021-03-15	2021-04-28	44
99	2021-03-13	2021-05-03	51
100	2021-03-27	2021-05-17	51
101	2021-04-10	2021-06-08	59
102	2021-04-13	2021-06-11	59
103	2021-04-13	2021-06-11	59

编号	启运港开船日期	抵达仓库日期	从启运港开船日到抵达仓库天数(天)
104	2021-04-19	2021-06-14	56
105	2021-04-19	2021-06-14	56
106	2021-04-19	2021-06-14	56
107	2021-04-04	2021-06-24	81
108	2021-05-18	2021-06-24	37
109	2021-05-18	2021-06-25	38
110	2021-06-08	2021-07-09	31
111	2021-06-08	2021-07-12	34
112	2021-06-08	2021-07-12	34
113	2021-05-25	2021-07-14	50
114	2021-06-16	2021-07-23	37
115	2021-06-16	2021-07-28	42
116	2021-06-24	2021-08-11	48
117	2021-07-05	2021-08-26	52
118	2021-06-24	2021-08-30	67
119	2021-05-30	2021-09-01	94
120	2021-08-09	2021-09-14	36
121	2021-09-09	2021-10-20	41
122	2021-09-26	2021-10-26	30
123	2021-09-26	2021-10-29	33
124	2021-09-26	2021-10-29	33
125	2021-09-26	2021-10-28	32
126	2021-09-26	2021-10-28	32
127	2021-09-26	2021-11-03	38

2. 数据分析

数据分析该如何开始? 不妨使用以下的步骤:

1) 初步分析

先把相关数据在 Excel 表格中绘制成散点图,如图 1-10 所示。

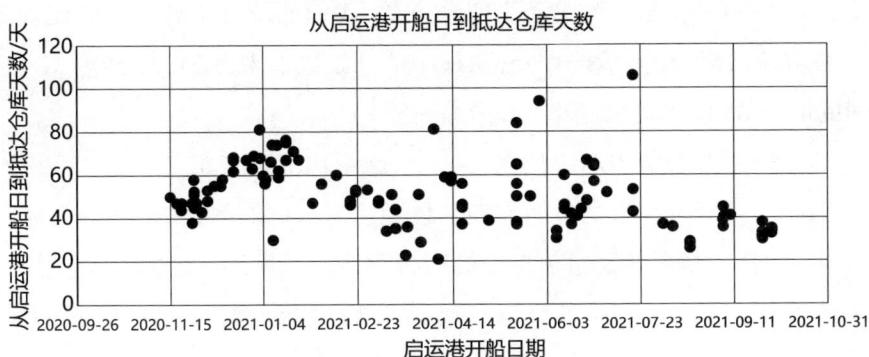

图 1-10 海运天数的散点图

如图 1-10 所示,横轴是每票货物实际开船的日期,纵轴是从开船到 B 公司仓库的总天数,包括海上运输、进口清关和内陆多式联运的时间。下面的分析都是依照这个统计方式进行的。

初看之下,整体的运输天数在 20 至 105 天,主要集中在 40 至 60 天的区间段。当然目测的方法只能用于快速判断,我们还要进行下一步的统计分析。

2)最大值、最小值和众数

我把数据排序,发现最小值是 21 天,也就是从上海港到客户仓库最快的时间,这相当厉害了,但是最大值竟然也有 106 天,相当于 3.5 个月。最大值和最小值的差距有 85 天,其中出现次数最多的天数有两个值,也就是众数,分别是 47 天和 67 天,各有 7 次。想要计算众数,可以使用 Excel 中的 MODE.MULT(数值范围)函数,它会返回众数的所有值,这样我们就不用一个个去数了。

想要知道运输大概率会需要多少天,用平均数是最简单的方法,127 条记录的平均数是 51 天(此处已经四舍五入,下同)。平均数用起来简便,但我们也知道它有缺点,比如平均工资公布后,总有人感觉是拖了后腿,因此我们要使用百分位数来分析,当然平均数还是有用的,留在后面再讲。

3)百分位数

百分位数是指把所有数据从小到大排序,并计算相应的累计百分

27

位。第 25 百分位数又称第一个四分位数,我们的统计中有 127 个记录,25 百分位数对应的是第 31. 75,从最小值开始数下来,在第 31 和第 32 之间的那个数,也就是 39 天。

第 50 百分位数也叫中位数,这个值比平均值更有意义。用 75 百分位数减去 25 百分位数的值叫作四分位距,它反映的是数值之间的间距,体现一种离散情况。这组数据中的四分位距是 60-39 = 21(天),意思是从小到大排序数据的第 75 百分位数和第 25 百分位数的差是 21 天。计算百分位数的 Excel 函数是"PERCENTILE. INC(数值范围,百分比)",如果要计算中位数,就输入 0. 5,具体见表 1-2。

表 1-2　海运天数的百分位数

百分位数	天　　数
25 百分位数	39 天
50 百分位数	50 天
75 百分位数	60 天

4)方差和标准差

至此,我们感觉掌握了一些信息,但还不太够。想要知道这组数据整体偏离平均值的程度,需要计算一下方差(variance)。回想当年学过的高中数学,方差是各个数据与平均数之差的平方的和的平均数。这组数据里有 127 个值,方差的计算公式就是把每个数减去平均数 51 天后求一个二次方,把所有的平方加起来,再除以 127。方差在 Excel 里的计算函数是"VAR. P(全部数值)",很快就能算出结果是 223. 54。求出方差的二次根,可以得出标准差是 14. 95,平方根的 Excel 函数是"SQRT(数值)"。

5)变异系数

到了这里是不是感觉有点兴奋了? 别着急还有最后一步,我们要算一下变异系数(coefficient of variation,简称 CV),它是用标准差除以平均值,在这里就是 14. 95 除以 51,等于 0. 29,这个数字反映样本数据的离散程度。一般来说,CV 小于 0.75 说明变化性比较低。

我们可以这样理解,虽然运输时间比以前长了,但总体的离散程度较低,说明延长的时间是同比放大了。只要我们调整在途运输天数的参数,重新计算物料需求计划,由于运输延误造成的缺货风险是总体可控的。这是第一个重要的洞察。

6)运输天数的概率

如果我们统计所有发生的运输天数的概率,就可以得到这样一个结果,见表 1-3。

表 1-3 海运运输天数的概率

运输天数(天)	概率:从启运港开船日到抵达仓库天数	运输天数(天)	概率:从启运港开船日到抵达仓库天数
21	0.787 4%	44	3.149 6%
23	0.787 4%	45	2.362 2%
26	0.787 4%	46	2.362 2%
28	0.787 4%	47	5.511 8%
29	1.574 8%	48	3.149 6%
30	1.574 8%	50	2.362 2%
31	0.787 4%	51	2.362 2%
32	1.574 8%	52	2.362 2%
33	3.149 6%	53	3.937 0%
34	3.149 6%	55	2.362 2%
35	1.574 8%	56	4.724 4%
36	2.362 2%	57	1.574 8%
37	3.149 6%	58	2.362 2%
38	2.362 2%	59	3.937 0%
39	3.149 6%	60	2.362 2%
40	0.787 4%	62	1.574 8%
41	1.574 8%	63	0.787 4%
42	0.787 4%	64	0.787 4%
43	1.574 8%	65	2.362 2%

运输天数(天)	概率:从启运港开船日到抵达仓库天数	运输天数(天)	概率:从启运港开船日到抵达仓库天数
66	0.787 4%	76	0.787 4%
67	5.511 8%	81	1.574 8%
68	1.574 8%	84	0.787 4%
69	0.787 4%	94	0.787 4%
71	0.787 4%	106	0.787 4%
74	2.362 2%	总计	100%
75	0.787 4%		

这一步可以在 Excel 里使用数据透视表完成:选中所有"从启运港开船日到抵达仓库天数"数据后,然后在"值"里选择"计数",如图 1-11 所示;在"值字段设置"对话框的"值显示方式"中选择"总计的百分比"选项,如图 1-12 所示。

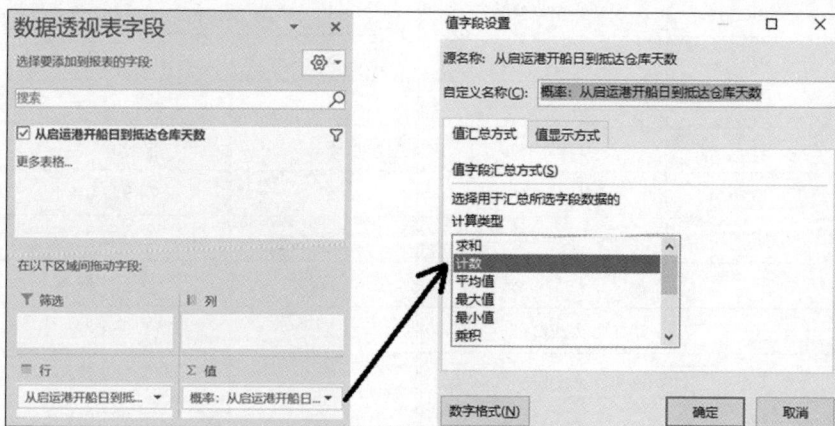

图 1-11　数据透视表字段选择

然后,就可以计算出概率。接下来,使用柱状图把概率展示出来,如图 1-13 所示。

我们之前得出的两个众数,47 和 67 就是纵轴概率最大的两个数,各

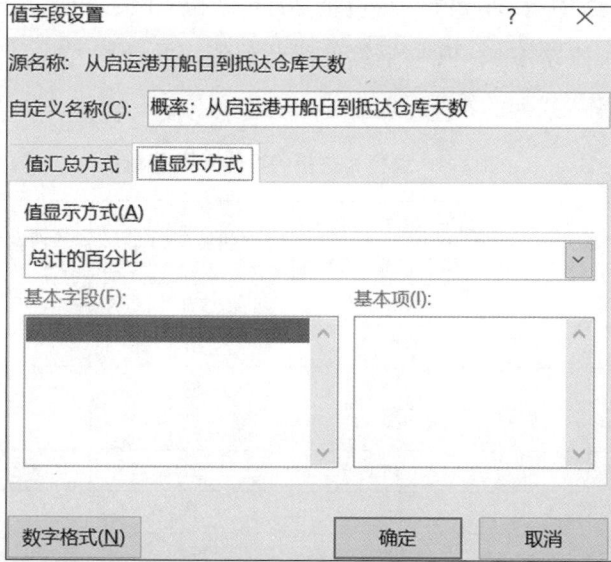

图 1-12　数据透视表字段设置

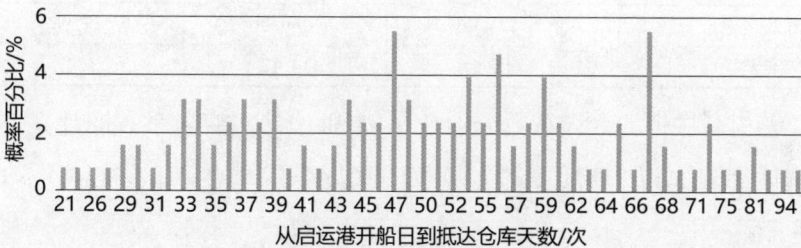

图 1-13　概率分布柱状图

出现了 7 次,除以总样本数 127,概率就是 5.51%,这个分布有点像正态分布,也有点像三角形分布,这个先放一放,待会儿再来看。

3. 整柜或是拼柜

张三的工厂有时用整柜出货,有时用拼柜出货。当货物正好装满一个 20 英尺或 40 英尺集装箱的时候,毫无疑问应该选择整柜,但在整柜很难订到的时候,是否可以化整为零,改为订拼柜呢?毕竟市场上的拼柜订舱更加容易一些。在不考虑成本因素的前提下,我们可以先对两种模式的时效性作对比的分析。

这组数据中有 55 票整柜,包括 20 英尺和 40 英尺柜,另有 72 票拼柜,加起来正好是 127。我们继续使用此前使用的计算方式,计算过程不再赘述,求得一系列的结果,见表 1-4。

表 1-4　整柜和拼柜的运输天数分析

数据分析	整柜:20 英尺柜 & 40 英尺柜(天)	拼柜(天)	两者之差(天)
最小值	21	30	-9
众数	39	67	-28
平均值	47	54	-7
25 百分位数	37	45	-8
50 百分位数	45	53	-8
75 百分位数	56	66	-10
最大值	106	94	12
最大值与最小值的差	85	64	21
75 与 25 百分位的差	19.5	21.5	-2
方差	237.46	199.48	37.98
标准差	15.41	14.12	1.29

整柜和拼柜的变异系数分别是 0.33 和 0.26。变异系数的计算方法是用标准差除以平均值,例如拼柜的变异系数是 14.12 除以 54,约等于 0.26。

通过比较这两种模式,我们能够快速得出以下结论:

首先,拼柜模式的运输时间更长,这是因为货柜在目的地港口需要掏箱,然后再安排零担运输,这会增加运输的总时间,因此这个结果是合理的。

其次,我们发现拼柜的变异系数小于整柜,这说明拼柜虽然运输时间长一些,但时效性比整柜还要稳定,这是另一个重要洞察。

如果我们把整柜和拼柜模式运输天数的概率分布拿出来看一下,它们展示出来的情况如下:

1)整柜运输天数的概率分布

如图 1-14 所示,呈现出三角形分布的特征,众数 39 是整组数据的概率最大值,其他概率在 39 的左右不均衡地分布着,中位数 45 和平均值 47 都在它右侧。

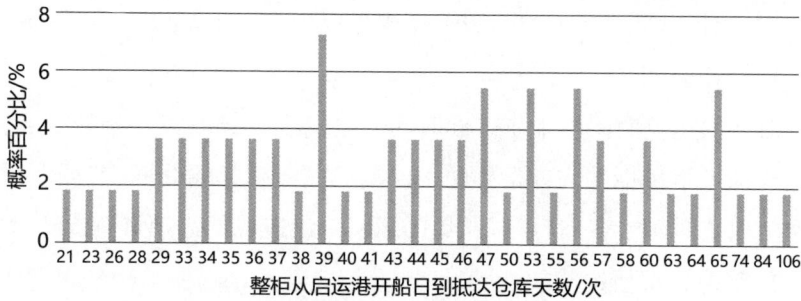

图 1-14　整柜运输天数的概率分布

2)拼柜运输天数的概率分布

如图 1-15 所示,拼柜同样出现了三角形分布,众数 67 是该组数据的概率最大值,其他概率在它的左右不均衡地分布着,这次中位数 53 和平均值 54 都在 67 的左侧,这与整柜的情况是相反的。我们不去深究为什么会造成这两种情况,只需要知道三角形分布很适用于运输时间概率分析即可。

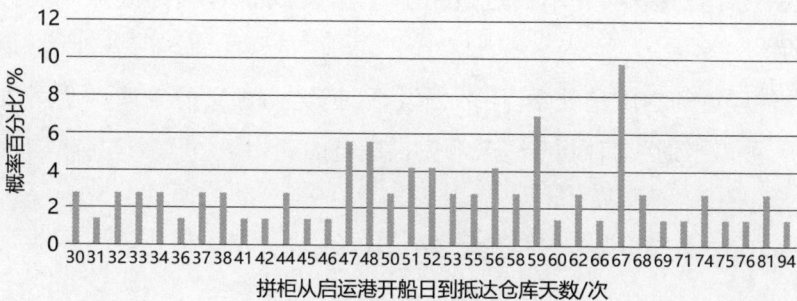

图 1-15　拼柜运输天数的概率分布

在这样的场景中,正态分布未必是最合适的,因为运输时间的最小值是有极限的,例如 21 天,但是最大值可能会超乎预期,只要整个运输环节的任意一点脱节,就会造成难以预料的延误,最大值 106 天就是一个例证。如果不幸遇到了 2021 年苏伊士运河堵塞的事件,那么最大值就又要无限期地增加了,这样概率分布应该就不是正态分布,而是三角形分布了。

4. 数据提供的洞察

通过对这些数据的分析,我们至少可以得出以下结论:

1) 运输时间

海运的运输时间增加了。同时我们也发现变异系数还是较低的,无论是整柜还是拼柜模式皆是如此。定期回顾实际运输时间,然后在系统中调整前置时间参数,就可以避免因运输延误造成的逾期订单或缺货。

2) 整柜和拼柜的时效性

综合来看,整柜运输虽然比拼柜更快一些,但是没有拼柜时效性稳定,前者的变异系数甚至多了 6%。整柜虽然没有在堆场拆箱,但其二次运输的过程,依然卡在了其他多式联运的环节,并没有体现出优势。

拼柜是一个很好的备选方案,优势是不用等待柜子,因为是和其他出货人共享集装箱,更容易获得舱位和可能更早的船期。

3) 前提假设

以上结论仅是基于 A 公司和它所选择的货代运输至美国 B 公司的场景下得出的结论,并不一定适用于其他场景,但这套方法是可以供借鉴的。

供应链的本质是数学,用数据说话,拒绝无意义的空谈。使用数据分析,可以帮助我们揭开迷雾,洞察供应链的真相。

本 章 小 结

本章主要阐述了数学的重要性。尽管对一部分人来说数学很抽象、枯燥,但是供应链管理离不开数学,所以要静下心来学一些这方面的知识。供应链管理经常需要做各种决策,如果没有数据的支持,就像在黑夜里行走,看不清前进的方向,我们可能不知道订多少货、不清楚客户订单何时能交付、不了解库存数量变化的趋势。数据分析将会为我们提供信息、指明方向,让我们用于决策。

在介绍了基础的数据内容后,我们通过一个海运时间分析的案例初步感受了数据分析带来的供应链洞察。

下一章我会介绍库存管理的基本知识、物料需求计划的计算逻辑和库存订货模型。

第2章　库存管理入门——理念、运算逻辑和库存模型

在经济旺盛时,市场供不应求,企业希望有充足的库存来保证订单交付。在经济衰退的周期里,需求减少了,库存又成了"众矢之的",企业希望它越少越好。我们一直在保证供应和降低库存两个目标之间切换,不断地平衡成本和服务。理解库存运行的规律,可以帮助企业和个人更好地控制住它。

2.1　库存的基础概念和理念

有些人会把库存的概念和仓库管理混淆在一起,其实库存管理是供应链中的信息流管理,即通过制定各种策略,对企业的库存水平实施有效管理,平衡库存的成本和服务的水平。

2.1.1　库存的基本介绍

库存有多少种类?它们仅是临时存放的商品吗?这是本小节将要深入探讨的话题。

1. 什么是库存

库存主要分为用于生产的原材料和在制品、用于支持生产的维护修理品和满足客户交付的成品与备件。

库存是被"困"在系统中的所有资金。在约束理论中,库存是指系统拥有的设备、工具、建筑物等,以及原材料、在制品和成品等形式的库存。

约束理论把更多的事物都看作库存,这个观点见仁见智,而库存是困在系统中的钱,这点毫无疑问。供应链管理通常把原材料、在制品、

成品、维护修理品看作是库存,这些是我们主要研究的对象,如图 2-1
所示。

图 2-1 库存的种类

原材料
外购的物料,可以是钢材铝锭这种最初级的材料

在制品
在生产加工过程中的物料

成品
完成了所有加工、检验和包装过程,可以销售给客户的商品

维护修理品
维护、维修、运营包含的种类广泛,比如备品备件、工具、生产用的耗材

图 2-1 库存的种类

1)原材料

原材料指的是公司外购的物料,它们可以是钢材铝锭这种最初级的
材料,也可以是已经深度加工,能够直接用于装配的总成件。

举个例子,汽车整车厂向炼钢厂购买钢材,在厂内的冲压车间制作
成车身;从轮胎供应商处采购轮胎,无需再次加工,直接可以在流水线上
进行装配。钢材和轮胎对于整车厂来说都是原材料。

2)在制品

原材料一旦进入生产区域,它的身份就发生了变化。不管这个时候
材料是否已经被使用,它都已经变成了在制品,这个状态一直要维持到
生产过程结束,在通过了最终检验以后,完成包装并移入成品仓库。生
产的过程,就是产品创造价值的过程,也就是客户愿意为之买单的部分。

3)成品

成品,即完成了所有加工、检验和包装的过程,随时可以销售给客户
的产品。例如已经完成装配的汽车,在仓库里停放,可以立即销售给
顾客。

4)维护修理品

维护修理品(即 maintenance 维护、repair 维修、operation 操作,简称
MRO)包含的种类非常广泛,包括备品备件、工具、生产用的耗材等,特点
是品种多、采购批量小、消耗量不稳定。MRO 虽然自身的价值不高,但是

对于生产来说也是不可缺少的辅助性原料。

2. 为什么需要库存

因为业务的需要,公司必须持有一些库存,才可以让公司正常运作。对于零售贸易公司来说,他们需要备一些成品库存,如果客人下了订单,就可以马上确认发货,客户的需求很快得到了满足,客户对产品的黏度就会增加。在新品上市之前,公司要事先安排铺货,库存从经销商到零售商都要覆盖,如果出现爆款商品,市场的需求猛增,没有足够的库存就会让客户大失所望。

如果是生产型的企业,除了成品以外,企业还需要原材料和其他辅助生产的材料。生产是一个连续性的过程,工厂投资了厂房设备,雇用了工人,就是希望在单位时间内,工厂的产出可以实现最大化,这样就能把单个产品的运营成本降到最低。打个比方,假设原材料是大米,机器设备就是锅子,没有原料,只能停工,"巧妇难为无米之炊"啊。

所以说,库存是维持公司正常运转的必需品,所以库存是必要的(Inventory is necessary)。

每枚硬币都有两面,库存的另外一面就是成本。有一种说法认为"库存是魔鬼",提倡我们要尽可能地消灭库存,因为它占用了企业大量资金。零库存(zero inventory)的概念是由日本丰田汽车公司提出来的,这也是精益生产体系内容的一部分。日本汽车制造企业是推行零库存的"急先锋"。

从财务的角度来看,在资产负债表中,库存(存货)是记在流动资产里的。库存是账面上的钱,在没有卖出去之前,还不是真金白银,只有完成销售以后才可以开票给客户来收钱,这个道理和股票交易有点类似,没有完成交易的股票,只是账户上的资金,还没有落袋为安。

库存和现金的关系是库存减少,现金就会增加;库存增加,现金就会减少。在现金流量表中,存货是通过出售之后获取现金的。当经济放缓的时候,现金就变得愈发的重要。现金为王,企业手中只要现金流充裕,就可以积极地进行一些投资,相反,现金紧张往往会带来一系列的负面后果。库存越多,企业的运营成本就会越高,风险也会加大,利润就会降低,所以才会有人说,库存是魔鬼(Inventory is evil.)。

如果我们把前后两句话连在一起,就给了库存一个比较客观的评价—— Inventory is necessary evil. 很难找到恰当的语言来描述这句话的含义,真有点只可意会、不可言传的感觉了,如果非要直译的话,大概就是"库存既是必要的,又是有害的",即库存在一定程度上是必要的,但如果库存过多,就会成为企业的负担,影响企业的发展。

3. 库存的功能

1) 蓄水池

在正常需求之外,企业需要储备一些额外的库存,这样做是为了针对特殊情况或者周期性需求波动,这种做法有个名称叫作储蓄库存(inventory bank)。下面举几个例子加以说明。

①季节。每到冬季的时候,保暖设备和衣物的销量就会上升,遇到严寒天气可能会卖断货。为了应对这种季节性销售的波动,公司必须在每年冬季来临之前储备足够多的库存,来满足市场的需要。

②促销。每年的"双 11""618"是重要的网络购物狂欢节,销售额屡创新高。商家为了冲击销售,就必须为了"双 11"大量备库存,其中还包括人力资源和物流快递服务的能力储备。如果商品销路好却断货了,那么对不起,只好等到明年再来了。

③工厂搬迁。随着土地和人工成本的不断上涨,原本在东南沿海地区的制造业工厂纷纷向成本更低的内陆地区迁移。工厂搬迁是一件"伤筋动骨"的大事,为了确保在搬厂后可以继续满足客户的订单需求,工厂必须在搬厂前建立足够多的库存。环境变化以后,谁也不能保证机器设备在新环境还能生产出和搬厂前同样品质的产品。储备足够多的库存,一旦出现问题,工厂就还有时间进行设备调试,而不会出现手忙脚乱、没法交货的被动局面。

④农历春节。春节对于很多工厂来说是一段比较煎熬的时期,因为工厂会面临操作工人流失的问题。有些工人会提前一个月就请假回老

家了,节后是否回来也是个未知数,而且最近几年招工越来越难。人手少了,产量就会下滑,如何保障在工人不足的情况下来完成客户的订单呢? 只有趁着节日来临之前多做一些库存,才能够做到万无一失。

2)应对市场需求的波动

市场需求具有随机性,为了应对这种情况,我们需要建立一定的安全库存。是否需要安全库存一直以来都存有争议,主要的原因是没搞清楚安全的定义。有些计划员对于缺料很敏感,因为害怕被领导批评,从而人为地放大了订单或者预测的数量,并且把这部分额外的量美其名曰为"安全"库存。其实他们搞错了,这种所谓的安全是为了弥补他们心中的不安全感,缺乏客观判断依据,最为严重的是这种做法会掩盖问题的本质,使一些系统性的问题没法被察觉,最终导致库存金额越来越高。

那么什么才是真正的安全库存呢? 安全库存是为了对抗由于数量和时间上的计算错误或者偏差而存在的一种缓冲。让我们先来看看数量,安全库存可以缓解需求侧或是供给侧的异常波动,有效提高订单及时交付率和减少缺货成本。需求侧的波动有可能来源于经济趋势变化、商品促销、季节性因素等。供给侧的波动可能来源于供应商破产、自然灾害、产能约束等。

时间也是会出现偏差的,在贸易全球化的背景下,中国和世界其他国家进行着大量的双边贸易。在国际物流漫长的运输过程中,一旦某个环节出现了延迟,都会对库存造成影响。在 2021 年,美国市场需求旺盛,导致中国海运出口美国航线舱位紧张,而且运输时间延误。一些公司为了保证原料或成品供应顺畅,不得不使用航空包机来完成跨洋运输。

3)保持生产的连续性

为了保持生产的连续性,在生产节拍不一致的工序前后放置的库存叫作缓冲库存。关于缓冲有一个非常著名的理论,就是约束理论(theory of constraints),这个理论是由一位以色列的管理学家高德拉特提出来的,他的观点是在任何供应链或是生产流程中,至少存在一个约束条件,从而限制这个过程的最大化产出。从局部来看,缓冲是一种浪费,但如果我们后退一步,看一下全局就会发现,这些缓冲是为了让瓶颈工位始终保持最大的产出,从而在短期内克服交货的问题,所以从全局角度来看,放置一些缓冲是很有必要的。

4) 解耦库存

解耦库存(de-coupling inventory)是指将一个制造过程与另一个制造过程分离时需要建立的库存。在离散制造工厂里,生产一件产品,通常需要经过若干个工作站,各工作站按照既定的顺序进行加工。

当原材料被送入第一个工作站,比如压铸,获得了压铸后的半成品。紧接着,它被送到厂内的第二个工作站进行组装,直到完成生产序列中的最后一个工作站任务,该产品的制造过程才算完成。每个工作站有不同的加工能力,有的做得快,有的做得慢,例如压铸每小时能完成 100 件,而组装能够完成 120 件,前后道工序的节拍是不同的。

生产线上的工作站也可能遇到设备故障,如果发生这种情况,所有下游的工作站都只能等待,直到故障工作站恢复正常,重新上线。解耦库存就是在两个工作站之间保持的一个中间库存,这种库存的功能是让工作站之间的工作过程更加顺溜,并尽量减少供应波动对生产的影响。

2.1.2 库存管理的基本理念

先把库存管理的基本理念理解清楚了,我们才可以用共同的语言进行交流。

1. 库存管理和仓库管理不是一回事儿

库存管理是企业经营业务的一部分,其主要目的是计划和控制库存。库存是维持企业经营活动的必需品,生产、采购、销售过程都离不开它,如图 2-2 所示,库存管理就是对于库存进行整个流通环节的管理,需要供应链上各个环节的协同配合。

仓库管理,也叫仓储管理,是对于存储在仓库内的货物实现有效的收货、储存和发货管理。库存管理和仓库管理在业务上有交集,但是在

图 2-2　库存管理和企业内外部的关联

组织结构上没有从属关系,它们应该都是在统一的供应链的大部门管辖之内的。从它们的职责范围可以看出,库存管理比较偏重于物料计划、数据的统计和计算,属于信息流的范围。仓库管理偏重于仓库环境的控制、货物的保管和移动,属于实物流的概念。

2. 是库存控制,不是减库存

我为什么只用了库存控制(inventory control),而没有用减库存(inventory reduction)这个词呢?企业要始终保持财务健康,就必须保持一定量的现金流,从公司财务的角度来看,库存越少越好,但库存也是维持经营活动的必需品,缺少了原材料就不能生产出成品,缺少了成品也就不能出售给客户。从原料采购到成品交付给客户的整个供应过程,有着太多的环节,任何一个地方出现供应断裂对于整个供应链都有影响。

生产和供应链都是复杂的过程,不可能做到无缝连接,在前后流程的衔接处,库存就自然而然地产生了,所以有一种说法说库存是润滑剂,保障了各个环节之间的灵活运转。我们要把库存控制在一个合理的范围内,而不是一味地减库存,毕竟真正的“零库存”只适用于极其特殊的案例。

库存的形成受到多个因素的影响,如图 2-3 所示,盲目地削减库存,必然会导致缺货。

这个道理就像人的体重,现在我们常用身体质量指数(简称 BMI 指数)来衡量人体胖瘦程度以及是否健康。BMI 指数过高肯定是肥胖,过低也是不健康的,一个身高 1 米 9 的大个子,体重还不到 60 公斤,这样的

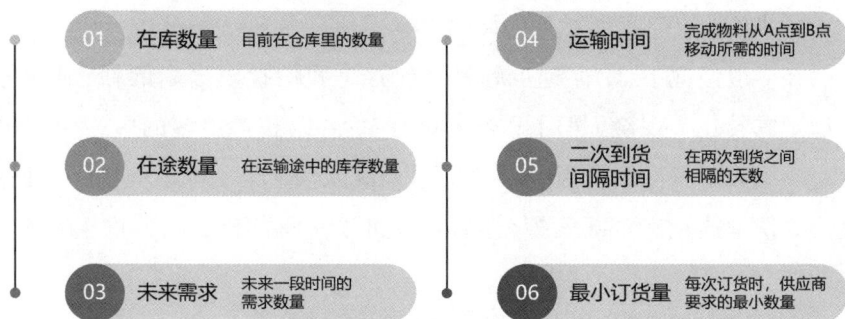

01	在库数量	目前在仓库里的数量
04	运输时间	完成物料从A点到B点移动所需的时间
02	在途数量	在运输途中的库存数量
05	二次到货间隔时间	在两次到货之间相隔的天数
03	未来需求	未来一段时间的需求数量
06	最小订货量	每次订货时，供应商要求的最小数量

图 2-3　影响库存的六个因素

人很可能是不健康的。

库存也是同样的道理，并不是越少就越好。库存减得太多了，会影响客户交货水平，客户如果不满意，业务也就丢掉了。

2.1.3　关联资产负债表和利润表

从财务的角度看，库存是流动资产，那么它是如何与财务报表发生关联的呢？

1. 如何正确看待库存

从宏观层面上看，库存是实现企业战略的调节器。打个比方，潜水艇在下沉的时候要打开舱门，放海水进来，这样才能潜入海底；在上浮的时候要把海水排出去，才能浮出水面。如果企业战略是增加自由现金流，就要减少库存；如果战略是增加销售额和交付率，就要多备货，增加库存。通过调整库存持有的策略，我们可以达成企业的战略。

从微观层面上看，库存是相互依赖需求的解耦点，它可以有效地缓解供应和需求变化的冲击。举个例子，现在汽车制造商都面临芯片短缺的问题，如果有大量芯片原料储备，就可以应付一段时间断供。商家在"双11"促销的时候，短短两周之内会接到大量订单，如果有库存就可以立即发货。在这个层面上，库存就像是汽车的减震器（shock absorber），吸收了波动带来的冲击力。

2. 库存、资产负债表和利润表

在一般情况下,库存越少越好。库存是我们投资出去的钱,应该尽快地把它转化为现金,然后投资于新的库存,以获得更多的收入。假设我是一家火锅餐厅的老板,今天花了 1 000 元钱买了一批羊肉,我的目标就是尽快把这批肉全部卖掉,然后再去进下一批的肉,这样才能赚到更多的钱。

在利润表里,原料库存是直接材料,例如我买的 1 000 元的羊肉就是直接用于销售的原材料,再加上餐厅厨师的工资(直接人工)和烹饪加工(制造费用)的成本,就组成了销货成本(即主营业务成本,cost of goods sold, 简称 COGS)。就这样,库存就把资产负债表和利润表联系起来了。为了更好地理解库存与这两张表的关系,我们需要用到一个简单的计算公式,也就是库存周转率。库存周转率是衡量我们每年出售库存的次数,它的计算方法是用 COGS 除以平均库存。

假设我的餐馆在年底算账,一年的 COGS 是 100 万元,而在整个一年中,我的平均库存是 1 万元,那么餐厅的库存每年周转了 100 次。平均库存的计算方法是用期初库存加上期末库存除以 2,我通过比较年末的资产负债表得到了这些数字,资产负债表显示了某年年底的库存量。

我们看一下去年的资产负债表,去年期末的数字就是今年年初的库存量。现在的资产负债表显示的是今年年底的库存。平均库存是这两张资产负债表上显示的期初库存加上期末库存除以 2。

销货成本 COGS 的数字直接来自年底的利润表。COGS 是与制造产品直接相关的所有成本,如直接材料、劳动力和其他制造费用。统计库存周转率不一定要等到年末才做,我们可以在资产负债表和利润表的任何时期计算库存周转率,例如每个月和季度。如果统计数据有困难,最简单的方式是直接用销售额除以期末库存,这样就可以快速估算库存周转率。

3. 库存的周转

不管是什么行业,大家都认同库存周转率越高越好,因为我们用较少的存货创造了更多的收入。库存每周转一次，就能给我们带来一次收入，"薄利多销"解释的就是这一原理。假如我买入的 1 000 元羊肉，分成了 50 份，每份成本 20 元，我定价为 22 元，由于价格很亲民，在当天就卖完了。我的这批库存带来的收入是 50 乘以 22 等于 1 100 元，然后继续投入购买原料。由于库存周转得很快，即便我每次赚得少一些，一年累计下来也是可观的利润。

大批量购入原料能获得一些价格折扣，提前囤货，低价买入，高价售出是常用的经营策略，但也具有一定的风险。COGS 是一项与创造收入相关的费用，在实际销售之前就建立库存的策略，会推迟对构成 COGS 费用的核算，直至库存被售出，也就是说，那些没卖掉的库存是不能变成收入的，然而运营费用却在一直产生。

假设我给羊肉标价 40 元一份，顾客就会嫌贵，点的人少了，肉卖不出去了，只能存放在冷冻柜里。在此期间，餐厅的水电费、员工工资、维修费等都是要支付的。餐厅的现金流可能会出问题，如果没有提前预留资金，很可能会关门大吉。

库存和现金流的关系是增加库存会消耗现金流，而降低库存就能够增加现金，两者之间是此消彼长的关系。减少库存肯定对现金流和企业长期发展是有利的，但是我们在降库存之前需要咨询一下公司财务，不要自作主张。例如，注销呆滞库存会减少所有者权益，根据股东契约，我们可能要减少负债来维持两者之间的比例，这种操作就比较复杂了。供应链管理者未必是财务专家，还是要多听听专业人士的建议。

总结一下，我们要尽可能地高效使用库存，以便用最少的资源创造更多收入。为了确定库存管理水平如何，我们需要与行业标杆和竞争对手进行比较。看一看公司的财务报表，理解资产负债表、利润表和存货周转率的状况，这将帮助我们了解公司的库存管理情况。在这些数据中，我们可以找到更好的管理库存资金的方法。

2.1.4 库存管理的关键绩效指标

库存管理得到底好不好，我们需要通过关键绩效指标来考核。

1. 不能缺货和成本

从供应链管理的角度来看,库存有两个关键绩效指标(key performance indicator,简称 KPI)。第一个 KPI 通俗点说是不能缺货,用专业术语描述就是"实现客户服务相关的目标,包括产品和服务的质量、可用性和准时交付"。第二个 KPI 是成本,它的目标是减少与供应链上各个节点的原材料、在制品和成品的持有、订购和运输有关的库存成本。

这两个指标的关系是什么呢?它们就像跷跷板,一边下去了,另一边就会起来。库存过少会发生什么情况?顾客需要等待补货商品上架。除非是稀缺性的商品,通常人们都不愿意等待。漫长的交货期会耗尽客户为数不多的耐心,订单会流失,甚至还会丢掉客户和市场份额。

如果想要不缺货,或者达到很高的服务水平,公司就需要持有更多的库存。需求的随机性很强,每天的情况都不一样,销售量忽高忽低,只有储备了足够多的库存,才能够在销售的高峰期迅速满足客户需求。

事物都有两面性,库存是流动资产,过多的库存可能会产生负面的财务影响。商品的价值会随着持有时间的增加而减少,卖不出去的商品还会成为呆滞库存,甚至是废弃品。在水果蔬菜行业,商品变质的速度非常快;在电子消费品行业,商品的生命周期也非常短。持有大量货物可能会面临库存价值缩水、注销或是报废处理。库存管理有点像在走钢丝,需要不断地平衡客户服务目标和货物的持有与运输成本,如图 2-4 所示。

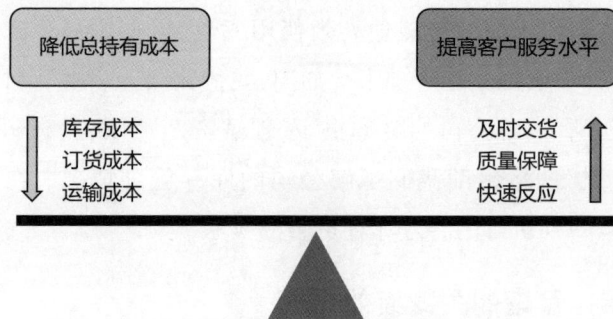

降低总持有成本	提高客户服务水平
库存成本 订货成本 运输成本	及时交货 质量保障 快速反应

图 2-4　平衡库存成本和客户服务的关系

根据美国供应管理协会(Institute of Supply Management,简称 ISM)公布的制造业采购经理指数(purchasing managers' index,简称 PMI),其中有两项关键性的指数对应库存的 KPI,分别是客户库存(customers' inventories)和积压订单(backlog of orders),前者是卖给客户的成品库存,后者是客户逾期订单。我汇总了从 2018 年 6 月开始,截至 2022 年 6 月的所有数据,发现了很有意思的趋势,如图 2-5 所示。

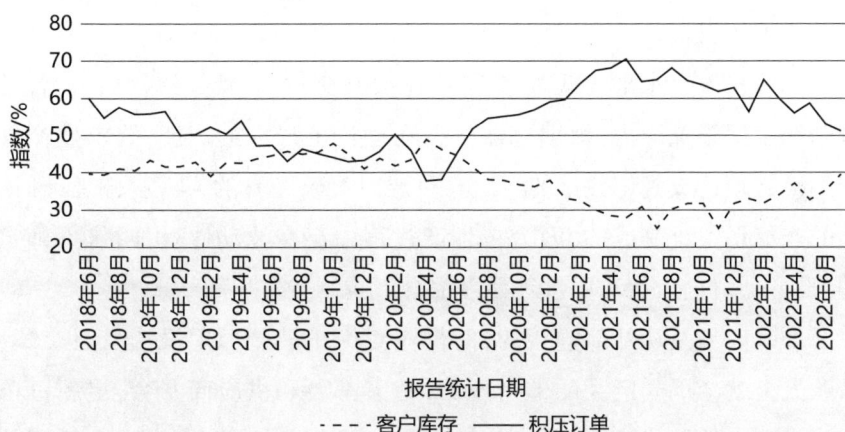

图 2-5 ISM 制造业报告中的客户库存和积压订单趋势图

在 2020 年 6 月之前,客户库存指数(虚线)是高于积压订单(实线)的,但是在此之后,后者长期超过了前者。很显然,这两条曲线是背道而驰的。

在 2020 年 6 月之后,发生这种现象的原因很容易解释,因为一些外部原因,造成了劳动力短缺,物流运输中断,企业都在依靠储备的库存维持交付。当库存水平越来越低,及时交付就变得越来越困难,积压的订单数量也就上升了,这是很合理的。企业不是主动要降低库存,而是由于缺乏足够的补充,库存水平被迫下降,随之而来的是积压订单数量的上升。

2022 年美国通货膨胀率不断攀升,当地消费者购买能力开始下滑,库存水平开始恢复,于是积压订单数量逐渐回落。两条曲线出现靠拢的趋势,市场从混乱局面慢慢趋于理性。ISM 通过对大量企业调研后得出的结论,能够客观地反映服务水平与库存之间的关系。

2. 极端观念下的库存管理

ISM 的制造业 PMI 指数反映的是宏观层面的运行情况,库存和积压订单是跷跷板的两头,对于个体企业来说也是如此,两个关键指标往往是相互背离的。许多公司的管理者并不懂库存运行的规律,并且缺乏耐心,经常会盲目地增加或是减少库存,意图达成实现快速提高交付率或降低成本的目标。

当客户库存水平较低时,为了快速提升交付率,减少缺货损失,管理者会给工厂施加压力,根据机器设备在理论上最大的产能,要求生产部门每天必须达成规定数量的产出。只要有运营经验的人就会知道,理论上的产能是很难完成的,因为在生产过程中存在波动性,也叫作不确定性,设备、原料、人员和质量等因素都会影响制造过程和结果。

如果商品是从外部购买的,而供应商由于某些原因没法及时交货,采购人员就会承受巨大的催货压力,每天都要和供应商开会,更新订单交货进度。如果供应商没有按照承诺数量完成,采购就需要去驻厂催货,时时刻刻盯着机器的产出数量,天天在供应商工厂里上班,就差和工人们同吃同住了。这些极端的催货手段可以起到一定的效果,前提是供应商认为该客户是非常重要的,愿意把其他客户的订单推迟,优先生产紧急的订单。但如果你不是重点客户,无论使用何种方法,都很难让供应商安排插单。

当企业的库存过高,管理者又会陷入另一种极端,想要疯狂地降低库存。公司老板会制定一个量化的减库存目标,然后根据采购金额比例分配给每个物料计划员,这是他们每个人背负的小目标。完成了任务的人发小红花,完不成的扣奖金。计划员都是根据系统提示来下订单的,然后再人工审核一遍,他们基本上就是扮演工具人的角色。供应计划的源头是需求计划,如果客户需求波动剧烈,其在通过供应链多个环节的层层传递后,或多或少会放大一些。从表面上看,物料计划员负责订单和原料库存,但实际上这个岗位只是在执行既定的库存策略,并没有多少自主权。在食物链底层的基层员工，承担着与他们权力不匹配的责任。

不管是库存过高还是过低，都是由管理层施加压力给中层干部，然后再细分给基层干活的人。如果高层不懂库存运行的客观规律、中层不懂具体业务，全指望基层人员，那就有点像是买彩票，能否完成任务全凭个人运气。

3. 正确的库存管理方法

设定并定期更新库存政策是平衡服务水平和成本的一种方式，通过设置物料的计划参数，调整购买或制造的数量和需要的日期，这是一种从根本上解决库存过高或是过低问题的方案。当外购原材料缺货时，我们可以查看下单后至缺货这段时间的客户需求波动情况，如果缺货的根本原因是需求大于当时的预测，那就需要增加安全库存的数量。我们还可以提前预见缺货，通过 MRP 计算短缺日期，安排加急运输或少量紧急订单来弥补缺口数量。如果供应商的交货期延长了，我们要在系统中增加相应的天数，这样才能让供应商有足够的时间生产。

再来看库存过高的处置方法。库存分析首先是在整体层面，然后分解到个体层面。大面上是工厂或供应商的库存金额超过预算的部分，这个数据一般是由公司财务提供的。供应链部门在拿到报告后，可以向数据的提供者询问计算的逻辑和数据来源，确保大家已达成共识，也就是"On the same page（意见一致）"，这是非常重要的一步。然而，许多业余的管理者不会去确认，更说不上是挑战数据，这可能会给之后的工作造成困扰和反复。个体层面是分析每一个物料的情况，金额、库存持有天数、还能削减多少等，在数据分析完后，物料经理要和计划员逐一审核物料，然后制定切实可行的行动方案。

库存管理有点"治大国如烹小鲜"的意思，需要有些耐心，因为库存运行有周期性，管理者可以运用一些技巧，包括数据分析、沟通和团队合作，"调理"好库存，使企业既不会缺货，又不会库存过高，而这一切活动的根基是数据分析。

2.1.5　库存管理的重要角色和策略制定

美国生产与库存管理协会(American Production and Inventory Control Society,简称 APICS)词典把库存管理(inventory management)定义为"企业管理中与计划和控制库存有关的活动"。库存管理在任何持有库存的组织中都是必需的,它是从供应链和内部流程的角度来计划和控制库存。

这段话包含了三层意思,第一是明确了库存管理是计划和控制库存,所以它侧重于信息流的管理,而不是做具体的、管仓库的事情。第二,只要一家企业拥有实体存货,就必然有库存管理的活动。举个例子,经营一家线下的书店,书籍和周边商品就是库存,店主就要把它们管起来,如果库存太多,占用了大量的现金流,书店的经营可能会出问题。第三,库存管理不仅仅是供应链的事情,它还涉及组织的内部流程。老产品退市是销售部和市场部负责的,供应链管理部门不能擅自决定要淘汰哪些产品,企业应该有一套流程来控制库存,当然,供应链是其中最重要的角色。说到角色,有必要先来盘点一下库存管理中都有哪些参与者。

1. 库存管理的角色

在商业活动里有上游和下游,上游提供货源,下游使用商品。库存管理中的上游是销售部门和市场,他们提供需求预测和订单等信息,库存管理相关流程是销售和运营计划(sales and operation planning,简称 S&OP)。下游是生产部门,他们根据主生产计划和每日计划进行生产,供应链管理负责物料供给,保障生产线运转,达成既定的产出目标。

在一家企业里,供应链和上下游的伙伴们既有共同的目标,也有冲突的利益。销售人员希望永远都不缺货,每个订单都能及时交付,然后他们能去争夺更多的订单,达成更高的销售额。根据库存的公式,如果要实现极高的服务水平,意味着要持有更多的成品库存,这种说法的依据是什么呢?

假设商品 A 的销售情况符合正态分布,如图 2-6 所示。如果商品的销售期望值（均值，希腊字母 μ，读作：miū）是 1 000，标准差（standard deviation，希腊字母 σ，读作：西格玛）是 100，只要有 1 000 件库存，就可以满足 50% 的服务水平。如果有 1 100 件呢，也就是均值加一个西格玛，服务水平一下子就能提高到 84.1%（50% + 34.1%），感觉很开心对不对？然而，想要继续提升服务水平，就需要更多的库存。在持有 1 200 件库存后，可以保证在 97.7% 的概率下不会缺货。我们付出了第二个 100 件库存的代价，而服务水平仅从 84.1% 上升到了 97.7%，增加了 13.6%，有一种边际效益递减的感觉。如果想要达到 99% 的覆盖范围，则库存数量需要达到 1 233 件，这是一件不划算的事情，因为极端缺货是只有 1% 的小概率事件，而公司要备有大量的库存。

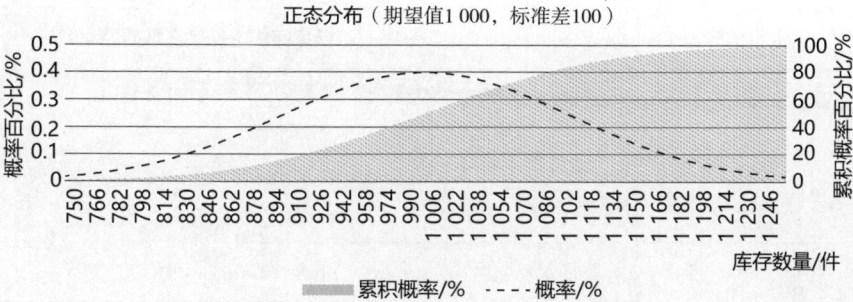

图 2-6　正态分布的概率和累积概率关系图

由此可见，虽然销售部门想要更高的服务水平，但是供应链不能轻易答应，因为越往上需要预备更多的存货商品，而库存是供应链管理部门背负的指标，这就是不同部门之间的利益冲突。

生产部门和供应链之间有利益冲突吗？有。供应链需要给生产部门提供原材料，在英语中用 feed 这个单词，给生产线供料的员工叫作 Line Feeder。feed 原本的意思是投喂、喂食，供应链给生产线投喂原材料，所以这个词是非常形象的。工厂里最厉害的人是谁？首推是生产老大哥，优点是活好话不多，不喜欢说大道理，干就是了，这种类型的人也有缺点，就是固执己见，不喜欢听别人的指挥，特别是他们打心眼里就讨厌什么都不懂，就知道瞎指挥的人。主生产计划是供应链制订的，它综合考虑了客户订单优先级和交货期，为了更好地满足客户需求，会要求生产部门切换生产品种,也就是换型。然而,生产部门不愿意频繁切换,因为这会损失生产时间,减少产出量、效率和设备利用率,供应链和生产的主要利益冲突就在这儿。

在库存管理的上下游之外还有一个重要角色,那就是财务,他们控制所有和钱有关的事情,因为库存也是钱,所以财务会重点关注。此外,财务还要算账,平衡生产与库存成本。财务虽然不直接参与具体运营,但他们在幕后控制整个过程,所以财务部的负责人叫作 Controller。库存管理中的重要角色和目标见表2-1。

表2-1　库存管理的四个重要角色

部　门	库存管理中的角色	目　标
采购和物料管理	管理者	低库存成本提供充足的原材料
生产制造	下游,库存使用者	产量、生产效率、设备利用率最大化
销售和市场	上游,需求计划信息提供者	足够的库存来满足客户的交货要求和服务水平
财务	监督者	生产与库存成本平衡

2. 库存策略

库存策略分为两个层面,即整体战略层面和具体执行层面。在整体战略层面上,库存政策决定集中或是分散的库存和配送中心。集中策略可以降低缺货或是呆滞风险,缺点是订单响应和配送速度较慢,分散的策略则与之相反。仓库在哪里选址?是否要采用延迟策略?这些都属于高层次的战略决策。

在具体执行层面就是每个物料的订货规则,在什么时候下订单、需要购买多少数量等常规问题。还有一些特殊情况,比如有两家供应商,公司应该根据什么原则向多个供应商下订单?如果是50:50配额采购,需要轮流给供应商下订单。如果是主要供应+备选模式,情况可能会更加复杂,涉及商务方面的因素。

公司在制定库存政策时需要权衡考虑许多因素,具体如下:

1)客户需求

公司在接单的时候就和客户明确了交货的提前期,如果是三个月,客户就需要在要货日期前三个月就发布订单或预测。由于提前期较长,在这段时间内,客户需求发生波动,可能会追加或是减少订单量,库存策略也要针对性地进行调整,要求上游供应商加急或是推迟送货。

2)计划范围

对于提前期较长的原材料需要更长的时间范围,假如供应商交货期长达半年,我们在系统里需要能看到未来一年的需求量,这样才能预见未来库存水平,预防缺货或是呆滞库存。

3)供应商交货提前期

这是一个很重要的输入,特别是针对海外供应商,提前期很长,有时会随着原材料市场价格波动而进一步延长。当某种原料价格上涨时,如果客户没有同意供应商的涨价要求,后者就不愿意用高价买入材料,等到价格回落后才会购买原料用于生产,这样一来,交货期就变得更长了。

4)产品多样性

有些产品功能是类似的,甚至是可以相互替代的。在开发阶段,产品经理如果没有考虑到这点,就会创建大量的 SKU,给库存管理带来复杂性和额外的持有成本。在设计研发时,供应链如果没有被邀请参与项目,就会对产品开发信息一无所知,只能被动地接受新批准的零件和原材料,这给运营工作造成巨大的挑战。

5)库存总持有成本

除了商品原料本身的采购价格,其他的成本还有运输和持有成本,这些成本的总和就是总持有成本(total cost of ownership,简称 TCO)。

6)顾客服务水平要求

库存策略会规定每件产品的安全库存数量,用来平衡客户服务水平和库存成本。如前文所述,想要达到极高的及时交货率,就需要储备大量的库存,管理者需要权衡考虑后作出决定。

2.2 物料需求计划和库存计算的逻辑

有些人觉得物料计划很复杂，其实不然，只要我们理解了其中的计算逻辑，就能揭开计划的神秘面纱。

2.2.1 MRP计算的逻辑

物料需求计划（MRP）使用物料清单（bill of material，简称BOM）数据、库存数据和主生产计划来计算材料的需求。MRP主要解决的是需要购买多少数量的原料，以及什么时候需要到货的问题。计算的功能已经嵌套在各类ERP/MRP软件之中，技术非常成熟。虽然我们已经不需要手工计算，但还是要理解其中的运算逻辑。

1. 相关术语

在解释计算逻辑之前，我们先要来了解几个相关的术语：

1）需求

需求是供应链的源头，有了需求才会有制造和采购的活动。需求可以分为独立需求（independent demand）和相关需求（dependent demand）。

（1）独立需求

一般是指可以单独售卖的产品，和其他商品的需求没有关系，所以叫作独立需求。举个例子，汉堡包是独立的需求，可以直接卖给顾客。

（2）相关需求

汉堡包是由面包片、肉饼、芝士和蔬菜等原料组成的，这些食物材料是在汉堡包的BOM清单中的，换句话说，正是有人要买汉堡包，才会衍生出对这些物料的需求，它们是具有相关性的，所以面包片和肉饼是相关需求。我们要预测独立需求的商品，而相关需求是根据BOM计算出来的，因此不需要作预测。

需要注意的是，同一件商品可以既是独立需求，又是相关需求。当汉堡包是单品时，它是独立需求，在套餐中，汉堡包就成了相关需求，与

54

可乐和薯条搭配在一起销售。商品的需求属性是可以转换的。

2）订单

（1）计划订单

如果我们把快餐店看作是一家工厂，在这里生产的物品有汉堡包、薯条和其他小食品，工厂经过加热和油炸等工艺把食物材料加工成食品。用于生产的原料都是由供应商提供的，快餐店要管理好采购订单，确保始终有足够的原材料。MRP 的一个重要任务就是用来计算采购量和到货时间，然后输出系统建议的订货计划，这就是计划订单（planned order）。

计划订单是系统建议订单数量、发布日期和到货日期。如果情况发生变化，系统可以在后续处理过程中修改或取消订单。计划订单和已发布的订单一起，作为能力需求计划的输入，用来显示未来时间段内的总供应能力，这里说到的已发布订单（released order）是指我们已经给供应商发布的采购订单（purchase order）。

（2）采购订单

采购订单是采购方发给供应方的正式购买协议，包括订购货物或服务的名称、零件编号、数量、描述和价格，关于付款、折扣、履约日期和运输的商定条款，以及与采购和供应商有关的所有其他协议。采购订单是非常正式的文件，供需双方都要很严肃地对待它。采购方的订单不能任性地取消，供应方的交货日期也不能随意地推迟。

采购订单和计划订单在同一个到货时间上不能同时存在，至多出现其中一项。采购订单是已经发给供应商的订单，也就是确认的计划；而计划订单是建议的计划，在转换为采购订单之前，它只存在于系统之中，并没有发布给供应商。采购订单的时间期较短，比如我们给供应商下订单，最远覆盖未来几个月的到货，更长远的计划就要使用计划订单。由于需求存在大量的不确定性，如果发布了未来一年的采购订单，而需求突然减少，我们就很难做调整，所以要使用计划订单来模拟未来的供应情况。把采购订单和计划订单汇总在一起，就是全部的供应能力。

如图2-7所示,采购订单到货日期1月是40,2月是30,依此类推,到4月为止。随后是计划订单数量,5月是40,6月是50,直至12月。两行汇总的就是供应能力。显然,计划订单的时间覆盖更长,可以达到系统设定的最大值。

月份	1月	2月	3月	4月	5月	6月	7月	8月	9月	10月	11月	12月
采购订单	40	30	50	40								
计划订单					40	50	60	40	30	50	40	60
供应能力	40	30	50	40	40	50	60	40	30	50	40	60

图2-7 采购订单、计划订单和供应能力的关系

3)计划中的收货

采购订单发布后就处于开放的状态,货物收到后,订单会关闭。开放订单(open order)需要供应商回复确认送货日期,根据运输时间,推算出到货日期,这就是计划中的收货(scheduled receipt),它可能早于或晚于采购订单要求的到货日期,因为供应链中存在一些不确定性。如果供应商没有确认送货日期,那么就使用采购订单中的履约日期。

4)库存状态

（1）期初库存

这是期初时仓库里的可用库存,也就是 beginning on hand。相应的,我们还要知道每个时间段末还会剩下多少库存,这个数字可用来判断库存是否健康。期末库存使用 projected 这个词,用来表示预计的库存数量。

（2）预计手头的库存

预计在期末有多少库存会在我们的仓库里,这就是 projected on hand（简称POH）,它的计算是用上一期的期末预计库存,减去需求量,再加上本期的计划中收货。预计手头库存只考虑了计划中的收货,意味着它只会统计已经确认的到货,而采购订单或计划订单没有统计在内。这里有一个问题,那就是计划中到货的时间跨度较短,随着时间推移,预计手头库存会出现负数,所以我们还需要一个库存状态来推算更长时间的库存情况。

（3）预计可用库存

预计可用库存（projected available balance，简称 PAB）使用了采购订单和计划订单的总数量，实现了系统内最长时间跨度的预计库存计算。

说了很多概念，接下来我用一个 Excel 表格来介绍它们之间的计算关系。

2. 案例计算

假设我们需要采购编号为"NCX-10"的物料，到货提前期是 1 天，时间单位是周，那么需求量和采购量都被汇总为周，采购订单发布和预计到货都是在当周中的某一天。时间单位可以是天、周或是月，在使用的时候需要注意统一时间的单位（time bucket）。计算如图 2-8 所示。

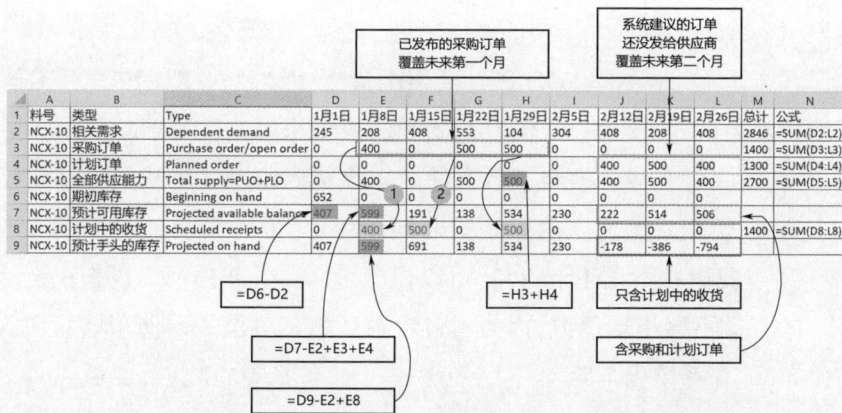

	A	B	C	D	E	F	G	H	I	J	K	L	M	N
1	料号	类型	Type	1月1日	1月8日	1月15日	1月22日	1月29日	2月5日	2月12日	2月19日	2月26日	总计	公式
2	NCX-10	相关需求	Dependent demand	245	208	408	553	104	304	408	208	408	2846	=SUM(D2:L2)
3	NCX-10	采购订单	Purchase order/open order	0	400	0	500	500	0	0	0	0	1400	=SUM(D3:L3)
4	NCX-10	计划订单	Planned order	0	0	0	0	0	0	400	500	400	1300	=SUM(D4:L4)
5	NCX-10	全部供应能力	Total supply=PUO+PLO	0	400	0	500	500	0	400	500	400	2700	=SUM(D5:L5)
6	NCX-10	期初库存	Beginning on hand	652	0	0								
7	NCX-10	预计可用库存	Projected available balance	407	599	191	138	534	230	222	514	506		
8	NCX-10	计划中的收货	Scheduled receipts	0	400	500	0	500	0	0	0	0	1400	=SUM(D8:L8)
9	NCX-10	预计手头的库存	Projected on hand	407	599	691	138	534	230	-178	-386	-794		

已发布的采购订单覆盖未来第一个月

系统建议的订单还没发给供应商覆盖未来第二个月

=D6-D2
=D7-E2+E3+E4
=D9-E2+E8
=H3+H4
只含计划中的收货
含采购和计划订单

图 2-8　案例计算

第二行是物料相关需求的数量，这就是每周需要生产消耗的量。采购员已经发布了三张采购订单，数量分别是 400、500 和 500，原本的到货日期分别是在 1 月 8 日、1 月 22 日和 1 月 29 日这三周，这些订单尚未到货，所以也叫 open order。此外，系统已经建议了后续的订单计划，到货日期均在 2 月，但是这些订单仍在系统里，还没有释放出去，供应商也没有接收到。第五行的全部供应能力就是采购订单和计划订单的总和。物料的期初库存是 652，在 1 月 1 日这周消耗了 245，在当周物料没有任何的订单或是计划中到货，所以预计可用库存和手头库存都是 407。

1 月 8 日这周的需求是 208,采购订单数量有 400,而且已经确认本周到货,这就是说计划中的到货也是 400。根据计算公式,PAB 和 POH 都是 599,这是第一种情况。

第二种情况是计划到货提前了,因为供需有波动,采购员为了预防潜在缺料,安排提前到货,原本在 1 月 22 日到货的 500,提早到了 1 月 15 日,这样会使得 PAB 和 POH 数量不一致,因为前者用采购订单中约定的日期计算,而后者是用实际到货日期(scheduled receipt)。于是 POH 就比 PAB 多出了 500,因为这批货提前送到了。1 月 29 日这周采购订单和计划中到货都是一致的,所以 POH 和 PAB 的结果是一样的。

2 月的采购订单还没有发布给供应商,系统已经推荐了需要下单的数量和时间,这就是计划订单,它与采购订单不会重复出现在同一个时间段里。

在 2 月 12 日这周,POH 预计会出现负数,因为上一期期末的库存已无法满足当期的需求量,又没有计划中的收货来补充库存,期末 POH 就小于零,意味着当周会缺料。没有计划中收货的原因是采购订单还没有发布出去,仍在系统里。由于距离时间还很远,采购到货的提前期只有 1 天,所以我们并不急于下订单,可以根据未来需求波动情况再作决定。

PAB 就不会出现负数,因为它包含了计划订单量。即便采购订单没有发布,但在系统内部运算中已经考虑了未来需要的数量,也就是计划订单,理论上 PAB 永远是大于零的。

以上通过概念解释和案例计算,我为大家介绍 MRP 计算的基本逻辑,不管是哪一款系统软件,都遵循着这套运算逻辑。

2.2.2 物料清单 BOM 和 MRP 的运算逻辑

MRP 有三个重要的输入,分别是主生产计划(master production schedule)、库存数据和物料清单。本小节重点来讲物料清单和 MRP 的关系。

1. 什么是物料清单

我们可以把 BOM 想象成菜谱,制作一道佳肴需要哪些原料和数量

（重量），所以 BOM 就是成分表。仍以汉堡包为例，它是由面包片、肉饼、芝士和蔬菜等原料组成的，如果我们把成分表做成表格，就能得到一份汉堡包的 BOM，见表 2-2。

表 2-2　汉堡包的 BOM

汉堡包的 BOM 原料	数量
面包片	2
肉饼	2
芝士	1
蔬菜（生菜、番茄、酸黄瓜、洋葱碎）	1

我们也可以用图形表示汉堡包的 BOM 结构，这样从视觉效果上更加直观，如图 2-9 所示。

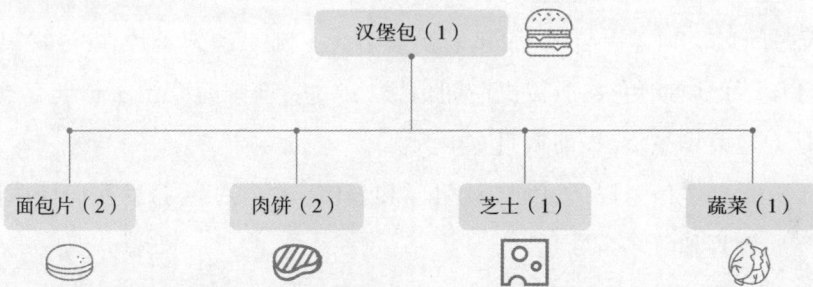

图 2-9　汉堡包 BOM 结构分解图

供应链管理中有个术语叫作物料清单展开（BOM explosion），即使用更加专业的方式来展现 BOM 结构关系，见表 2-3。

表 2-3　汉堡包物料清单展开表

成品	原料	BOM 层级	数量	提前期（天）
汉堡包		0	1	0.25
	面包片	1	2	2
	肉饼	1	2	3
	芝士	1	1	5
	蔬菜	1	1	1

清单引入了两个概念，第一个是 BOM 的层级，通常会把成品，也就是直接销售给客户的产品层级定义为"0"，次一级组件定义为"1"，例如面包片，如果还有次一级组件，层级就是"2"，以此类推。为了便于读者理解，此处简化处理，定义汉堡包产品只有 2 级 BOM。在现实情况中，有些产品 BOM 表格非常复杂，组件很多，层级也很深。

第二个概念是提前期（lead time），也叫前置时间，它可以理解为生产制造需要的时间，即假设制作汉堡包需要 2 个小时做好开工准备，按照每天工作 8 小时算，折合 0.25 天，这是生产过程中的提前期。一般汉堡包店的组件或是原料都是从外部采购的，很少有店家会控制从农场到厨房的供应链，面包片、肉饼等都有分门别类的供货商。不同的供应商和原料有不同的交货提前期，这段时间是指从下订单至配送到店的天数。以面包片为例，工厂在接到订单以后，需要 1 天时间烘焙、包装，再用 1 天时间运输到客户店里，加起来就是 2 天。肉饼和芝士片在冷冻冷藏的环境下保质期更久，所以提前期稍微长一些，新鲜蔬菜没法长期存储，都是本地菜场供货，提前期只有 1 天。

有了这些信息以后，BOM 就可以和 MRP 建立关系，帮助我们计算何时需要订货和订多少数量。

2. 计算的逻辑

想要计算订货的数量，要先把需求理清楚。假设每天的平均需求量是 100 份汉堡包，用 MRP 的语言来说，这是总需求量（gross requirement），也叫毛需求。有了这个数字可以去采购原料了吗？还不行，因为可能还有库存，把它扣减了以后，就可以得到净需求量（net requirement），这才是我们要采购的数量。由于汉堡包都是当天现做的，所以没有现有的库存（on hand stock），毛需求量减去零等于净需求量。

制作汉堡包需要的准备和制作时间较短，假设准备工作只需要 2 个小时，在当天开工之前能把所有食物原料准备好，汉堡包是现点现做，生产订单在当天发布即可。

由于汉堡包是店里自制的，订单模式是生产订单，与之对应的外购原料订单模式是采购订单,虽然都叫作订单(order),但本质上是不一样的,希望大家留意这一区别。

把以上数量用电子表格展现出来,就可以得到下面的示意图,如图 2-10 所示。我把当天设定为第六天,因为待会儿要根据提前期倒推订货的日期。

	A	B	C	D	E	F	G	H	I	J K L M N
1	BOM层级	物品	日期	1	2	3	4	5	6	当日是第六天
2	0	汉堡包	总需求量						100	净需求量=总需求量−现有
3	0		现有库存量						0	库存量=100−0=100
4	0		净需求量						100	生产订单
5	0		计划发出订单量						100	

图 2-10　汉堡包的需求量计算逻辑示意图

以上是 BOM 最顶层的成品情况,随着物料清单的展开,我们还要层层深入,计算次一级原料的相关数量,这就是 MRP 运算的逻辑。接下来,通过原料采购计算过程来详细了解这套机制,计算逻辑如图 2-11 所示。

	A	B	C	D	E	F	G	H	I	J K L M N
1	BOM层级	物品	日期	1	2	3	4	5	6	当日是第六天
2	0	汉堡包	总需求量						100	净需求量=总需求量−现有
3	0		现有库存量						0	库存量=100−0=100
4	0		净需求量						100	生产订单
5	0		计划发出订单量						100	
6	1	面包片	总需求量						200	面包片总需求量=汉堡包净
7	1		现有库存量						60	需求量×2=100×2=200
8	1		净需求量						140	净需求量=总需求量−现有
										库存量=200−60=140
9	1		计划发出订单量				140			采购订单

图 2-11　汉堡包和面包片的需求量计算逻辑示意图

现在把 BOM 层级"1"的面包片也加入表格中,这一层的总需求量是根据上一层物料的计划发出订单量和 BOM 数量计算得出的。在这里,上一层的计划发出订单量,也就是生产订单数量是 100,物料清单中的比例是 1∶2,对应面包片的总需求量就是 100 乘以 2,等于 200。同样的,我们看一下面包片的库存,当天冷库里还有 60,这是现有库存量,所以净需求量就是用 200 减去 60,得到了 140,这是需要采购的数量。

如前文所述,面包片供应商的交货提前期是 2 天,想要在第六天收到140,订单应该提前2天就发给供应商,也就是在第四天的时候。看到这里读者或许有疑问,"我怎么能够预见2天后需要140件呢?买多了或是不够怎么办?"

首先,需求本身就存在随机性,昨天销售90份,今天卖出110份,这些都是再平常不过的事情。只要随机性符合某种概率分布,我们就能计算出订购多少数量,可以满足多少百分比的需求,这部分内容会在以后的章节中详细介绍,在此就不展开了。

其次,供应链运营是一个连续的过程,工厂、仓库或汉堡店每天都在收到原料、生产订单、交付客户,这是持续不断的活动。如果汉堡店每天都发出面包片的订单,那么在 $N+2$ 天后都能够收到货物,即便某天缺货了,也只会影响那一天的销售额。只要下订单的频率足够高,就可以减缓缺货或是过量库存的现象。此外,订单数量是可以调整的,不是固定的,通过增加或减少订货量,库存水平可以得到优化。

最后,提前期客观存在于大部分的原料或是部件采购活动中,除非是供应商有现货,而且仓库就在隔壁,否则谁能够做到准时制(just in time)式的供应呢?

如果把增长 BOM 表全部展开,就可以获得以下的完整示意图,如图 2-12 所示。

肉饼、芝士和蔬菜的订货数量计算逻辑和面包片是一样的,不再赘述。

通过以上内容为大家介绍了 MRP 和 BOM 之间的计算关系,汉堡包只有两层 BOM 结构,计算过程看上去很简单。如果是汽车类产品,全部零部件多达 3 万个,仅用 Excel 是没有办法完成订货数量计算的,因为计算工作量太大,而电子表格不擅长执行大量数据的计算,所以我们需要专业的 MRP 软件。

3. MRP 系统的优缺点

前文我们讨论了 MRP 系统的运行机制,介绍它是如何计算的,如何把最终商品的需求,传递给全部有相关需求的组件。接下来简单聊一聊

	A	B	C	D(1)	E(2)	F(3)	G(4)	H(5)	I(6)
1	BOM层级	物品	日期	1	2	3	4	5	6
2	0	汉堡包	总需求量						100
3	0		现有库存量						0
4	0		净需求量						100
5	0		计划发出订单量						100
6	1	面包片	总需求量						200
7	1		现有库存量						60
8	1		净需求量						140
9	1		计划发出订单量				140		
10	1	肉饼	总需求量						200
11	1		现有库存量						100
12	1		净需求量						100
13	1		计划发出订单量			100			
14	1	芝士	总需求量						100
15	1		现有库存量						30
16	1		净需求量						70
17	1		计划发出订单量	70					
18	1	蔬菜	总需求量						100
19	1		现有库存量						10
20	1		净需求量						90
21	1		计划发出订单量					90	

注释：
- 当日是第六天
- 净需求量=总需求量-现有库存量=100-0=100
- 生产订单
- 面包片总需求量=汉堡包净需求量×2=100×2=200
- 净需求量=总需求量-现有库存量=200-60=140
- 采购订单

图 2-12　汉堡包全部物料的需求量计算逻辑示意图

MRP 系统的优缺点。

优点是非常明显的,它可以降低库存水平,因为订货都是基于严谨的数学计算,不是想当然地估算出来的。系统会告诉我们什么时候需要生产或是采购,以及有多少数量,这应该会减少缺货和加急的情况。我们初步拥有了供应链的可视性,可以更快地完成客户订单交付。此外,通过 BOM,各种物料之间的关系被明确定义了。因此,它在物料管理方面确实很有用。

不过 MRP 也有一些缺点,或者说是不足之处。首先,从原理上看MRP 是一套算法,例如它先根据总需求量减去库存,得出净需求量,然后把这个数量给到次一级物料计算何时订货,直至 BOM 结构底层的物料,这就是一种算法,但 MRP 没有考虑库存持有成本和采购成本,不过这还不是最大的缺陷。

MRP 认为一切假设都是确定的、不会改变的,这是与现实情况偏离的,要知道现在的供应链变化是常态,一成不变是反常。例如原料的交货提前期是经常变动的,需要我们时不时地去维护采购信息,而许多计划员是不会去调整的,这就会导致缺货或库存过高的情况。当我们有多个供应商时,他们会有不同的交货提前期,而 MRP 系统并不支持此类设定,只能有一个数字,这是令人感到崩溃的,而且此类情况还有不少。

打一个比方,MRP 就像是一台老爷车,尽管有许多问题,但还是可以开,所以一些公司宁可守着老旧的系统,也不愿意冒险去升级系统。员工们也习惯使用老系统,即便不太好用,但毕竟用得顺手了,上新的 ERP 还不知道会怎么样呢,这些思维是阻碍公司系统升级迭代的主要因素。MRP 虽然有这些缺点,但皮实耐用,所以依然保持着生命力。

2.3　库存订货模型

订多少数量的货? 什么时候需要下单? 这是每个采购员都需要思考的问题。

2.3.1　经济订货批量的建模思路

经济订货批量(economic order quantity,简称 EOQ)是经典的经济学和供应链模型,相信大家在学习供应链的时候都接触过它。虽然模型已经不太适用于现在的市场环境,但是建模的思路依然值得我们学习,可以帮助我们提升数学方面的思维能力,这种方法可以应用在其他的建模过程中,让我们重温一下这个经典的模型。

1. 构建 EOQ 模型的基本思路

买东西是有成本的,其中最主要的有这两点,首先是订货的成本,要知道在 100 多年前,发明 EOQ 模型的那个年代是没有电脑的,下订单全靠手工计算,然后做文件资料。在模型设计者看来,不管买多少数量,订货成本都是一样的,买 100 件和 1 万件的订货成本没有差别,这是模型的假设。其次成本是商品的持有成本,货物在没有卖出去之前,会产生一些费用,比如你是借钱来买商品的,需要支付利息和保管费,这部分费用与商品价格和订货量有关。就这样，我们总结出了订货相关的费用，企业的目标是要让总成本最小，要算出订货成本和持有成本之和的最小值。

EOQ 模型假设资源是无限的，也就没有资源的约束条件，当然我们知道现实中是不可能的，总是存在各种资源的瓶颈，例如原材料、人力资源、费用预算等，都是有上限的，不可能想要多少，就有多少，但 EOQ 就是基于无约束条件下的求解，去寻找成本最小的那个值，也叫极值。好了，让我们开启这趟寻找极值之旅吧。

2. 建立模型公式

我们需要建立一个场景，这样会更有代入感。假设张三在上海经营一家精品咖啡店，需要经常采购高品质的咖啡豆。张三的店生意不错，采购的豆子都可以消耗完，需求量就等于采购量，他平均每年需要采购 500 包豆子，所以年需求量就是 500。总成本是由订货成本和持有成本组成的，我们分别设立公式计算。

1）订货成本

假设张三每次的订货量是 Q，那么他在一年中采购次数就等于 $500 \div Q$，这是反比关系，每次买的数量越多，一年中采购次数就越少。张三每次下单都需要花费一些时间，而时间是有成本的，他在这段时间里可以打几杯咖啡，或是陪顾客聊聊天，他为了下订单，就做不了这些增值的事情了，所以下单是有成本的。假设张三每次下单补货，不管买多少包咖啡豆，都相当于 100 元，每年的总订货成本就等于：

$$每年订货成本 = 年需求量 \div 每次订货量 \times 每次订货成本 = \frac{500}{Q} \times 100 = \frac{50\,000}{Q}$$

每年订货成本和每次订货量的关系，如图 2-13 所示。

如果把订货量定义为从 1 至 100 的连续整数，套入上面的公式中，就能得到这样的一条曲线：横轴是每次订货的数量，纵轴是每年订货的成本。当张三每次只订购 1 包豆子，全年他需要采购的次数是 500 次，年订货成本就是 50 000 元。如果张三为了省事，每次买 100 包，一年里

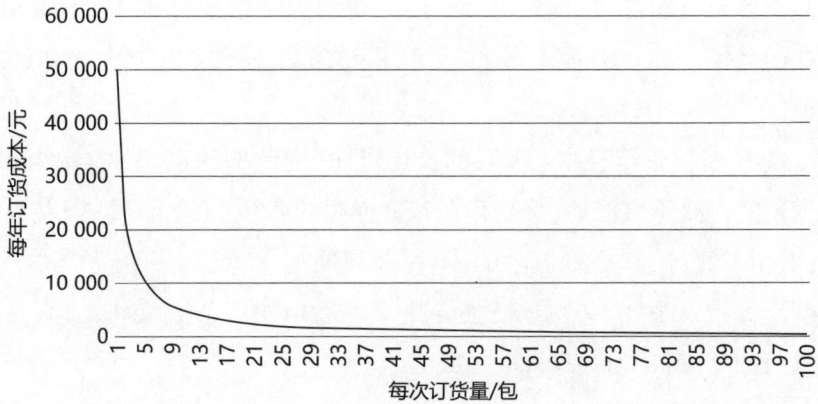

图 2-13　订货数量和每年订货成本的关系图

只需要采购 5 次,那么年订货成本只需 500 元。

这条曲线的特征是在最初阶段,随着购买次数的增加,订货成本迅速降低,接下来的降速虽然变慢了,但永远也不会为 0。

2)持有成本

咖啡豆不能长期存放,时间久了,咖啡的风味会变差。如果囤积了太多的豆子,还会占用张三的流动资金,影响他采购其他的原料,他也没有钱去支付店铺租金、工资和其他运营费用。张三经过测算,每包咖啡豆每年会占用 200 元的资金成本。为了和订货成本保持一致,要使用相同的单位,于是就得到了每年的持有成本,它等于:

每年持有成本＝200×平均库存量

这个公式想要表达的是,豆子的库存越多,张三的持有成本就越高,这点非常符合逻辑。如何来计算平均库存量呢?在 EOQ 模型里使用的是一个非常朴素的方法。假设张三每次都是等到库存消耗殆尽了才安排补货,而且都是立即到货,每次补货的数量也是固定的,这样他的库存最小值为 0,最大值就是经济订货量 Q,所以平均库存就是 0 加上 Q 除以 2。年持有成本就等于:

$$每年持有成本＝200×平均库存量＝200×\frac{Q}{2}＝100×Q$$

张三的咖啡豆库存越多,它的持有成本就会越高,肯定是成正比关系。

把持有成本的公式也加进去,就会得到这样的一张关系图,如图2-14所示。当张三每次只买一包咖啡豆时,年持有成本是100元,当他一次性买100包,年持有成本就高达10 000元。图中订货和持有成本在某处相交,它们的交叉点,是否可以给我们一些启示呢?

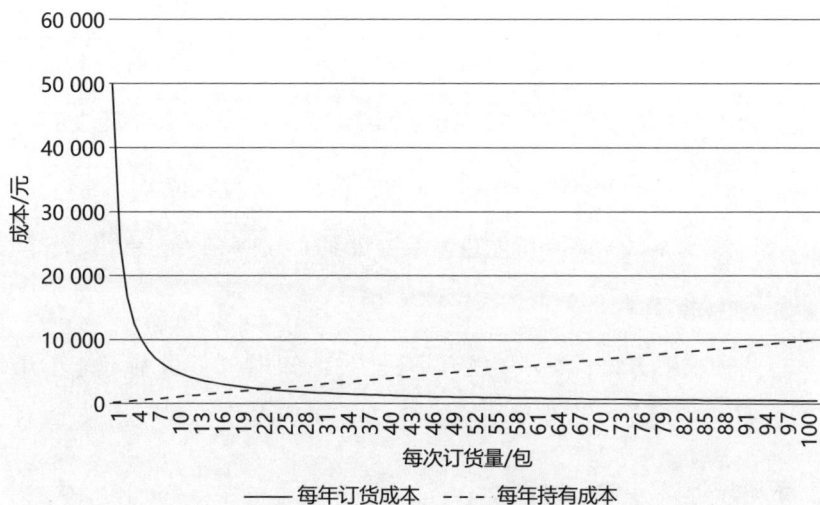

图 2-14 每年订货成本和每年持有成本的关系图

根据此前提出的要求,我们的目标是最小化订货成本和持有成本之和,现在就可以把这两项成本加在一起,得到这样的公式:

$$每年总成本=每年订货成本+每年持有成本=\frac{50\,000}{Q}+(100\times Q)$$

我们把每年总成本曲线也加进来(见图2-15),就会发现它是一条很有意思的线,一开始它随着订货数量的增加而减少,但是到达一定量之后,总成本开始回升,我们要求的就是这条曲线上的最小值,这就是经济订货量。

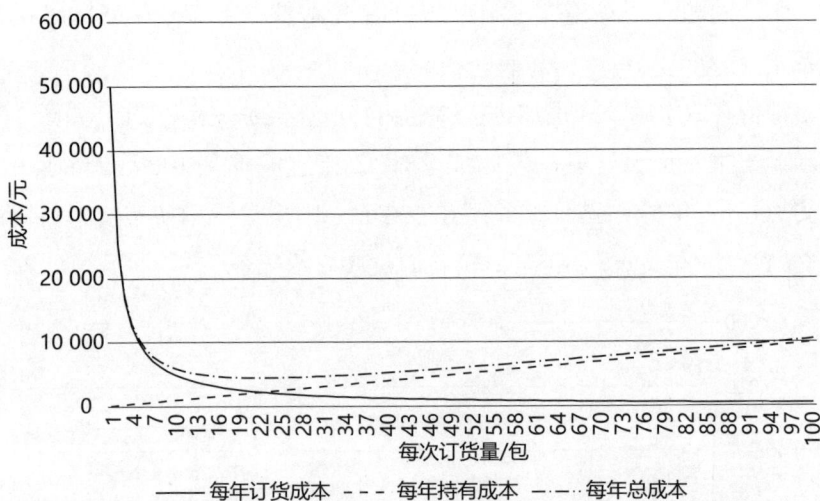

图 2-15 每年的订货成本、持有成本和总成本的关系图

3. 求解模型

有两种求解方法,第一种是穷举法,我们知道订货量不可能小于等于 0,而且它肯定是一个整数,比如 10、20、30,只要把公式列出来,即:

$$每年总成本=每年订货成本+每年持有成本=\frac{50\ 000}{Q}+(100\times Q)$$

在 Excel 里输入 1 到 100 的数字,很快就能计算完毕,在筛选中查找最小的总成本对应的数量即可。在上面这个公式里,当 Q 是 22 时,就能得到最小值 4 473。

第二种是使用微积分来求解,我们从上面的曲线上看到有一个最小值,而微积分正好可以帮助我们找出那个极值。极值是曲线斜率为 0 的地方,也就是曲线的"谷底",可以使用一阶求导来计算,即:

$$EOQ=\sqrt{\frac{2\times 年需求量\times 每次订货成本}{每单位的年度持有成本}}=\sqrt{\frac{2\times 500\times 100}{200}}\approx 22$$

好了,数学就讲到这儿,不再深入展开求导过程了,否则读者又要跑了。好在这里可以快速帮我们算出经济订货批量。

四舍五入后,张三每次最为经济的订货数量就是 22 包,能够让他获得订货成本和持有成本总和的最小值。

4. 模型的实用价值和给我们的启示

经济订货量是公司在供应链和财务计划中使用的重要工具之一,用于最小化库存成本或减少库存中的现金数量。对于一些公司,如快速消费品公司,库存是他们最大的资产,他们需要适当的采购计划,以便有足够的库存来满足客户的需求,但同时也要控制库存,为公司节省成本。经济订货量有助于估计库存水平,还可以评估再次订货点。重新订购需要在库存耗尽之前执行,否则公司将会因为缺货,给销售收入带来损失。现在还会使用 EOQ 的场景已经不太多了,主要是模型本身存在一些缺陷,但是模型的构建思路对我们还是很有启发的。

建模的思路分三步走,首先是回答"我要什么?"是利润最高还是成本最小?要想清楚这个问题。其次回答"我有什么数据?"构建模型一定要有数据,但数据信息有很多,哪些才是能帮助我们求解的数据?有些数据虽然很好,但获取过于困难,恐怕也只能放弃。最后是求解模型,对于供应链人,我们或许不擅长数学编程,但总有高手可以帮我们解决求解难题,所以不用过于担心。我们是业务部门,每天都在运营中摸爬滚打,懂一些建模的原理,可以帮助我们找到优化供应链的路径,这就是学习 EOQ 的目的所在。

2.3.2 买菜订货模型

现在人们的物质生活非常丰富,可以随时随地购买到食物。可是买得过多,就会有一些食物吃不完,发生变质,最后丢弃,造成浪费。从库存控制的角度看,浪费(过了保质期的食物)是异常情况,我们需要采用订货模型来优化库存,减少浪费。

1. 模型介绍

库存水平是由供应和需求的相互关系决定的,在买菜的场景中,供应是各类食品的供给,需求是维持人体所需能量的一日三餐。现在大城市的生鲜电商非常发达,人们可以在手机上购买,第二天配送到家,市场供应充足，没有约束条件。需求端波动性很小，因为每个人的食量基本是固定的，每天摄入2 000卡路里的人，给他3 000卡路里的食物也未必吃得下，而摄入不足就会感到没吃饱、饿得慌，继续找东西吃。每人每天消耗食物的量是比较稳定的，意味着需求是平稳的，偏差较小。正是由于需求的这个特征，经典的库存模型不太适用于这个场景，具体原因会在最后进行简单说明，暂且略过不谈。

假设咱们家的冰箱都足够大，没有容量的限制，可以存放许多食物。食物都是有保质期的，短则数日，例如生鲜肉类或是鲜奶，还有些食物可以长期存放，例如食用油、大米、面粉等，可以放置好几个月。不管是哪种食物，都有保质期，不能永久性地放在家里，这样一来，我们要算出持有食物的最大量，然后减去家里的存粮，再减去正在配送路上的食物，就能得出要补货的数量，这就是看板拉动的库存补货模型。这套补货系统的原理是以平均需求为基础，根据订货和配送时间，考虑运输的额外延迟时间，再结合食品保质期和最小包装量，综合而成的看板拉动补货机制。上面这段话非常抽象，让我用一些例子为大家解释说明。

2. 看板拉动的买菜库存模型

1）下单和配送时间

这个模型的关键点就是要计算出持有食物的最大量，我们已经假设了家里的冰箱和存储空间是足够大的，所以不存在这方面的约束限制。补货采用定期盘点，循环下单的方式，普通家庭的米面库存扫一眼就能盘好，清点冰箱里的食物也花不了几分钟，接着就可以在电商平台下单补货。我们可以采用每天或每两天盘点一次，随即下单补货的采购模式。

假设从下单至配送至家需要间隔24小时，比如早上8点下单，第二天早上8点收到食品，这样算来，我们每天收到的网上购物的商品，都是来自前一天的订单，从下单到配送是一天，两次到货之间的相隔时间也是一天。持有食物的最大量要能够覆盖从下单到收货，以及再下一次到货这段时间内的需求总量。如果运输有额外的延迟，我们也需要把安全运输时间（delivery safety time）考虑在内。

2）持有库存最大量

如图 2-16 所示，图的上方有一条实线，这就是库存食物的最大量。在订货点①处，短的虚线是需要订货的量，这是由持有库存的最大量减去现在的库存后得出的。在这个时间点上，货物还没有到达，所以用虚线表示。从下单到送货的这段时间就是订单前置时间。在下好第一个订单后，库存还在持续消耗中，直到新订单到货后获得了补充。实际到货数量应该等于补货订单的数量，所以虚线 A 的长度等于实线 B 的长度，表示订单数量等于实际到货数量。此后订货也是一样的道理。这张图就解释了为什么持有库存的最大量，一定要能够覆盖从第一次订货到第一次到货，以及第二次的到货。如果不是这样，就会在第一次或第二次到货之前出现短缺的情况，这是所有库存补货模型的基本逻辑。补货就是以库存持有最大量，减去所有的库存，包括仓库（家里）和运输配送中的库存，这样能够保证我们不会缺货，同时也不会有过量的库存。

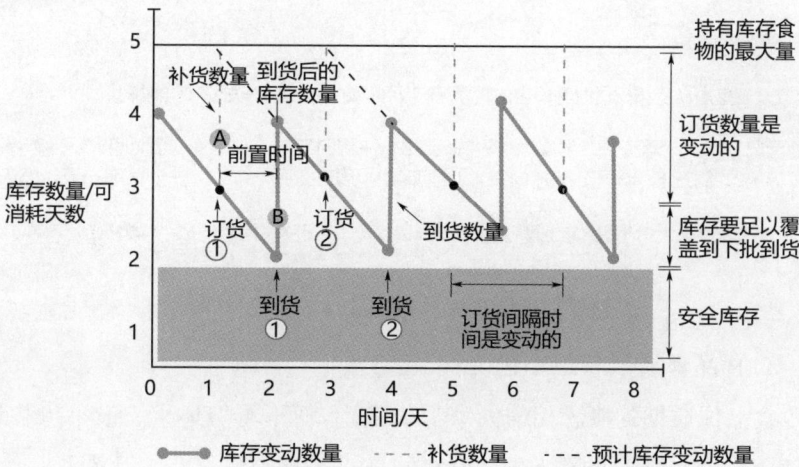

图 2-16　闽菜库存模型

如何来计算最大库存持有量呢？考虑每人每天消耗的食物总量上下波动不大，所以需求是平均的，有一个非常简单好用的方法，就是使用"订单—到货—下次到货"这段时间加上安全运输时间，乘以平均需求就能快速地计算出来。

如图 2-17 所示,假设我们是在每周一下单,周二到货,周三下单,周四到货,周六下单,周日到货,一周下单 3 次,到货也是 3 次,这样就出现了两种情况,如图 2-17 所描述的,第一种情况的总时间为 3.5 天,第二种是 4.5 天。安全时间是指可能存在的配送延误,先按照 0.5 天计算。我们该选用两种情况中的最大值,也就是 4.5 天,这是为了要确保不会缺货,宁可有一些冗余,也不能出现短缺,这点很重要。因此,我们需要设定的最大库存持有量是 4.5 天。可能有人会问"4.5 天的库存够吗?"对于保质期很短的食品是够的,例如鲜奶、海鲜和冰鲜肉,而且我们是基于食品供应充足、配送运力相对可靠的前提下。如果实际情况超出了假设的条件范围,我们只需要增加配送的安全时间即可,比如从 0.5 天上调到 1 天。

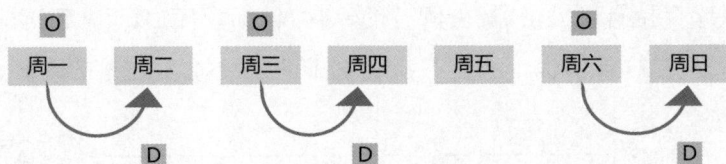

盘点订货和配送时间段内的需求+下次到货之前的需求+配送安全时间

情况1: 周一下单>周二到货(1天)+周二到货>周四到货(2天)+安全时间0.5天=3.5天
情况2: 周三下单>周四到货(1天)+周四到货>周日到货(3天)+安全时间0.5天=4.5天

库存最大持有量=向上取整{[max(3.5,4.5天)x每日平均需求]÷最小包装量}

图 2-17　闽菜模型:看板拉动补货示意图

3)食品保质期和最小包装量/起订量

食品保质期的概念相信大家都很熟悉,就不再赘述了。最小包装量/起订量是根据保质期的特征来设定的最小采购数量。我大致列了一个图表,供大家参考,大家可以根据自己的经验进行调整,如图 2-18 所示。

以大米为例,每户人家每天平均要吃掉 0.5 kg(500g)大米,这是属于可长期存放的食品,所以最小包装起订量最大,例如 5kg 包装,也就是可供家庭 10 天消耗的量。根据公式:

库存最大持有量=向上取整[max(3.5,4.5)×每日平均需求÷最小包装量]

食品种类	保质期限	最小包装起订量
大米、面粉等主食、调味料、方便面、咖啡饮料、冷冻肉、常温牛奶、零食	长 7天以上	大
水果类：苹果、橘子、梨 蔬菜类：南瓜、胡萝卜、洋葱 鲜牛奶	中等 3~7天	中等
水果类：草莓、香蕉 蔬菜类：绿叶菜和其他不耐放的菜 冰鲜肉类、海鲜水产	短 1~3天	小

图 2-18　食品保质期和最小包装量/起订量

家里应该储备的大米库存数量为

储备的大米库存数量 = 向上取整(4.5×0.5÷5) = 1 袋 5 kg 的大米

假设此时家里没有大米库存，那么我们就应该购买一袋。等到货物送达后，我们开始消耗这袋大米，然后在下一个订货日时再次进行盘点。根据上面计算出的结果，我们需要的大米库存依然是 1 袋 5 kg 大米，此时那袋已开封的大米该怎么算呢？它不应该被统计在库存里，因为我们只把未开过包装的商品记为库存，这里的概念有些不好理解，虽然这袋大米只消耗了小部分，但是在统计库存时，不能把它计算在内，因此我们要再购买一袋大米，这样一来，家里始终都有一袋未开封的大米库存，你可以把它看作是冗余，但这绝对是有必要的额外库存，同时也让你不会再储备更多的大米，库存也就控制住了。

再来看一个品类，保质期中等的鲜牛奶，一般只有 6 天左右的有效期，普通包装牛奶是 1 升每盒，假设每户家庭每天消耗也是 1 升，即

鲜牛奶的最大库存持有量 = 向上取整(4.5×1÷1) = 5 盒牛奶

鲜牛奶的看板拉动补货如图 2-19 所示。

在所有牛奶到货后，当天就消耗了一盒牛奶，期末库存数量为 4，所以需要订购一盒。在第 2 天继续消耗一盒，当天获得了来自前一天的补货，所以期末库存是 4 盒。到了周三，库存消耗至 3 盒，需要补货 2 盒。在周四，库存仅剩了 2 盒，但是得到了补充的 2 盒，重新恢复至 4 盒。以此类推，牛奶始终不会缺货，也不会超过最大持有量 5 盒，库存得到了很好的控制。

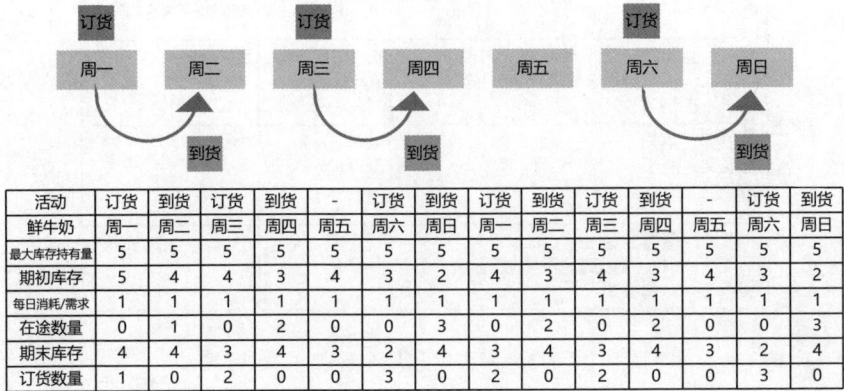

活动	订货	到货	订货	到货	-	订货	到货	订货	到货	订货	到货	-	订货	到货
鲜牛奶	周一	周二	周三	周四	周五	周六	周日	周一	周二	周三	周四	周五	周六	周日
最大库存持有量	5	5	5	5	5	5	5	5	5	5	5	5	5	5
期初库存	5	4	4	3	4	3	2	4	3	4	3	4	3	2
每日消耗/需求	1	1	1	1	1	1	1	1	1	1	1	1	1	1
在途数量	0	1	0	2	0	0	3	0	2	0	2	0	0	3
期末库存	4	4	3	4	3	2	4	3	4	3	4	3	2	4
订货数量	1	0	2	0	0	3	0	2	0	2	0	0	3	0

图 2-19　鲜牛奶的看板拉动补货

3. 为什么传统补货模型不适用于这个场景

最后为大家简单介绍一下传统补货模型，它的计算逻辑和看板补货模型是一样的，也是用最大持有量减去库存，从而得出订购数量，但是最大持有量计算方法略有不同。

传统补货模型中的最大持有量公式如下：

$$最大库存量 = 需求均值 \times (二次订货间隔时间 + 前置时间) + K \times 需求标准差 \times \sqrt{(二次订货间隔时间 + 前置时间)}$$

前半部分的计算和看板补货模型是一样的，唯一的区别在于后半部分，由于篇幅有限不能全部展开介绍。传统模型更适用于标准方差较大的场景，通过服务水平来设置 K 值。由于人体每日消耗能量是比较平均的，所以这里的标准方差很小，导致后半部分的数值偏小，有可能会出现缺货的情况，因此我们需要使用看板补货，它更适用于需求较为平稳的场景。

希望通过这个案例，帮助大家理解库存补货的基础逻辑和使用方法。

2.3.3　经典的固定订货周期模型

在前面的章节中我介绍了买菜模型，模型成立的一个重要前提条件是平均的需求,这是考虑人体每天消耗的食物量是比较均衡的,而且没有暴饮暴食。在更多的现实场景中,需求是随机的,是持续变动的,很少会有一成不变的情况。由于需求具有随机性,企业更多地使用固定订货周期,它的特点和买菜模型有些类似,订货间隔的时间是固定的,物料计划员定期检查需求和库存情况,根据前置时间下订单。固定订货周期模型的最大库存持有量不仅包含了需求的平均值,还有安全库存,用于抵消随机需求造成的缺货,这是本小节要重点探讨的话题。

1. 随机的概念

在介绍公式之前,先简单谈一下随机的概念。说起随机,我首先想到了英语单词 random。在 Excel 中有一个函数公式 RAND(),输入后会得到一个介于 0 到 1 之间的数,每次出来的结果都不重复,它很好地解释了随机这个词的本义。在概率统计学里,随机性是指事件可能出现的结果是已知的,只是不知道下一次会出现哪种结果,例如上面的公式结果只会在 0 到 1 之间,但我们不知道会出现什么数值。范围已知,结果未知,这才是随机。

2. 计算公式介绍、正态分布

1) 最大库存量公式

固定订货周期模型先要设定一个最大库存持有量,简称最大库存量。订货的周期是固定的,可以是每月、每周或是每天。订货数量是使用最大库存量减去现有库存和已预订的库存,公式如下:

$$订货数量 = 最大库存量 - (现有库存 + 已预订的库存)$$

每次订货的数量是变动的,因为订货后数量要达到最大库存量,而现有库存数量是随着需求的波动而上下变动的,它不是稳定消耗的,所以订货量是可变的。

来看最大库存量的计算,公式如下:

$$最大库存量 = 需求均值 \times (二次订货间隔时间 + 前置时间) + K \times$$
$$需求标准差 \times \sqrt{(二次订货间隔时间 + 前置时间)}$$

公式中有三个概念,分别是需求均值、K 值和需求标准差,要把它们讲清楚,首先来了解另一个概念,那就是著名的正态分布。

2) 正态分布、均值和标准差

在自然界中有一种神奇的现象,即处于平均水平的情况比较多,高出或低于平均的情况比较少,这种现象很常见。由于这种分布情况很普通,所以它被叫作正态分布(normal distribution),normal 就是正常、平常的意思。相比之下,其他类型的分布就显得有些特殊,适用范围也小很多。只有正态分布才具有普遍适用性,值得我们重点研究。

举个例子,人类的身高就符合正态分布,如果平均身高是 175 厘米,则大多数人的身高在 165 厘米至 185 厘米,统计身高和对应的概率值,大体上是这样的,横轴是身高,纵轴是出现的概率,如图 2-20 所示。

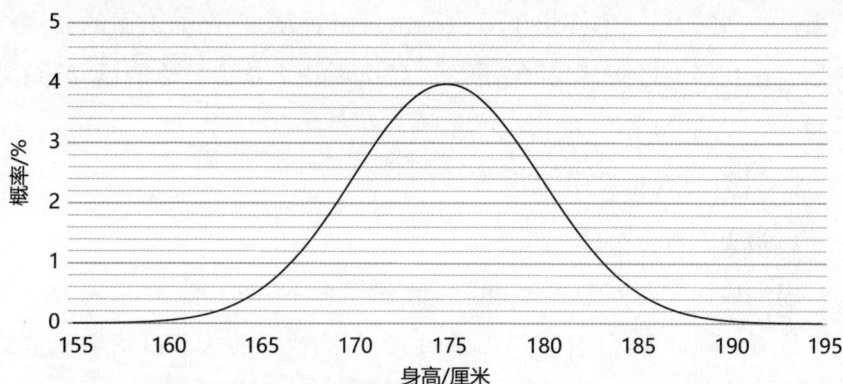

图 2-20 身高的正态分布图

这条曲线左右对称,像是一座小山,中间高,两边越来越低,这座山坡的最高点就是均值或平均值,它决定了山坡的高度。均值的计算公式很简单,把所有数相加,再除以数据的个数就可以了,在 Excel 里的公式是"Average(数据 1,数据 2,⋯,数据 N)"。

每个数值和均值之间都有差,例如身高 180 厘米和均值 175 厘米的差距是 5 厘米。如果我们把所有的值和均值的差的平方相加,然后除以数据个数,就可以得到方差,再把方差开平方根,就得到了标准差,就是所谓的"西格玛",符号是 σ。标准差代表什么意思？它用来描述随机变量的波动情况,标准差越大,说明数据和均值的差距很大,意味着波动很厉害。反映在身高上,有些人可能很高,还有些人很矮,相差得很远。标准差越小,说明大家的身高都差不多,比较接近平均值。

标准差的计算过程显然要比均值麻烦许多,先要算出每个结果和均值的差,然后求平方的均值,再开根号,计算量很大。好在 Excel 里有相关的函数,我们只需要把数据准备好,然后输入函数公式"STDEV.S(数据 1,数据 2,…,数据 N)"即可。

说了那么多均值和标准差的内容,这与订货模型有什么关系呢？回到上面的公式,它可以分为两部分,前面一半是计算循环库存(cycle stock),后一半是关于安全库存(safety stock)。

3）循环库存

循环库存是指收到客户订单时逐渐消耗,在收到供应订单时循环补充的库存,它的主要特点是循环补充,这是与安全库存最大的区别之处。在整个订货周期,当我们下了订单后,需要经过一段时间后才能收到货物,这段时期叫作前置时间。固定订货周期意味着每隔一段时间才会下单,例如采购员每个星期订货一次。每次下的订单至少要能覆盖二次订货间隔和前置时间,这样才能保证这段时间的需求都被照顾到。如何来理解这段话？如图 2-21 所示。

假设 A 商品的订货间隔是 7 天,也就是每隔 7 天需要订货一次,图中的订货日分别是 7 月 4 日、11 日和 18 日。到货的前置时间是 2 天,当 4 日订货后,6 日货物送到,11 日的订单,在 13 日到货。7 月 4 日的这张订单,不仅要满足 6 日至 11 日的需求,还要继续延伸两天至 13 日,因为 11 日的订单要在那天才到达。A 商品的需求要覆盖前置时间加上订货间隔的全部,这样才能保障在循环周期里的供应,所以这部分的库存被叫作循环库存。

它的计算公式是使用需求的均值乘以二次订货间隔与前置时间的总和,即：

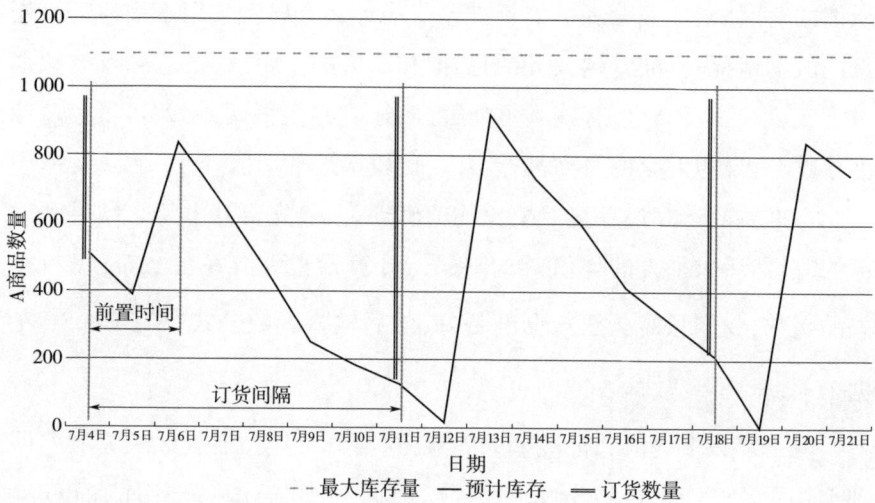

图 2-21　固定订货周期模型

循环库存=需求均值×(二次订货间隔时间+前置时间)

　　需求具有随机性,有时多,有时少,在正态分布之下,我们知道它的范围,但不知道下一次会需要多少量,所以需要有安全库存作为缓冲。在 7 月 12 日那天,如果没有安全库存在下面垫着,恐怕就缺货了,预计库存已经非常接近 0,11 日下的订单还没到货,库存水平处于周期中的最低点。

4)安全库存

　　那么安全库存怎么设定?这关系订货模型公式的后半部分,回顾一下公式:

安全库存=K×需求标准差×$\sqrt{(\text{二次订货间隔时间}+\text{前置时间})}$

　　K 值终于登场了,在有些教材里也叫 Z 值,都是一回事儿,它代表了一个系数,从公式上看,系数越大,安全库存也就越大,越是不容易缺货。如何定义这个值呢?有一种通常的做法是领导来决定,对标行业里的龙头企业,如果达到 95% 的交货率,那我们也定这个指标,在 100 次订单里,有 95 次能交货,缺货率只有 5%。目标有了,如何转换成 K 值呢?我们还是要去正态分布中寻找答案,一个标准差能够覆盖 68.26% 的数据,也就是均值左右各 34.13%，这是标准差的重要意义。根据概率的基本定律，概率的最大值为 1，正态分布又是对称的，所以左右半边各占 50%。一个标准差的累计概率是 50%＋34.13%，等于 84.13%，而两个标准差的累计概率是 50%＋34.13%＋13.59%，等于 97.72%，意思是能覆盖 97.72%的数据。在身高分布案例中，只要身高达到 185 cm，就能超越 97.72%的人了，如图 2-22 所示。

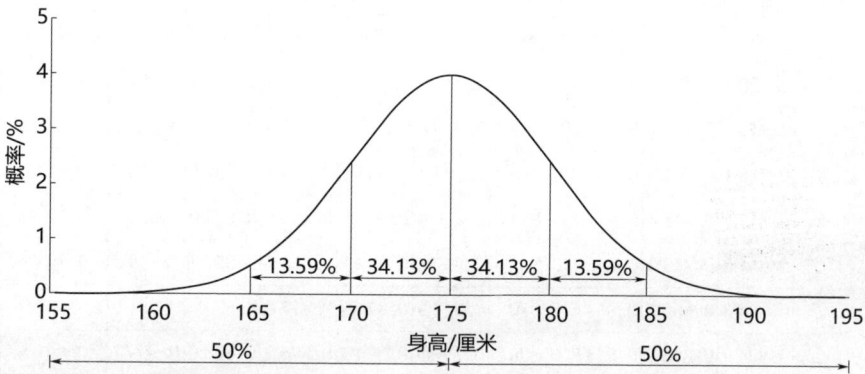

图 2-22　身高正态分布的概率

在订货模型中，2 个标准差就能够满足 97.72%的交货率或服务水平。根据公式，想要实现 95%的交货率，对应的 K 值是 1.645，也就是 1.645 倍的标准差。这段文字可能有些让人费解，如果不理解也没关系，只需要明白 K 值越大，安全系数就越高。有一点我们需要了解，K 值不是线性关系，标准差从 0 到 1 可以增加 34.13%的覆盖面，从 1 到 2 仅提升了 13.59%，越往后就更少了，属于边际效应递减。

5）如何找到 K 值

通过下面的表 2-4，我们可以快速找到满足库存交货率的 K 值。例如 95%交货率就是 0.95，先在表格中查找，我们可以看到两个相邻的数值，0.949 5 和 0.950 5，对应的行值是 1.6，列值是 0.04 和 0.05，那么 K 值就在两个数的中间，就是 1.645。在对照表中，当 K 值为 0，也就是 0 个标准差，交货率是 50%，当 K 值为 3，意味着 3 个标准差的交货率可以达到 99.87%。

表 2-4 *K* 值对照表

K 值	0.00	0.01	0.02	0.03	0.04	0.05	0.06	0.07	0.08	0.09
0.0	0.500 0	0.504 0	0.508 0	0.512 0	0.516 0	0.519 9	0.523 9	0.527 9	0.531 9	0.535 9
0.1	0.539 8	0.543 8	0.547 8	0.551 7	0.555 7	0.559 6	0.563 6	0.567 5	0.571 4	0.575 3
0.2	0.579 3	0.583 2	0.587 1	0.591 0	0.594 8	0.598 7	0.602 6	0.606 4	0.610 3	0.614 1
0.3	0.617 9	0.621 7	0.625 5	0.629 3	0.633 1	0.636 8	0.640 6	0.644 3	0.648 0	0.651 7
0.4	0.655 4	0.659 1	0.662 8	0.666 4	0.670 0	0.673 6	0.677 2	0.680 8	0.684 4	0.687 9
0.5	0.691 5	0.695 0	0.698 5	0.701 9	0.705 4	0.708 8	0.712 3	0.715 7	0.719 0	0.722 4
0.6	0.725 7	0.729 1	0.732 4	0.735 7	0.738 9	0.742 2	0.745 4	0.748 6	0.751 7	0.754 9
0.7	0.758 0	0.761 1	0.764 2	0.767 3	0.770 4	0.773 4	0.776 4	0.779 4	0.782 3	0.785 2
0.8	0.788 1	0.791 0	0.793 9	0.796 7	0.799 5	0.802 3	0.805 1	0.807 8	0.810 6	0.813 3
0.9	0.815 9	0.818 6	0.821 2	0.823 8	0.826 4	0.828 9	0.831 5	0.834 0	0.836 5	0.838 9
1.0	0.841 3	0.843 8	0.846 1	0.848 5	0.850 8	0.853 1	0.855 4	0.857 7	0.859 9	0.862 1
1.1	0.864 3	0.866 5	0.868 6	0.870 8	0.872 9	0.874 9	0.877 0	0.879 0	0.881 0	0.883 0
1.2	0.884 9	0.886 9	0.888 8	0.890 7	0.892 5	0.894 4	0.896 2	0.898 0	0.899 7	0.901 5
1.3	0.903 2	0.904 9	0.906 6	0.908 2	0.909 9	0.911 5	0.913 1	0.914 7	0.916 2	0.917 7
1.4	0.919 2	0.920 7	0.922 2	0.923 6	0.925 1	0.926 5	0.927 9	0.929 2	0.930 6	0.931 9
1.5	0.933 2	0.934 5	0.935 7	0.937 0	0.938 2	0.939 4	0.940 6	0.941 8	0.942 9	0.944 1
1.6	0.945 2	0.946 3	0.947 4	0.948 4	0.949 5	0.950 5	0.951 5	0.952 5	0.953 5	0.954 5
1.7	0.955 4	0.956 4	0.957 3	0.958 2	0.959 1	0.959 9	0.960 8	0.961 6	0.962 5	0.963 3
1.8	0.964 1	0.964 9	0.965 6	0.966 4	0.967 1	0.967 8	0.968 6	0.969 3	0.969 9	0.970 6
1.9	0.971 3	0.971 9	0.972 6	0.973 2	0.973 8	0.974 4	0.975 0	0.975 6	0.976 1	0.976 7
2.0	0.977 2	0.977 8	0.978 3	0.978 8	0.979 3	0.979 8	0.980 3	0.980 8	0.981 2	0.981 7
2.1	0.982 1	0.982 6	0.983 0	0.983 4	0.983 8	0.984 2	0.984 6	0.985 0	0.985 4	0.985 7
2.2	0.986 1	0.986 4	0.986 8	0.987 1	0.987 5	0.987 8	0.988 1	0.988 4	0.988 7	0.989 0
2.3	0.989 3	0.989 6	0.989 8	0.990 1	0.990 4	0.990 6	0.990 9	0.991 1	0.991 3	0.991 6
2.4	0.991 8	0.992 0	0.992 2	0.992 5	0.992 7	0.992 9	0.993 1	0.993 2	0.993 4	0.993 6
2.5	0.993 8	0.994 0	0.994 1	0.994 3	0.994 5	0.994 6	0.994 8	0.994 9	0.995 1	0.995 2
2.6	0.995 3	0.995 5	0.995 6	0.995 7	0.995 9	0.996 0	0.996 1	0.996 2	0.996 3	0.996 4
2.7	0.996 5	0.996 6	0.996 7	0.996 8	0.996 9	0.997 0	0.997 1	0.997 2	0.997 3	0.997 4
2.8	0.997 4	0.997 5	0.997 6	0.997 7	0.997 7	0.997 8	0.997 9	0.997 9	0.998 0	0.998 1

K 值	0.00	0.01	0.02	0.03	0.04	0.05	0.06	0.07	0.08	0.09
2.9	0.998 1	0.998 2	0.998 2	0.998 3	0.998 4	0.998 4	0.998 5	0.998 5	0.998 6	0.998 6
3.0	0.998 7	0.998 7	0.998 7	0.998 8	0.998 8	0.998 9	0.998 9	0.998 9	0.999 0	0.999 0

还有一种办法可以计算 K 值：在 Excel 中输入函数公式"NORM. S. INV（累积概率）"，就能立即获得对应的 K 值。

6）数据模拟

我用一组数据来模拟订货模型的情况。

假设 A 商品每天的需求符合正态分布，均值是 100，标准差是 40；二次订货间隔是 7 天，前置时间是 2 天，要求的服务水平是 95%。根据公式，最大库存量应该是：

$$最大库存量 = 需求均值 \times (二次订货间隔时间 + 前置时间) + K \times$$
$$需求标准差 \times \sqrt{(二次订货间隔时间 + 前置时间)}$$
$$= 100 \times (7+2) + 1.645 \times 40 \times \sqrt{(7+2)}$$
$$= 900 + 197.4 \approx 1\,097$$

每次订货数量是用 1 097 减去期初库存，这样就能使得在库数量和订货数量之和始终都是 1 097，具体数据如图 2-23 所示。

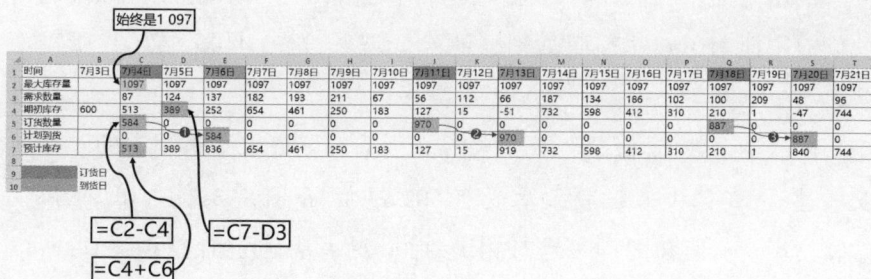

图 2-23 订货数量案例计算示意图

我分别在 7 月 4 日、11 日和 18 日订货，到货日期是 7 月 6 日、13 日和 20 日。在 7 月 3 日的期初库存有 600，4 日的需求是 87，所以 4 日的期初库存是 600 减去 87,等于 513,这一天的订货数量就是 1 097 减去 513,等于 584。

在 7 月 5 日,期初库存用前一日的预计库存 513 减去需求 124,得到了 389,这也是当日的预计库存。7 月 6 日的期初库存同样是用前一日的预计库存 389 减去当日需求 137,结果是 252,由于当天有到货 584,所以预计库存是 836。后续的两次订单分别在 13 日和 20 日到货,整个过程预计库存始终大于 0,尽管在 7 月 12 日和 19 日库存很低,但凭借安全库存,仍然能够让服务水平得到保障。

以上就是经典的固定订货周期模型,此外还有一些模型,例如固定订货数量模型,或是混合订货模型等,它们各有适用的场景。受限于篇幅,我就不再逐个介绍了,但是我还想重点谈一下模型中的关键洞察,看看有哪些因素影响了库存水平。

3. 订货间隔和前置时间

在整个公式中,最大库存量决定了库存水平的上限,而持有库存是需要付出成本的,它所占用的资金、租用的仓库,这些都要花钱。降库存,其实是要降低最大库存量,这是关键。

最大库存量的决定因素有哪些? 从公式上来看有以下几项:

(1)需求和 K 值

需求是变量,数量越大,需要的库存也越多,因此没有改善的机会,我们总不能为了减库存而去刻意地降低需求,这就本末倒置了,所以不可行。

K 值是系数,是根据企业要求的交货率或服务水平来制定的。如前文所述,把 K 值设为 0,就要承受有 50% 缺货,K 值是 3,能保障 99.87% 的交货率。K 值和交货率是有相关性的,后者决定了前者的数值,所以想要通过调低 K 值把库存降下来,必然要接受缺货的后果,这里没有侥幸的空间。

如此看来,唯一的机会就在于减少订货间隔时间和前置时间,而它们正是降低库存的正确打开方式,可以优化循环库存和安全库存。但是减少这两部分时间是一剂万能药吗？我们需要做哪些权衡呢？

（2）订货间隔时间

降低订货间隔时间意味着什么？意味着我们需要更加频繁地订货，供应商送货的频率也增加了。比如以前是每7天订货一次，送货频率也是7天一次，如果改为每天订货，那么就要每天送货，这必然会增加订单处理、仓库操作和运输的成本。新增加的成本到底该由谁来承担呢？采购和供应两方要进行谈判，不管是谁来付这笔钱，都是整体供应链上的成本。我们要在降低的库存持有成本和增加的运营费用之间进行权衡，找到一个平衡点。

（3）前置时间

优化前置时间是一个很好的选项，但想要实现这个目标同样需要付出一定的代价。降低前置时间就是把从下单到送货的过程缩短了，如何才能做到呢？通常有以下几种方法：

第一种，供应商修炼内功，优化生产流程来提高产能、缩短生产周期，让整体交付流程变得更加敏捷，这种方法可以从根本上改善交付，属于治标也治本的解决方案，供应商需要有足够的觉悟和执行力来完成改进。

第二种，根据需求预测在供应商处建立库存，使供应商收到订单后就立即送货，当然供应商需要承担库存持有成本。

第三种，由供应商来管理库存，通常需要在客户工厂附近设立仓库，根据客户库存水平的情况安排补货。

这几种方法都需要供应商的积极配合，否则难以实现减少前置时间的目标。有些方法定然会增加供应商的成本，如果合作双方没有形成战略合作伙伴关系，恐怕对方是不会轻易同意的，所以与供应商建立长期互信的关系是有现实意义的。

还有一种缩短前置时间的方法就是加快运输速度，例如把普通零担改为专车或是空运，但这些措施会增加运输费用，所以我们也要在库存和运输成本之间进行取舍。

本 章 小 结

本章先介绍了关于库存管理的一些基础知识和理念；然后，逐步使用数据来梳理库存管理中的逻辑，包括最为经典的物料需求计划中各个字段的含义和彼此之间的计算关系。这套底层逻辑适用于各种 MRP 或是 ERP 的软件，它们在各自的系统中可能有不同的名称，但本质是一样的。

在第三小节中，库存模型开始登场，从经济订货批量，到看板拉动补货，以及固定订货周期模型等都是最为经典的模型，学习模型可以帮助我们深入理解订货的原理。

然而，仅仅知道了"是什么"和"为什么"是不够的，要解决"没有缺货"和"库存过多"的问题，还需要知道"怎么做"，这将会是下一章的主要内容。

第 3 章 库存管理进阶——如何精准控制库存

库存管理,或是库存控制是一项怎样的工作?打个比方,从事这项工作的人就像技艺高超的走钢丝演员,需要不断地平衡成本和服务,稍有不慎就无法达成业绩指标。应该如何来保持平衡?需要紧握住一根无形的长杆——"数据",帮助我们恢复平衡,使我们快速行走在动态变化的商业世界里。

库存管理的目标是既不能缺货,又不能库存过多,想要精准地把握这两头,需要有一套持续改进的方法,这些话题是本章详细介绍的内容。

3.1 如何预防缺货

缺货是每个人都会遇到的情况,一旦发生,大家都会变得紧张,好像自己做错了什么事情。怎样才能构筑预防缺货的机制呢?首先,我们要把造成缺货的原因理清楚。

3.1.1 缺货的秘密是什么

有些人一听到缺货就头疼,究竟是什么原因造成的缺货呢?

1. 三个关于需求、销售和缺货的灵魂拷问

我家附近的地铁站入口处有一家蛋挞店,主打商品是葡式蛋挞,味道奶香浓郁,甜而不腻,我下班路过的时候经常买来吃。这家店铺的门面很小,约是 4 m²,店内所有的食品都是在中央厨房烘焙后,每天上午由专车配送到店里,放在保温箱中保存。蛋挞的保质期只有一天,如果当天卖不掉就必须销毁,不能隔夜再出售。

蛋挞的销售有三种情况,首先是在店铺关门之前卖完了,出现缺货;其次是没有全部卖出去,剩下了一些;最后一种是刚刚好卖完收摊。根据我的观察,大多数的日子里蛋挞都能在当天卖完,属于第一种情况。从做生意的角度考虑,我们总是想要实现收益最大化,想要既不会缺货,也不会出现浪费,但这种情况出现的概率是比较低的,因为客户购买是随机的行为,每天的需求数量很可能是不同的。那么问题来了,有三个关于需求、销售和缺货的灵魂拷问,分别是:

①店里每天应该准备多少个蛋挞,才可以满足95%的客户需求,换句话说是缺货概率只有5%?

②如果店里准备了150个蛋挞,每天的缺货概率会是多少? 这是对上一个问题的逆向思考。

③如果店里准备了120个蛋挞,预期可以卖出多少个? 缺货的数量又是多少?

在尝试回答这三个问题之前,我们先要清楚需求的概念。在经济学的概念里,需求是消费者在给定时间内,愿意购买的商品数量。这句话的意思是需求是明确的,只要有货,顾客就会买下。那么需求量和销售量是一回事吗? 答案是否定的。销售量在有货的情况下才会实现,而需求量并不考虑是否有货,对于喜欢的商品,顾客愿意等,甚至愿意加价购买。举个例子,某些热销款式的汽车需要排队加钱才能买到,需求量是确定的,但由于缺货,销售还没实现,销量就小于需求量。在库存足够的情况下,需求量和销售量才可能会相等,这点请读者务必牢记。

回到前面的三个问题上,我假设蛋挞每天的需求数量,见表3-1。

表 3-1　蛋挞每天的需求数量

蛋挞需求(个)	天数(天)	蛋挞需求(个)	天数(天)
0	0	40	7
10	3	50	11
20	4	60	12
30	7	70	15

蛋挞需求(个)	天数(天)	蛋挞需求(个)	天数(天)
80	17	170	18
90	18	180	17
100	19	190	17
110	23	200	14
120	26	210	12
130	30	220	9
140	27	230	8
150	23	240	7
160	20	250	1

第一列是蛋挞每天的需求数量,为了便于展示,我把最小数字计量单位设定为10,从0开始,然后是20、30、……、250。第二列是统计的天数,在一整年365天里,对应的需求数量的天数是多少,例如需求为20的天数一共是4天,而需求是100的情况总计出现了19次,最大数量250只出现过1次。如果我把上面的表格做成图表,得到的结果如图3-1所示。

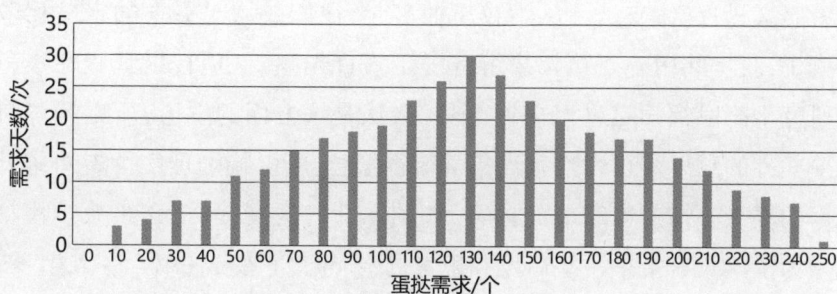

图 3-1　蛋挞需求天数统计

粗略一看,图形左右似乎有些对称,也有点像一座山丘,"山顶"是出现天数最多的需求量,对照上面的数据表来看,130一共出现过30天。

如果用天数除以365,就可以得到每个天数在一年中出现的概率。例如3除以365,约等于0.008,这表示需求数量为10的情况在一年里有

3 天,对应的概率是 0.8%,见表 3-2。

表 3-2 蛋挞需求数量、天数和概率表

蛋挞需求量(个)	天数(天)	概率	蛋挞需求量(个)	天数(天)	概率
0	0	0	130	30	8.2%
10	3	0.8%	140	27	7.4%
20	4	1.1%	150	23	6.3%
30	7	1.9%	160	20	5.5%
40	7	1.9%	170	18	4.9%
50	11	3.0%	180	17	4.7%
60	12	3.3%	190	17	4.7%
70	15	4.1%	200	14	3.8%
80	17	4.7%	210	12	3.3%
90	18	4.9%	220	9	2.5%
100	19	5.2%	230	8	2.2%
110	23	6.3%	240	7	1.9%
120	26	7.1%	250	1	0.3%

　　如果您对概率论有一定的了解,可以跳过下面这段文字。考虑一些读者是文科背景,或是已从学校毕业多年,他们或许对概率的定义比较模糊了,我特此用一些篇幅来解释一下。首先我要声明,尽管我在本科和研究生阶段都学习过概率论,但我自认是这方面的学渣,所以绝没有想要卖弄的意思。正因为我当年学得很挣扎,所以特别理解读者对统计概率的复杂心情。本章节的内容,如同本书的基调一样,介绍数学模型仅是为了给大家带来一些启发和思考,我不想让它变成一本"令人生畏"的数学教科书。

　　好了,继续来讲概率,它的定义是对随机事件发生可能性的定量描述。购买蛋挞是随机事件,顾客想要吃了就去买,每天总的需求量也是随机的,可能是 100 个或是 150 个,这些都是结果,从 0 到 250 共有 26 个结果。

　　我统计 365 天里每天发生的需求量,这是蛋挞需求的样本空间,有365 个结果。需求数量为 10 的结果,在一年中出现了 3 次,它在总共

365 个结果中所占的比例,等于 3 除以 365,约等于 0.008,这就是需求为 10 的随机事件在样本空间的比率,也就是它的概率。概率是没有单位的,因为它是两个数值的比率。

根据这层含义,可以推导出概率的三个基本定律:

定律一,概率永远是介于 0 到 1 之间。某件不可能发生事件的概率最小值就是 0,它不会是负数。

定律二,样本空间里所有基本事件的概率总和是 1。如果把上面表格中第三栏"概率"汇总,结果就是 1(100%),这是因为样本空间中包含了全部可能会发生的结果,所有的基本事件概率加起来肯定是 1。如果小于 1,可能是样本空间里遗漏了某些事件;如果大于 1,或许是基本事件统计错了。

定律三,基于定律二,用 1 减去某个随机事件发生的概率,就能知道它不发生的概率,反之亦然。还记得第一个灵魂拷问的问题吗?满足 95% 的客户需求(有货),就是用 1 减去 5% 的不能满足(缺货)的概率,这两个事件是相互排斥的,不可能既有货,又缺货,没有这样的事情。我们只需要知道随机事件发生的概率,就能立即得出它不发生的概率。

关于概率就先介绍到这里,让我们继续回到问题上。我把需求对应的概率累加起来,就可以得到累计概率,见表 3-3。

表 3-3　蛋挞需求数量、天数、概率和累计概率表

蛋挞需求量(个)	天数(天)	概率	累积概率
0	0	0	0
10	3	0.8%	0.8%
20	4	1.1%	1.9%
30	7	1.9%	3.8%
40	7	1.9%	5.7%
50	11	3.0%	8.7%
60	12	3.3%	12.0%
70	15	4.1%	16.1%
80	17	4.7%	20.8%
90	18	4.9%	25.7%

蛋挞需求量(个)	天数(天)	概率	累积概率
100	19	5.2%	30.9%
110	23	6.3%	37.2%
120	26	7.1%	44.3%
130	30	8.2%	52.5%
140	27	7.4%	59.9%
150	23	6.3%	66.2%
160	20	5.5%	71.7%
170	18	4.9%	76.6%
180	17	4.7%	81.3%
190	17	4.7%	86.0%
200	14	3.8%	89.8%
210	12	3.3%	93.1%
220	9	2.5%	95.6%
230	8	2.2%	97.8%
240	7	1.9%	99.7%
250	1	0.3%	100.0%

正如前文提到的,样本空间里所有事件的概率之和是1(100%)。把累计概率加到图表中,就有了一条新的曲线,当需求量是10的时候,概率是0.8%,累计概率也是这个数值,然后逐渐上升至100%,如图3-2所示。

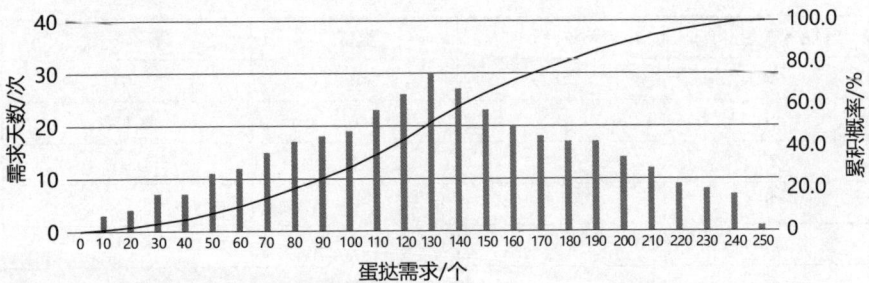

图 3-2　蛋挞需求天数统计和累计概率

到了这里我们可能想要知道蛋挞的平均需求是多少,这要怎么计算呢? 是直接取所有的需求数量的平均数吗? 但是好像有点不太对,因为有些需求天数出现了不止一次,例如需求是 130 的一共有 30 天,如果把它和其他需求全部加起来除以 26(结果),就有一种"被平均"的感觉。

如何求得平均需求呢? 这里就要引入数学期望(expected value,简称期望)的概念了,它是对事件长期价值的数字化衡量,这个概念很抽象,看它的计算公式反而较容易理解,计算如下:

$$数学期望 = \sum_i^n 需求量\,i \times 概率\,i = 0 \times 0 + 10 \times 0.008 + \cdots + 250 \times 0.003$$

期望是对随机事件不同结果的概率和带来的影响相乘,然后把得到的数字汇总。在上面的计算中,我们把需求从 0 开始和它对应的概率相乘,最后全部加起来的结果是 132.2,这就是数学期望,也叫均值(mean),用希腊字母 μ(读作:miū,汉语拼音第一声)来表示。计算结果如图 3-3 所示。

	A	B	C	D	E
1	蛋挞需求	天数	概率	累积概率	数学期望
2	0	0	0	0	0
3	10	3	0.8%	0.8%	0.1
4	20	4	1.1%	1.9%	0.2
5	30	7	1.9%	3.8%	0.6
6	40	7	1.9%	5.7%	0.8
7	50	11	3.0%	8.7%	1.5
8	60	12	3.3%	12.0%	2.0
9	70	15	4.1%	16.1%	2.9
10	80	17	4.7%	20.8%	3.8
11	90	18	4.9%	25.7%	4.4
12	100	19	5.2%	30.9%	5.2
13	110	23	6.3%	37.2%	6.9
14	120	26	7.1%	44.3%	8.5
15	130	30	8.2%	52.5%	10.7
16	140	27	7.4%	59.9%	10.4
17	150	23	6.3%	66.2%	9.5
18	160	20	5.5%	71.7%	8.8
19	170	18	4.9%	76.6%	8.4
20	180	17	4.7%	81.3%	8.4
21	190	17	4.7%	86.0%	8.8
22	200	14	3.8%	89.8%	7.7
23	210	12	3.3%	93.1%	6.9
24	220	9	2.5%	95.6%	5.4
25	230	8	2.2%	97.8%	5.0
26	240	7	1.9%	99.7%	4.6
27	250	1	0.3%	100.0%	0.7
28				汇总	132.2

图 3-3　数学期望汇总

2. 解答三个问题

现在我们来回答开头的那三个问题。

问题 1：店里每天应该准备多少个蛋挞，才可以满足 95% 的客户需求，换句话说是缺货概率只有 5%？

既然我们已经算出了累计概率，回答这个问题就很容易了。满足 95% 的客户需求，也就是累计概率大于 95% 对应的需求量，是 220 个蛋挞，如图 3-4 所示。

	A	B	C	D
1	蛋挞需求	天数	概率	累积概率
2	0	0	0	0
3	10	3	0.8%	0.8%
4	20	4	1.1%	1.9%
5	30	7	1.9%	3.8%
6	40	7	1.9%	5.7%
7	50	11	3.0%	8.7%
8	60	12	3.3%	12.0%
9	70	15	4.1%	16.1%
10	80	17	4.7%	20.8%
11	90	18	4.9%	25.7%
12	100	19	5.2%	30.9%
13	110	23	6.3%	37.2%
14	120	26	7.1%	44.3%
15	130	30	8.2%	52.5%
16	140	27	7.4%	59.9%
17	150	23	6.3%	66.2%
18	160	20	5.5%	71.7%
19	170	18	4.9%	76.6%
20	180	17	4.7%	81.3%
21	190	17	4.7%	86.0%
22	200	14	3.8%	89.8%
23	210	12	3.3%	93.1%
24	220	9	2.5%	95.6%
25	230	8	2.2%	97.8%
26	240	7	1.9%	99.7%
27	250	1	0.3%	100.0%

图 3-4　满足 95% 的客户需求对应的蛋挞需求量

有了这张图表，想要找到对应的满足需求或缺货的概率就非常容易。

问题 2：如果店里准备了 150 个蛋挞，每天的缺货概率会是多少？

150 个蛋挞对应的累积概率是 66.2%，意味着能覆盖这个比率的需求。想要知道缺货概率，根据前文介绍的概率定律，只需要用 1 减去

66.2%，等于 33.8%，这个数字是从 160 个到 250 个需求概率的总和。店里只准备了 150 个，超过了这个数量的需求都没法满足，就会有缺货。计算结果如图 3-5 所示。

	A	B	C	D
1	蛋挞需求	天数	概率	累积概率
2	0	0	0	0
3	10	3	0.8%	0.8%
4	20	4	1.1%	1.9%
5	30	7	1.9%	3.8%
6	40	7	1.9%	5.7%
7	50	11	3.0%	8.7%
8	60	12	3.3%	12.0%
9	70	15	4.1%	16.1%
10	80	17	4.7%	20.8%
11	90	18	4.9%	25.7%
12	100	19	5.2%	30.9%
13	110	23	6.3%	37.2%
14	120	26	7.1%	44.3%
15	130	30	8.2%	52.5%
16	140	27	7.4%	59.9%
17	150	23	6.3%	66.2%
18	160	20	5.5%	71.7%
19	170	18	4.9%	76.6%
20	180	17	4.7%	81.3%
21	190	17	4.7%	86.0%
22	200	14	3.8%	89.8%
23	210	12	3.3%	93.1%
24	220	9	2.5%	95.6%
25	230	8	2.2%	97.8%
26	240	7	1.9%	99.7%
27	250	1	0.3%	100.0%

图 3-5　准备 150 个蛋挞对应的缺货概率

问题 3：如果店里准备了 120 个蛋挞，每天预期可以卖出多少个？缺货的数量又是多少？

有了数学期望概念的铺垫，大家就会知道这个问题没那么简单，这里的计算逻辑有点麻烦，但很值得学习，它可以提升我们的逻辑思维能力。

首先来看第一个小问题，店里准备了 120 个蛋挞，会遇到两种情况，第一种是需求量小于等于 120，第二种是大于 120。在第一种情况中，需求量比库存数量小，所有的需求都可以满足，期望是使用需求量乘以概率，然后相加，但是当需求量比库存数量大，只有 120 个蛋挞可以供应，这是最大的销售量，它不会随着需求量增加，所以始终是用 120 乘以概

率。考虑这点,我们在计算的时候要把两种情况分开,计算如下:

$$预期销售量 = (\sum_{i=0}^{120} 需求量\,i \times 概率\,i) + (\sum_{i=130}^{250} 120 \times 概率\,i)$$

$$= (0 \times 0 + 10 \times 0.8\% + \cdots + 120 \times 7.1\%) + (120 \times 8.2\% + 120 \times 7.4\% + \cdots + 120 \times 0.3\%)$$

$$= 103.7(个)$$

预期销售量的计算结果如图 3-6 所示。

这个结果告诉我们,准备了 120 个蛋挞,从长期来看,店里预期每天能卖出的数量是 103.7 个。为什么会小于 120 呢？这是因为有些天的需求会小于 120 个,例如只有 100 个需求。从长期来看,103.7 个是非常合理的预期销售量。

	A	B	C	D
1	蛋挞需求	天数	概率	120个预计卖出
2	0	0	0	0
3	10	3	0.8%	0.1
4	20	4	1.1%	0.2
5	30	7	1.9%	0.6
6	40	7	1.9%	0.8
7	50	11	3.0%	1.5
8	60	12	3.3%	2.0
9	70	15	4.1%	2.9
10	80	17	4.7%	3.8
11	90	18	4.9%	4.4
12	100	19	5.2%	5.2
13	110	23	6.3%	6.9
14	120	26	7.1%	8.5
15	130	30	8.2%	9.9
16	140	27	7.4%	8.9
17	150	23	6.3%	7.6
18	160	20	5.5%	6.6
19	170	18	4.9%	5.9
20	180	17	4.7%	5.6
21	190	17	4.7%	5.6
22	200	14	3.8%	4.6
23	210	12	3.3%	3.9
24	220	9	2.5%	3.0
25	230	8	2.2%	2.6
26	240	7	1.9%	2.3
27	250	1	0.3%	0.3
28				103.7

图 3-6　准备 120 个蛋挞的预期销售量

想明白了这点,让我们再来看第二个小问题,店里准备了 120 个蛋挞,每天预期缺货的数量是多少? 同样的,这个问题要分成两部分来解答。当需求量小于等于 120 时,店里不存在缺货的情况,需求都能够被满足,所以这部分的影响是 0,用它乘以任意结果的概率,得出的数值还是 0。当需求量大于 120 时,就会出现缺货的影响了,有 130 个需求量时,影响了 10 个销售,所以要用这个数字乘以对应的概率 8.2%,以此类推。预期缺货的计算如下:

$$
\begin{aligned}
预期缺货量 &= \sum_{i=0}^{120}(0 \times 概率\,i) + \sum_{i=130}^{250}\left[(需求量\,i - 120) \times 概率\,i\right] \\
&= 0 + (10 \times 8.2\% + 20 \times 7.4\% + \cdots + 130 \times 0.3\%) \\
&= 28.6(个)
\end{aligned}
$$

预期缺货量的计算结果如图 3-7 所示。

	A	B	C	D
1	蛋挞需求	天数	概率	120个预计缺货
2	0	0	0	0
3	10	3	0.8%	0
4	20	4	1.1%	0
5	30	7	1.9%	0
6	40	7	1.9%	0
7	50	11	3.0%	0
8	60	12	3.3%	0
9	70	15	4.1%	0
10	80	17	4.7%	0
11	90	18	4.9%	0
12	100	19	5.2%	0
13	110	23	6.3%	0
14	120	26	7.1%	0
15	130	30	8.2%	0.8
16	140	27	7.4%	1.5
17	150	23	6.3%	1.9
18	160	20	5.5%	2.2
19	170	18	4.9%	2.5
20	180	17	4.7%	2.8
21	190	17	4.7%	3.3
22	200	14	3.8%	3.0
23	210	12	3.3%	3.0
24	220	9	2.5%	2.5
25	230	8	2.2%	2.4
26	240	7	1.9%	2.3
27	250	1	0.3%	0.4
28			汇总	28.6

图 3-7 准备 120 个蛋挞的预期缺货量

这个数字的意思是当库存量是 120 个时,预期每天的缺货量是 28.6 个,这比较容易理解,需求最多时高达 250 个,这个数量的缺货是合理的,它同样反映事件长期价值。

关于需求、销售和缺货的三个问题已经解答完毕,大家看完后有什么感想?我来分享一下自己的感受:

首先,在统计需求的数量时,要同时考虑销售和缺货。我们往往重视销售量,而忽略了对缺货的统计。

其次,只要有历史数据,我们就可以计算出各种概率和期望,在回复领导和同事们的问题时,我们就能给出数据,而不是说一些"较高、很低"之类的模糊形容词,用数据说话是供应链从业者应该具备的素质。

最后,本小节介绍的案例是基于我们拥有精准的、详尽的历史数据的前提,在现实中并非都是如此。案例还假设了未来情况和过去是一样的,这是一种根据过往经验推测将来的模型。在需求比较稳定的前提下,我们可以使用过去的经验,但在更多的场景中,需要考虑趋势、促销和季节性因素。

说明:由于计算存在小数位数,案例中的部分数值略有偏差,敬请谅解。

3.1.2 安全库存真的安全吗

安全库存真的安全吗?

在前面经典的固定订货周期模型章节里,我介绍了最大库存量中的安全库存,它的公式如下:

$$固定订货周期模型安全库存 = K \times 需求标准差 \times \sqrt{(二次订货间隔时间 + 前置时间)}$$

其中的 K 值可以理解为安全系数(safety factor),根据交货率决定 K 值的大小,例如交货率在 95% 的情况下,为了保证循环库存有货,K 值是 1.645。如果读者不清楚这一步是如何算出来的,可以查阅订货模型章节中的内容,此处不再赘述。

在本小节中我想进一步探讨安全库存的话题,同时介绍另外几种安全库存公式。

1. 正态分布

我想要再强调一下,库存模型成立的前提是服从正态分布,安全库存可以使用正态分布计算,这个前提条件说明还存在其他的概率分布,例如泊松分布或幂律分布,但是在本节中我只会谈论正态分布,这是因为它最具有普遍意义。除了此前提到的身高以外,还有大量的事情都符合正态分布,例如人的智商、体重、考试成绩等不胜枚举,这是因为很多事情的结果是由多个随机因素共同决定的,这些因素相互影响、叠加,最终使得随机事件服从正态分布,这种说法虽然有点玄学的意味,但并不缺乏科学依据,有兴趣的读者可以了解一下中心极限定理,在此就不展开了。

或许有人会问,是否存在例外的情况?我们不能排除这种可能性。对于"黑天鹅事件",也就是供应链中的不确定性,再多的安全库存也不能防止缺货情况的发生。例如在 2020 年,口罩的需求出现井喷式增长,这是所有人都无法事先预料到的,没法按照模型来储备安全库存。

此外还有一些人为的因素,对随机的需求强行干预。比如有些公司会在月末的时候停止下订单给供应商,因为这样能把库存金额降下来,然后到了下个月月初,又疯狂地释放订单,来弥补此前应该订货的订单。面对这种情况,如果没有提前沟通好,上游的供应商必定要被突如其来的订单搞得措手不及,安全库存也会被击穿,出现缺货的情况。

有些读者可能会想,"客户应该会和供应商先打好招呼吧",然而事实未必如此。许多时候,供应链上的沟通是很不透明的,客户行动背后的深层次的动机是不会公开的。涉及商业机密的部分不会向供应链上的伙伴们彻底坦白,这也是供应链管理如此复杂的原因之一。

2. 另外几种安全库存公式

在固定订货周期模型里的安全库存公式中有四个输入,分布是 K 值、需求标准差、二次订货间隔时间和前置时间,其中 K 值是安全系数,二次订货间隔时间是相对固定的,比如是一周,需求有随机性,而前置时间默认是稳定的。

公式中假设了随机的需求和稳定的前置时间,如果假设条件变化了,安全库存又该如何计算?这里为读者简略介绍另外几种计算方法。

1)简易方法

有时候领导会向我们要一些数据,他们要得很急,但不需要很精确的数字,此时就可以使用这种快速估算的方法,公式如下:

安全库存=平均每日需求×安全库存天数

这是最简单的安全库存计算方法,我们只需要快速统计出每日需求,然后取平均值,再乘以安全库存天数即可。需要注意的是日期的单位,如果用周需求量计算,需要把日期换算成周,保持计算单位的一致。

安全库存天数应该怎么得出呢?可以根据不安全的环节来设置相应的天数。比如海上运输时间很不稳定,经常会有超出预期两周的延误情况,那么可以设定至少两周的安全天数。如果是客户需求出现波动呢?可以把增加的需求量换算成时间,例如波动数量平均值约是一周的需求量,可以认为安全天数是一个星期。这就是安全天数的简易估算方法。

简单计算方法的优点是快,我们可以迅速拿出一些数字进行决策,但缺点是比较粗糙,不够严谨,容易造成过量库存。

2)最大减均值方法

这是在简易方法上做了些升级,它的计算公式如下:

安全库存=(需求最大值×前置时间最大值)-(需求均值×前置时间均值)

这种计算方法已经考虑了需求和前置时间的波动性,却没有使用统计的方法,依然是采用比较简单的计算公式来获取安全库存量,虽然比第一种方法合理一些,但仍存在明显的缺陷,当需求的巅峰数值很高时,就会导致过多的安全库存,而且没有建立起与交货率之间的关系。

3)复杂方法

这种方法假设需求是随机的,前置时间是波动的,这种场景更加符合现实情况。供应链中有许多意外情况,运输时间是前置时间的一部分,环节越多,越可能有延迟,我们常会遇到货物堆在仓库里找不到了,或是集装箱船爆仓,货柜被顺延到下一个航次,此类的事件层出不穷,而且很难预判。供应商生产交货过程也存在异常,如设备坏了、原料短缺、环保不达标停工整改等,这些都会导致交付延迟。安全库存公式看上去有些复杂,但很有意义,因此它被广泛使用。公式如下:

$$安全库存 = K 值 \times \sqrt{(需求标准差^2 \times 前置时间均值) + (需求均值^2 \times 前置时间标准差^2)}$$

从公式上看,它同时考虑了需求的随机性和前置时间的波动性,更具有合理性。

3. 关于安全库存的思考

1)权衡缺货和持有成本

有不少读者向我咨询过安全库存该如何设置的问题,看来这是许多供应链从业者关心的话题。中国市场有其特殊性,特别之处是电商的渗透性非常高,我们早已习惯在手机上购物,"双十一""618"这类购物大促销,再加上隔三岔五的优惠活动,使得需求波动很剧烈,安全库存很难准备。

尽管如此,我们还是要想办法减少缺货。增加安全系数 K 值是一个好方法吗?或许是,但我们必须要考虑库存的持有成本。我们在经典的固定订货周期模型章节中已经提到,K 值的增加和交货率不是线性关系。K 值从 0 增至 1 可以达到 84.13% 交货率,效果很显著。K 值从 1 增加到 2,交货率能够升至 97.72%,看上去也不亏。但是 K 值再向上升,交货率提升空间就越来越小了,从 2 到 3 只增加了 2.14% 的交货率至 99.86%。为了提升这一点点的交货率,又多投入了一个标准差的库存量,这到底值得吗?毕竟库存也是真金白银买来的,不能不计成本地投入进去。

库存持有成本如何计算呢?通常的计算方法是货物价格乘以年度

用量,然后再乘以百分比,一般取 10% 至 20%,得到货物年度的持有成本。通过综合考虑后,决定一个 K 值,从而制定出安全库存数量。

2)采用策略减少缺货

与其设置一个较大的 K 值,不如采用其他策略来减少缺货。在经典的固定订货周期模型章节中我也提到了,可以通过缩短订货间隔时间和前置时间来优化安全库存,同时也能降低缺货率。缩短订货间隔就是增加订货频次,例如原本是 7 天送货一次,如果在这段时间内,需求突然增加,就可能会缺货。由于下一次货还未到,我们只能接受短暂的缺货。如果提高送货频次至每周两次,缺货的概率就可以降下来。此外,通过更频繁地订货审核,能够及时发现潜在的供应缺口,然后立即下单,不用等到下一个订货日期。

缩短前置时间的策略也是同样的道理,例如供应商需要 2 个月的交货提前期,在这段时间内发生了缺货,只能和供应商来协调加急生产,使用最快的运输方式来解决。如果供应商可以把交货期缩短至 1 个月,那我们需要承担的缺货风险和损失都可以降低。

当然,任何事情都有两面性,如果使用这两项策略就会增加运营费用,例如增加订货频次会提高采购人员的工作量,公司就需要更多的人力资源。随着送货次数的增加,运输成本或许也会上升。让供应商缩短交货期,就是请求对方提高产能或是改进流程。不过从另一个角度看,这种由外部客户提出的要求,是在推动供应商进行改善,可以让他们突破内部的阻力,实现提升管理水平的目标。

3)是相对、而不是绝对的安全

安全库存是对前置时间内的需求波动的缓冲,而且需求要服从正态分布,有了这些前提条件,就说明安全是要打上引号的,它在某些条件下可以保障不会缺货,因此是相对的安全,而不是绝对的安全。如果我们发散一下思维,想一想有什么绝对安全的情况存在吗?汽车只要行驶在路上,就有可能出车祸,想要绝对的安全该怎么办?那就把车一直停在车库里,不要开出去,那我为什么要买车呢?只要订货就可能会缺货,想要绝对的安全该怎么办？不订货，也不生产和销售，那企业还怎么生存呢？想通了这点，我们就可以不用过于纠结缺货和安全库存的问题了，使用理性的数学分析，找到解决缺货和保障供应的平衡点即可。

3.1.3　巧用三道防线避免缺料

采购计划员的一项工作职责是确保下给供应商的订单可以按时、足量地交付。按时就是我们常说的 on time delivery，按照要求到货的日期时间，不早不晚地送达。足量就是 in full quantity，按照订单上的数量，不多不少地交付。

供应商是否能做到按时足量交货，这个指标既考验采购员的管理水平，也考验供应商的交付能力。正如优秀的供应商都是一样的，低劣的供应商各有各的糟糕表现，想要所有的供应商都能完美地履行交付，那就是天方夜谭。无论是在发达的西方国家，还是在发展中的低成本国家，都存在供应商不能按时足量交付的问题。如果指望供应商能够自动认错、积极上进、努力整改，这又是不切实际的幻想。

不能按时足量交付，可能会给客户企业带来重大的影响，那就是有缺料停产的风险。由于缺少足够的原材料，企业就不能按照计划生产，也不能按照计划交付客户订单，因此，采购员的一项重要日常工作就是确保采购订单交付。我们经常会听到采购员关于催料的各种惨烈故事，这是一种非常无奈而且很被动的举措。战术上的勤奋，难以掩盖战略上的懒惰。作为采购方，只要主动出击，通过建立三道防线，就有可能确保采购订单及时准确到货，抵御、缓解，并消除供应链中的缺料风险。让我们以企业生产线为核心阵地，以时间的由远及近设定纵深防御的三道防线，层层布防，逐级消除供应中断的风险，如图 3-8 所示。

1. 防线一：下单后供应商许诺

当采购订单发送给供应商后，采购员需要在规定时间内获得供应商的书面交付许诺。请注意，这里一定要有书面形式的回复许诺，包括交货期和数量的双重承诺。供应商需要同时满足交期和数量，这是一个

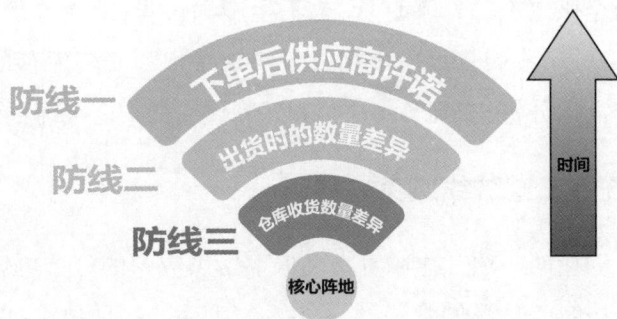

图 3-8 抵御供应缺料风险的三道防线

"和"的关系,而不是"或"的关系,两个要素都需要确认,如果只满足一个条件,还不是一个完美的交付承诺。

我们可能会遇到的情况是,供应商出货数量可以全部交,但是要晚于交货期,或者可以在规定的时间节点出货,但数量又无法全部满足,这些都是经常发生的现象。采购员所能做的是记录供应商的许诺,为什么强调要有书面承诺?因为供应商所说的一切都可能在将来成为呈堂证供。得到了书面确认后,采购员需要把更新后的许诺到货日期和数量在 ERP 系统里更新,这样在下次运行 MRP 的时候,系统就可以根据更新的信息,制订正确采购计划,同时用来判断后续是否有缺料的可能。

当时间和数量同时存在,供应计划的复杂性就会加剧。为了降低复杂性,我们可以只关注其中一个维度。我个人建议是锁定时间,例如采购频率是每周一次,每周定期给供应商下订单,得到许诺,更新信息,如此重复操作。如果供应商回复说订单不能足量交付,采购员是否就可以轻易放过他呢?偶尔一次可以,采购方有一些安全库存可以缓冲,但是长期肯定不行。在不能足量交付的现象背后,供应商或许有深层次的交付问题,包括产能不足、良品率低、生产计划紊乱、工人不足、老板跑路等。采购员要深入了解具体的原因,评估供应商的交付能力,收集相应的交付数据,这些信息都是作为评估供应商的综合表现的有力证据,足以影响采购未来给供应商定点新项目的决策。

由于此时采购员刚下订单,距离交货的时间是最长的,一旦供应商

102

有交付困难,采购方就拥有充足的时间作出反应。通过深度了解供应商交付问题,采购员可以及时采取补救行动,把问题扼杀在萌芽之中,留给自己更多的反应时间。

2. 防线二:出货时的数量差异

一转眼,已到了供应商出货的日期。按照约定,物流公司上门来提货。这个时间节点,就是第二道防线的位置。由于时间的不确定性已被排除,采购员只需要关注出货的数量。如果一切都与之前许诺的情况相符,那就万事大吉。如果出现了大于或是小于出货数量的情况怎么办?先来看大于的,也就是供应商想要多发一些货物,原则上来讲采购员是不能接受的,除非已经提前沟通过,并同意供应商多出货。接下来看出货数量小于许诺量的情况,也就是供应商不能足量出货。当采购员询问原因的时候,供应商就会用五花八门的借口来解释情况,例如仓库盘点数据错误、设备故障、模具坏了、工人请假回老家收割庄稼等。

采购员听了很多动人的故事,感慨之余依然不能忘记追查欠交的问题根源和补救措施,因为在此时,随着交货抵达工厂的日期将近,缺货的风险越来越大,而留给采购员调整计划的时间已经不多了。在这个阶段,采购员通过大力催促供应商,还是有希望把缺口给堵上的。由于战火已经逼近了阵地,采购员应该使用更加强硬的措施,给供应商施加压力,拎起电话直接找到对方销售经理、总监甚至是总经理,用急切的、焦虑的、歇斯底里的口气,宣泄出一个基层采购员对缺料的绝望。怒其不争(你为什么不好好交货),哀我不幸(我真倒霉,摊上了这样一个供应商)。

最后采购员要做一件事情,那就是把实际出货数据在 ERP 里更新,这次的数据是真实出货数量,不是许诺。

为了确保供应的效率,这里有两个小贴士。首先,尽量使用可靠的物流公司,这样上门提货的时间窗口和运输到采购方仓库的时效性都有了保证。如果有条件,由采购方安排上门提货,这样物流运输操作过程更有保障。其次,使用电子化的预先发货通知(advanced shipping notice,

简称 ASN），随着供应商出货完成，在系统中自动传输这票货物的所有信息和预计到货时间，这样一方面可以加快信息流速度，另一方面也能保证数据的准确性。

3. 防线三：仓库收货数量差异

当供应商的送货卡车抵达客户指定仓库的时候，仓库收货员即将展开收货作业，这里就是采购方的最后一道防线。在此之前，没有人能够保证这票货物与送货单上的数量是百分百匹配的。供应商在装货时可能会有意外，多装或是少装点货，这些失误在所难免。运输途中也有可能发生丢失、被盗、破损、受潮等情况，所以说仓库收货才是采购订单的最后一道防线。

这道关卡的守护者是一群默默无闻的仓库工人，他们替公司把住了最后的关口。一旦货物入了库，信息上传到系统，供应商拿着送货回执就可以开票收钱了。入库货物需要清点，如果发现实物和单据不匹配的情况，仓库工人就需要在第一时间里通知采购员。如果到货大于送货单数量，在获得采购员的授权批准下，仓库可以按照实际到货数量收货，录入系统，采购员更新订单数量，以便完成收货工作。如果到货小于送货单数量，采购员就要立即核对现有库存情况，判断是否存在缺料以及生产中断的风险。

一旦发现这次的交货短缺，可能给后续生产计划和客户订单履行造成影响，采购员就要用最严厉的态度，命令供应商立即补交欠缺数量，这是对于供应中断作出的快速反应。在这个时候，采购员关注的重点是保障生产平稳进行，等警报解除以后，就要和供应商"秋后算账"。我们要明白一点，"算账"不是为了报复供应商，而是要找到发生问题的根本原因，只有彻底根除以后，才能确保供应商不会再犯相同的错误。

由于发生问题的时间点，距离物料上线已经非常接近，几乎没有留给采购员任何的反应余地，就像是战火已经燃烧到我方阵地，采购员必须使用最严厉的措施对待供应商，要求对方提供整改报告、开出罚款单，甚至是索赔生产线停产损失。一般情况下，让供应商认错容易，想要从他们身上拔毛难，但是采购员至少要让对方明白，事情很严重，采购很生气。事后补救的措施也是必需的，引起供应商重视以后，下次再出错的概率就会减少。

下单后供应商许诺、出货时的数量差异、仓库收货数量差异，这是采购需要从战略上布置好的三道防线。让我们使用主动出击的方法，尽早展开行动，预防缺料风险，让采购订单管理更加高效，降低供应链中断风险，帮助企业避免潜在的损失。

3.1.4 如何正确处理加急催货

加急催货是每个采购员都经历过的事情，个中滋味，唯有自知。我们该如何正确处理这种情况呢？

1. 太阳底下没有新鲜事

做过供应链管理的人肯定都很熟悉加急这个词。为了保障供应，我们时不时要加快生产，否则供应要中断、客户要投诉、销量要下滑，加急不是什么新鲜事。高德拉特博士的著名小说《目标》，首次出版于 1984年，小说的开场就是关于催货的故事。

主人公罗哥是一家制造工厂的厂长，某天早上他一踏进工厂，就遇到了他的直线领导，事业部的副总裁桃哥来催一个重要的订单交货。能够让大老板亲自下场，足以说明事态的严重性。事情的起源是一张大客户的订单已经拖延了 7 周尚未交货，对方实在是忍无可忍，晚上 10 点钟在电话里向桃哥抱怨了一个小时，搞得他一晚上没睡好觉，于是就在隔天上午 6 点冲到了工厂，直接开始越级指挥车间生产，并成功把所有人都搞得鸡飞狗跳。

等到罗哥到了现场后，桃哥给他下了死命令，当天必须把客户的订单赶出来发货，否则后果很严重。在领导的监督之下，全厂人员就像是被注入了强心剂一样，克服了"九九八十一难"，终于把货物装上了末班卡车，驶出工厂，总算勉强过了关。小说看到这里，我丝毫没有为罗哥感到高兴，不是我缺乏共情，而是我知道事情没那么简单。

一些巨大的工程项目很难做,但交付后就完事儿了,属于一次性的活动。供应链和运营却不同,它们都是一个连续的过程。今天把订单做出来了,明天还得继续干。今天催货,明天可能还会加急。果不其然,小说在最初的章节里有大量讲订单加急的内容,直到罗哥找到了高人指点,才解决了困扰已久的问题。

从根本上讲,加急是不正常的现象,说明计划突然发生了变化,所以要使用非常规的方法来解决异常问题,但是加急又是经常会出现的情况,它甚至还创造了一个工作岗位——加急人员(expeditor)。在小说里罗哥说了这样一段话"That's not uncommon. Just about every plant I know of has expeditors."意思是"这很寻常,据我所知,几乎每个工厂都有加急人员。"时过境迁,现代的工厂里已经没有这个职位了,加急人员的岗位或许已经消失,但是加急活动依然存在,我们需要深入了解关于加急催货的事情。

2. 是什么原因造成了加急

计划做得再好,只要需求的源头发生了变动,一切就要重新来过。即便我们有很成熟的流程系统,但也控制不住客户的行为。客户分成外部和内部,外部是我们的衣食父母,甲方自然是得罪不起的。内部客户是供应链下游的部门,例如销售。

客户的计划调整了,突然要增加订货数量,或是要提前交货期,你能和客户说"不"吗?通常情况下是不能的,除非你是产业链上独一份的关键供应商,平日里都是客户在厂门口排着队提货,否则谁也没有拒绝客户的勇气。

有一种方法可以缓解加急给供应链带来的混乱,那就是设立加急插单的规则,如图3-9所示。

经常使用的方法就是设置计划冻结区(frozen zone),一般为第1周至第4周,在这段时间里,原则上不能改变已经制订好的生产计划,包括生产数量和时间,把它们都确定下来,就能提高主生产计划的稳定性。在冻结期内,物料都是根据主计划安排到货的,生产和供应链达成一致,

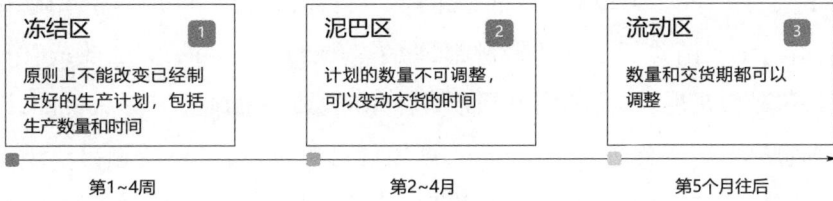

冻结区 □1	泥巴区 □2	流动区 □3
原则上不能改变已经制定好的生产计划,包括生产数量和时间	计划的数量不可调整,可以变动交货的时间	数量和交货期都可以调整

| 第1~4周 | 第2~4月 | 第5个月往后 |

图 3-9　加急的规则

共同执行这份计划。在冻结期之外,还有泥巴区(slushy zone)和流动区(liquid zone)。

泥巴区一般是从冻结区后的第 2 个月至第 4 个月,在这段时间里,计划的数量基本是不变的,因为工厂已经收到了客户的订单,这是确定的事情,可以改变的是交货时间。计划允许变动了,不是那样"僵硬",所以叫泥巴区。

流动区是位于泥巴区之后的一段时间,也就是从第 5 个月开始,是最宽松的区域,数量和交货期都可以调整,因为距离交货的时间还很早,谁都不敢打包票说计划不会发生变动,客户可能会取消或推迟订单,供应商也没有开始准备原料,一切的调整都是可以接受的,不会给大家带来额外的费用。

根据三个区设立的原则,我们知道最重要的就是冻结区,理论上这段时间内的计划是不能变动的。凡事都有例外,而我们遇到的例外情况又很多。客户说要加急出货,销售顶不住压力,然后就来传话了"大客户的订单不能不做,丢了单子,供应链能负责吗?"负责不了对吗?供应链也顶不住压力,你如果说不做,销售一个电话直通天庭,找到大老板来压你,到最后还是得做。

然后我们就开始修改冻结区里的计划,把紧急的单子往前提。随意变动计划,就会消耗其他的物料,而这些材料可能还在运输途中,工厂根本就没有足够的原料安排生产。计划内的物料到了工厂后没有安排上生产,先在仓库里找个地方放着。这样一来,就出现了"该来的没来,不该来的来了"。

加急会制造出非常紧张的氛围,甚至还有点儿悲壮感。所有人都放下手头的工作,全力以赴地去实现同一个目标,就像小说《目标》中的场景一样,工厂调动了全部的资源,只为了一张订单。在午夜之前成功地把订单赶出来后,罗哥和同事开始举杯相庆,其实也没什么好庆祝的,因为加急给工厂运营造成了副作用,该做的订单没做,整体的输出还下降了,这是一种典型的用"战术上的勤奋"掩盖"战略上的懒惰"的情形。加急的场面很热闹,但是我们仅专注于短期,而忽视了长期改进,如果我们在改善预测上多花些精力,就有可能产生更好的结果。

3. 加急压力在供应链中传递

客户计划增加了,我们只能配合,加班加点提高产量。内部的问题好解决,但是外部物料的供应就不一定了。在许多情况下,加急是由库存短缺引起的,而导致库存短缺的原因是需求预测不准,实际消耗大于预测数量。有些原料的采购周期很长,甚至是从国外进口,需求量突然上升,原料就会接不上,于是就要开始向供应商催货了。

对供应商来说,加急是把你的优先级排在其他客户之上,能否成功,取决于你在供应商心目中的重要性。如果你是供应商的重要客户,那么加急成功的可能性是很大的;相反的,如果你只占了对方不到1%的份额,结果就很难说了。

除非是供应商理亏,否则他们可能会为加急插单向客户收取一定的费用。冻结区的计划很难调整,如果真的很着急,有一个方法是优先把其他客户的货调拨给你,当然这也要看你在供应商这里的重要程度。

除了物料生产,另一个环节是运输,好不容易把原料搞到了,接下来的工作是尽快把货物运送到目的地,而且不能有任何的延误。如果货物需要在运输合同中规定的时间之前到达,例如正常情况卡车运输是3天,现在情况紧急,必须在2天内到货,这种情况还会涉及卡车的加急费用。

另一种加急的方法是改变运输模式,如果货物还没有开始运送,我们就要通过一种更快的运输方式发货。正常的运输方式是卡车,紧急情况下就要使用空运,毕竟这是最为快捷的方法了。如果加急是客户提出来的,我们可以把相关的费用转嫁给客户;如果是为了弥补自己的错误或逾期订单,那只有自己承担这笔费用了。我们可以衡量加急的数量和成本,这样就可以分析研究如何来避免这些费用,从而帮助企业节省支出。

在一个流程成熟、运营稳定的系统中,催货加急的情况是会偶尔出现的,它会扰乱原有的生产计划,增加额外费用,降低企业利润,并带来一些副作用。然而,加急有时是不可避免的,只要客户足够重要,或是愿意支付加急产生的费用,我们也可以配合客户,作出相应的调整。虽然我们要尽量避免加急,但它却是供应链日常生活中的一部分。

3.2　如何避免过量库存

缺货的另一面就是过量库存,如何有效地避免它呢?我们需要建立一套流程,使用合理的方法进行控制。

3.2.1　四种"治标不治本"的错误降库存方法

对于企业来说,想要消除冗余的库存,必然会有一个过程,需要对现有的流程作出优化改进,需要对不合理的交货期提出质疑,需要重新审核物料需求计划中的参数设置。

库存可以掩盖企业管理上的很多问题,例如产品质量。在销售额增长的时候,库存不是老板们首先要考虑的问题,抢订单才是重点,但是当销售额增长放缓的时候,库存的压力就慢慢露出水面了。

在资产负债表中,库存是属于流动资产。库存只有在出售后,才可以转化为现金,否则永远是在账面上的资产,无法变现。库存占用企业的流动资金,被库存占用的资金会妨碍企业进行一系列的投资活动。如果缺乏资金,企业就不能购买原材料或是新设备,如果遇到资金链条紧张的情况,企业还不得不去向银行或是贷款利率更高的金融机构去借贷,结果是辛辛苦苦挣来的钱都去还了贷款,为他人做了嫁衣。

现在企业越来越重视降库存了，但有时候操之过急，往往采取一些比较"激进"的方式，期望快速见效。但降库存是一个系统性的工作，需要企业在内部和外部整体协调，企业切忌只为了眼前的利益而采用一些"饮鸩止渴"式的方式。以下，我列举一些真实的案例供大家参考，并会分析这些做法对企业造成的负面影响。

1. 案例一：一刀切式的停止下订单

一般来说，企业财务都是在月底关账，库存统计也是以月底统计的结果为准，所以库存的结果是一个时点数。在关账的前几天停止下原材料采购订单，是企业经常使用的一个方法，这样可以让供应商在月底前不会再送货，原材料只有消耗没有入账，库存也就降下来了。

这种做法的弊端是会造成库存的不配套，企业极有可能会出现缺料的情况，从而影响生产和销售的业绩。同时，由于上月末没下订单，导致这个月月初会给供应商额外的订单量，这种做法会对下游的供应商造成一种虚假的需求波动，并产生逐级放大的牛鞭效应（bullwhip effect），如图 3-10 所示。

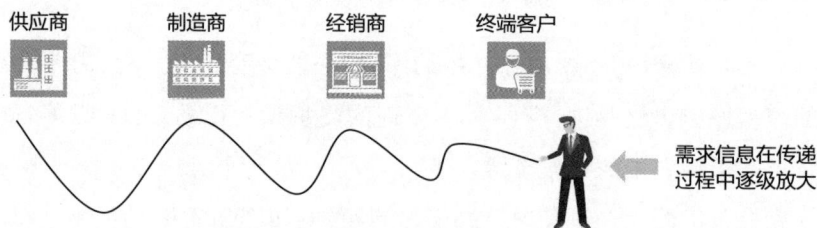

供应商　　制造商　　经销商　　终端客户

需求信息在传递过程中逐级放大

图 3-10　牛鞭效应

2. 案例二：原材料到货不入账

原材料到货不入账不会停止原料订单采购，供应商还是按时送货，但是原料到库后并不入系统账，而是等到下一个月初再做账入库，这种做法也可以让原料只有消耗没有增加，和第一个案例的情况有些类似。

这样做的弊端是会造成系统库存数量的混乱。由于没有及时做入账，系统在过账的时候就会出现各种错误问题。原材料已经被生产领用,加工完成,入了成品库,但是还没有入账。系统在做倒冲(back flush)的时候,由于没有足够的库存来扣减,原材料就会出现负数。倒冲是 ERP 系统根据成品入库数量确认原材料冲减数量的确认过程。举个例子,车间做好了 100 套成品,就需要根据 BOM 去扣减 100 套对应的原材料。倒冲原理如图 3-11 所示。

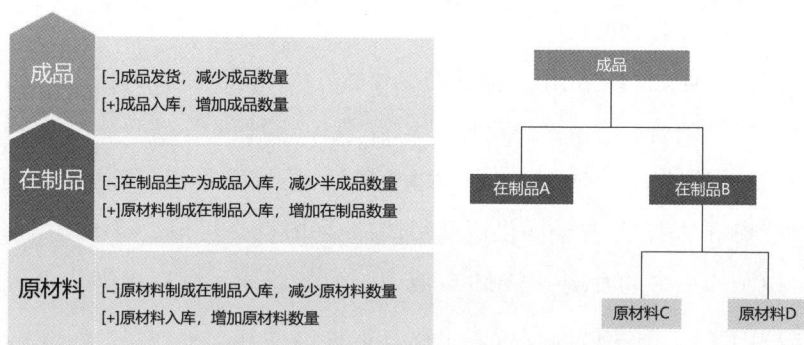

图 3-11　倒冲原理示意图

当事人隔天可能还记得这事儿,但等过几天就可能已经忘记了。在做入账的时候,当事人就没办法把当时系统里的错误情况再修正,从而导致系统库存和实物对不上,这样在做库存盘点的时候必然会造成大量的库存差异,由于相隔时间较久,有些差异变得很难解释清楚。

3. 案例三:用空间换库存

用空间换库存的情况以进口原料为主,具体的操作方式是进口货物到港后,先不急于运到公司,而是存放在货代或是卡车公司的仓库里,等到生产需要使用这些原料的时候,再从仓库里提货,这些货代和卡车公司的小仓库俨然是成了企业额外的仓库,货物存放在那里还可以不入账。

这种做法的问题在于会产生额外的仓储费用,而且也不利于货物的存储保管。货代或卡车公司的仓库一般都很小,只适用于交叉转运(cross dock)这样的简单快速操作,并不是一个提供给货主长期存放货物的场所,特别对于一般有温湿度要求的货物没办法保障存储条件,长期存放可能导致货物失效,甚至变成废品。

4. 案例四:把原料退回给供应商

把原料退回给供应商,这种做法个人认为是最极端也是最不可取的方式。供应商把货物送到客户手上就可以开票,然后准备收货款了。客户把没有任何质量问题的货物退回给供应商,这是一种伤害上下游协同合作关系的行为,并且非常短视。

要在企业之间建立相互信任的合作关系是很不容易的,需要依靠双方长年累月的合作逐渐积累,但是想要毁掉这种信任却不是困难的事情,只要做几件损人利己的小事即可。俗话说,好事不出门坏事行千里,如果客户真的做了,其他的供应商很快都会知道,真可谓是得不偿失。

说了这么多的案例,您有没有似曾相识的感觉?库存水平代表了企业管理的水平,过量的库存说明企业有很多内部和外部的协同合作流程没有理顺。企业必须非常客观地认识自身存在的问题,采取现实可行的方法,协同供应链上各个环节,从点点滴滴的细节做起,才能有效地降库存。如果库存的管理者急功近利,每天只盯着库存数字,不采取任何改进措施,一旦库存上升就会开始焦虑。

对于库存冗余的问题,管理者需要通过严谨的数据分析,找到问题的根本原因,采取适当的行动,跟踪改进计划的结果。只有把这些事情都做实、做到位,才能掌握正确的钥匙,开启降库存的胜利之门。

3.2.2 优化库存需要控制的关键点

在制造企业里优化(降)库存是一场持久战,特别是当企业销售下滑的时候,账面上库存资金会变得特别扎眼,于是老板一声令下对库存开刀,消灭库存这个"万恶的根源",有些激进的老板会要求砍掉一半的库存。

库存不是凭空蹦出来的,例如原材料的库存,就是根据 MRP 的运算结果,向供应商下采购订单的。如果 MRP 运算得不准确,那么采购数量肯定会受到影响,出现库存过量或缺料的情况。以下我为大家列举了九种因素,它们可能是影响 MRP 运算准确性的关键因素,如果我们可以控制这些关键点,优化库存的目标也就容易实现了。

1. 预测

预测要准。如果客户要求交付的提前期,小于原材料采购的提前期,那么我们就只能根据预测来采购原材料,否则是赶不上客户交付日期的。比如,客户从下订单,到货物交付指定地点的全部时间是 2 周,而我方采购原料需要 3 周时间,再加上内部生产和运输的时间也要 1 周,这样 2<(3+1),如果不事先备好原料库存,肯定是没法按时交货的。储备原料库存的依据就是客户提供的预测,因此预测的准确率对库存的影响至关重要。

2. BOM

MRP 的一个重要输入就是 BOM,如果系统中的参数和实际情况不相符,就会导致 MRP 运行结果不准确。BOM 建好后难免要进行修改,比方说一些原材料的用量发生了变化,或者有了新的替代材料,一旦 BOM 发生了变化,MRP 系统里都要做及时的更新。

我们还要检查老 BOM 中的专用件库存情况,停止生产或者采购不能用于新 BOM 的零件,避免产生废弃的库存。更新 BOM 的权限,最好是由主数据维护人员来控制,他可能归属于产品工艺部门、财务部门或者是供应链部门,不管是在哪个职能部门的管辖下,都需要由专人来负责维护更新。

3. 交货期前置时间

供应商的交货期不能随意改动。交货期也是 MRP 的一个重要参数,它的定义是从供应商接收到订单,直到货物收到仓库的全部时间,包括接收订单、处理订单、生产订单、运输订单,直到抵达客户仓库签收的全部时间。MRP 是根据整个前置时间的参数来决定下达给供应商订单的日期和数量的,如果前置时间缩短了,那对客户来说是好事,因为他可以降低原材料的库存。订货数量的计算公式如下:

$$订货数量=(二次订货间隔天数+前置时间)×平均每天的需求用量+$$
$$安全库存-(库存数量+在途数量)$$

想要优化库存,最好的办法之一就是降低供应商的交货期前置时间,也就是缩短"下订单——交付订单"的周期时间,但是更多的情况是供应商要求增加前置时间,例如一些国内企业经常会面临劳动力不足的情况,春节前夕工人要返乡,夏天高温炎热工人想要请假休息,到了秋季,一些农民工要回老家帮忙秋收,许多原因都会导致交货期的延长,从而使得我们的库存增高。

客户最担心的是供应商擅自延长交货期,不但没有主动通知客户,反而找出各种理由借口延迟交货,这样就会对客户造成缺料的风险,也会降低库存的齐套率,形成急需用的原料短缺,而用不着的原料在仓库里堆积的局面。

4. 供应商按时足量交付

如果供应商送货晚于要求到货的时间,就会打乱原定的 MRP 计划,可能会引起缺货。客户再使用追加订单的方式来要求供应商补货,就会造成计划进一步的紊乱。

如果供应商不能足量交付也会产生类似的问题。到底要给供应商再下多少数量的订单? 这是经常困扰物料计划员的一个问题,每次都要耗费时间精力手动计算,还要和供应商进行大量沟通和跟踪催货,这些额外的工作,都会导致计划员工作效率低下,也使得我们的库存控制计划不能有效地实施。

5. 原材料及时入库

及时入库包括实物和系统两方面。仓库在收货的时候,可能会遇到数个供应商同时到货的情况,仓库收货人手是固定的,可能没有足够的工人来处理集中到货。如果原材料堆在仓库门口,没有及时拉入仓库,可能会有财产的偷盗损失,或者是原料在仓库外风吹雨淋,有失去正常使用功能的风险。

如果没有及时录入系统中,但是生产线又急需使用原材料,那就可能在未入数据库之前领用材料。虽然有些人会在事后补上领用手续，但不是每一笔账都能够清楚地记录下来，一旦当事人没能回忆起来，就可能会给后续的数据处理造成隐患。原材料已被消耗，但是没有被记录，系统数据没有更新，仓库原材料的账物就会不符，数量就发生了差异。

6. 仓库数据

由第5点引申出仓库数据必须是可靠的。如果输入的信息是不准确的，那么输出的结果也必然是错误的。MRP非常依赖库存的准确性，而库存也正是MRP的一个重要的输入。如果库存数据是不准的，那么系统运行出来的结果肯定也是错误的。

库存差异通常是在盘点的时候被发现，我们往往需要追查历史记录，才能够回忆起当时发生了什么事导致了差异情况。时间相隔得久了，就会想不起来当时的情况，变成一笔糊涂账。

仓库数据的不准，会导致MRP结果的偏差，由此制定出的采购订单，必然也是有问题的，导致向供应商要货的数量，要么不够，要么过量。想要控制库存，确保仓库数据的准确性是重中之重。

7. 在制品控制

在制品数量要准确，这个道理和仓库原材料数量准确性是一样的。在很多企业里，在制品库存数量是由车间来负责的，车间的管理水平决定了在制品库存的准确性，因此我们要特别留意一个情况，那就是报废。

生产过程中难免会生产出一些不合格品，这些废弃产品的数量需要如实上报，因为这决定了库存数量的准确性，但由于工人的奖金与生产合格率直接挂钩，因此需要制定合理完善的制度，一方面监督工人，另一方面确保工人不会无故受到惩罚。

我以前碰到这样的情况：仓库领用了100套的原料，但实际最后只生产出90套的成品，另外的10套失踪了，后来在全厂盘点的时候，在车间的某个犄角旮旯里发现了很多的不合格品，这些产品都没有申报报废，而是被车间工人藏了起来，原因就是不合格品的数量，超过了他们考核规定的上限，如果如实上报，奖金就会被扣完，还要扣工资。工人就会想"我一天的工资也就 100 来块,被你扣了大几十块,那我半天的活就白干了",因此就把不合格品隐藏了起来。车间的这种情况必然会导致库存的差异,从而使我们控制库存的计划落空。

8. 物料失窃

财产失窃的现象一旦发生,企业必须要提高警惕,要果断采取措施保护公司的资产,这样也就间接保障了库存的准确率。

9. 物料计划员

物料计划员需要完全遵守标准操作流程来工作。采购流程应该有明确的规定,分为"核对需求—检查库存—释放订单"等三个步骤,但是有些人自认为经验丰富,为了贪图省事,会跳过其中的几个步骤,直接到最后一步,这种小聪明的做法存在很多隐患。采购下订单的时候,首先要根据系统的需求,扣除库存和在途数量后,才能够给供应商下采购订单。有些计划员凭着自己的经验,只是简单参考上一次下单的数量,而没有来审核需求的变化和库存的情况,就直接复制前一个订单,然后做了一张新的订单。订单下了以后,也不去和供应商进行确认是否收到,也不进行交期数量的核对,任由供应商自行安排交货。计划员如果不遵从标准操作流程,想要执行完美的库存控制计划,简直就是天方夜谭。

以上为大家总结了九种会影响库存优化的控制点,在实际操作过程中,我们还要时刻留意各种异常情况,并进行持续改善。优化库存是一场持久战,我们要做好长期应战的准备,打造坚固的流程防线。

3.3 标本兼治的库存优化路径图

经济运行具有周期性,即繁荣与萧条交替。在繁荣阶段里,企业营业收入普遍上涨,企业更专注于跑马圈地,往往会在各个渠道里铺货,争夺更多的市场份额,所以库存压力相对较小。在萧条阶段里,企业收入下降,要节省开支,都会采用降低库存的策略。降库存是每个供应链管理者避不开的话题。在此前的固定订货周期模型章节中,我已为读者介绍了最大库存量和安全库存的计算逻辑。根据经典的库存模型理论,想要降低库存,决定性的因素是二次订货间隔时间和前置时间,但是模型并没有指出要怎么做才能把库存降下来。

在真实商业世界里,企业高层会给每个业务集团、工厂、分公司下达减少库存的指示,以每个月末或季度末为时间节点进行考核。为了达成公司设定的库存目标,管理者必须采取果断的行动,而库存运行是有客观规律的,不随主观意识而改变。但是高层要立即看到库存下降的成果,没有太多的耐心。在这种背景下,供应链要同时采用治标和治本的组合拳打法,使用短期行动满足总部的迅速降本目标,使用中长期行动解决高库存的根源问题。治标和治本的关系如图 3-12 所示。

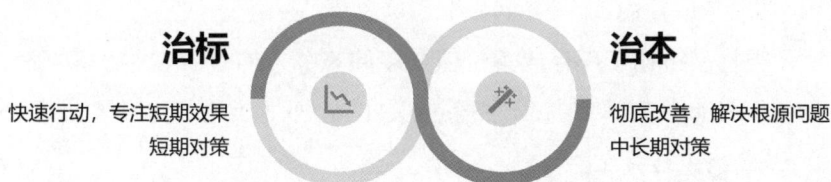

治标　　　　　　　　　　　　　**治本**

快速行动,专注短期效果　　　　　　　　彻底改善,解决根源问题
短期对策　　　　　　　　　　　　　　中长期对策

图 3-12　标本兼治的库存优化路径图

3.3.1　治标:快速行动,专注短期效果

此阶段可以采取以下的行动,目的是快速见效,如图 3-13 所示。

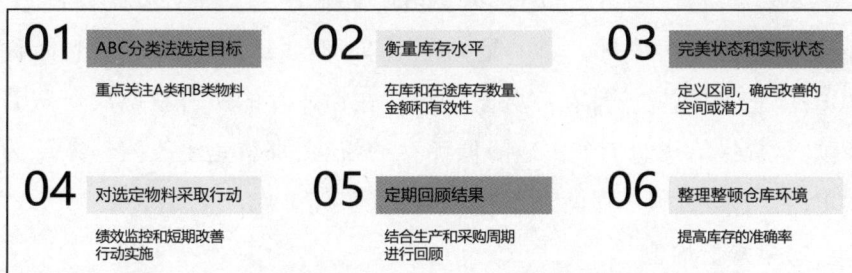

01 ABC分类法选定目标
重点关注A类和B类物料

02 衡量库存水平
在库和在途库存数量、金额和有效性

03 完美状态和实际状态
定义区间,确定改善的空间或潜力

04 对选定物料采取行动
绩效监控和短期改善行动实施

05 定期回顾结果
结合生产和采购周期进行回顾

06 整理整顿仓库环境
提高库存的准确率

图 3-13　快速行动,专注短期效果——短期治标的方法

1. ABC 分类法选定目标

ABC 分类法来源于著名的帕累托法则,最早是由意大利经济学家维

尔弗雷多·帕累托提出的。帕累托发现一个惊人的社会现象,即少数的人拥有大量的社会财富。在 1906 年的意大利,全国 80% 的土地,被 20% 的人口所拥有。经过帕累托和随后学者们的研究,帕累托法则遍布于我们的生活之中,可以说是一项万能法则。

在公司会议上,往往只有少数的人会发表意见,大多数人都很安静;每天最有效率的工作时间,可能就集中在 1~2 个小时里;前 20% 的客户,占公司营业总收入的 80%。此类情况不胜枚举,比比皆是。帕累托法则的意义在于,人们要把有限的资源集中在最能产生价值的地方,因此,降低库存应把注意力放在占库存成本 80% 的物料上,在计算物料成本时要使用标准成本,而不是原料的采购价格。标准成本还包括运输、仓储等成本,必须考虑在内。

A 类物品占据了库存成本价值最多的 80% 左右,而 A 类物品的 SKU 数量可能只有总数的 20%,需要重点关注,此外 B 类物料也需要留意。

2. 衡量库存水平

在锁定了重点目标后,我们需要衡量库存水平,判断物料的库存状态是否健康。如果仅从库存的金额进行考核是片面的,必须结合库存数量、需求量均值和时间,才能得到库存的有效率。

1)库存数量

如果贸易条款是工厂交货(ex works,简称 EXW),不仅要统计在库,而且要算上在途数量。如果是完税后交货(delivered duty paid,简称 DDP)条款,只需要统计在库数量即可。在途库存的所有权取决于贸易条款,这提供给我们一个快速降低库存的机会,那就是更改贸易条款为 DDP,当然,这必须得到供应商的配合才能实施。

2)需求量均值

计算均值最简单的方法就是使用未来需求的平均数,取值的时间跨度越长越好,这样可以缓解需求的波动性。如果需求量的时间单位是周,要考虑每周的实际生产工作天数,两者之商是每日需求量。

3）时间

根据固定订货周期模型，时间由前置时间和二次订货间隔时间组成。前置时间包括订单准备、生产加工、物流运输和入库查验等活动的全部时间。

时间单位需要和需求量均值的保持一致，例如都是天或是周，如果不一致，则要进行换算。举个例子，假设某个物料的库存量是 10 万，数量是非常多的，物料每日平均需求量是 5 000，这意味着库存可以维持 20 天的需求。前置时间 15 天，两次订货时间间隔是 5 天，总和是 20 天，该物料的库存有效率计算如下：

$$库存有效率 = 库存天数 \div (前置时间 + 二次订货间隔时间) \times 100\%$$
$$= (20 \div 20) \times 100\% = 100\%$$

库存有效率为 100%，属于非常完美的状态。

3. 完美状态和实际状态

库存有效率的完美状态是在 90%～110%，如果有效率的百分比是在 80%～90%，或者 110%～120%，说明库存已经处于"亚健康"的状态，需要提高警惕。如果有效率小于 80%，说明物料在未来很可能会缺料，而有效率大于 120%，说明物料已经出现过量的现象。有效率区间可以结合企业情况自行定义，以上数值仅供读者参考使用。库存有效率的状态区间如图 3-14 所示。

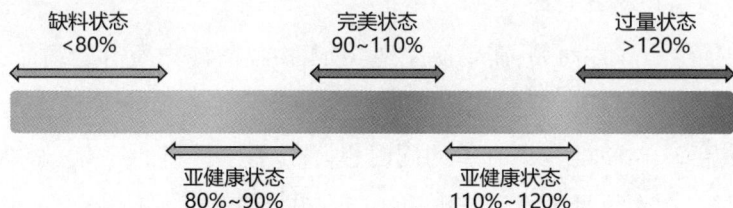

图 3-14　库存有效率的状态区间

在完成所有目标物料的评估后，我们可以确定改善的空间和优化的潜力，以及需要努力的方向。

4. 对选定物料采取行动

对选定的 A 类和 B 类物料需要进行监控,每天更新库存的有效率,并且开始实施短期内降低库存的行动,可以采用的方法有以下几种:

1) 审核新创建的采购订单

采购员应该对于每一项采购物品进行再次审核,根据库存量和未来需求,计算出库存可以维持到哪一周或是哪一天,结合供应商的交货前置时间和运输需要的时间,确保物料可以在耗尽之前抵达工厂仓库,这项工作是在原有流程之上的额外审查环节,会增加采购员的工作量,但是在非常时期,需要花费更多的时间和精力审核采购订单,保证工厂只会收到需要的物品。

2) 减少采购订单最小起订量

最小起订量对库存有效率产生直接影响。假设 MOQ 是 5 天的用量,前置时间和二次订货间隔时间为 10 天,每次订货数量就比较合理。如果 MOQ 是 50 天的使用量,显然它会让库存有效率大幅下降,成为过量库存。削减 MOQ 就是"少食多餐"的做法,关键是要得到供应商的支持与配合。小批量生产会降低供应商的生产效率,影响对方的有效产出量,间接地减少收入。如果 MOQ 是在签订采购合同时确定的,供应商就没有义务来配合采购的要求,此时就要看供需双方平时的合作关系了,但不管怎样,采购都应该尝试减少 MOQ。

3) 提高物料齐套率

为了生产一件商品,需要使用到 BOM 物料清单中所有的物品,如果缺少了其中的一项就不能完成生产。提高物料的齐套率可以生产出更多的成品,这在满足客户订单的同时也降低了原材料的库存,如果齐套比率很低,在库数量始终不能被消耗,库存也就很难降低。

4) 控制供应商出货

如同控制新创建采购订单一样,供应商的出货也需要进行严格的审核,确保只有需要使用的物料进入仓库,物料需求计划和相关采购订单都有到货日期的要求。采购订单是在过去的某个时间点,根据彼时的预测量而创建的,随着时间流逝,需求必然会发生变化,一旦需求量减少,订单就不需要按时出货了,此时就应要求供应商暂停发货,等待采购后续的通知。但是这种做法会损害供应商的利益,他们是根据订单要求进行备料生产的,货物已经做好了堆放在仓库里,如果长期不安排出货,会增加库存持有和仓储成本。使用这个策略会降低采购方在供应商心中的"信用等级",毕竟是做出了有损后者利益的事情,长此以往,供应商就不会配合采购方的其他要求,所以要慎重使用。

5. 定期回顾结果

实施行动后需要定期回顾结果,这样才能形成闭环管理。采购如果是每个星期创建新的采购订单或是安排出货,那就每周回顾行动计划和结果,因为库存运行是以星期为时间单位,所以不需要每天跟踪结果。在现实情况中,由于企业降库存压力很大,管理层需要每天回顾,这给基层员工带来很大的负担。每项采购或出运活动都需要得到经理或总监的审批后才能执行,降低了员工的工作效率,并且没有太大的实际意义,这就像正在减肥的人每天早晚都要称体重,看到体重下降了就很开心,反弹上去了就变得焦虑。时刻专注于数字不会改变结果,只有采用正确的方法才能收获成果。

6. 整理整顿仓库环境

仓库环境是不容忽视的环节,错误的存货数字会导致缺货或是过量库存。整理整顿仓库是立即可以采取的行动,而且能够快速见到成效。

3.3.2 治本:彻底改善,解决根源问题

采用以上的短期行动方案后,库存有效率应得到改善,库存数量和金额都开始下降,但是短期行动中有一些是"损人利己"的方式,例如控制供应商出货会导致对方的不满,损害双方的合作基础,这是偶尔为之的下策,切记不可长期使用。为了更好地改善高库存的问题,最佳方法是从源头入手,这需要一些时间,就像传统中药治病,疗程较长,但是效果更显著,所以要使用中长期治本的方法。企业可以采取以下的行动,

如图 3-15 所示。

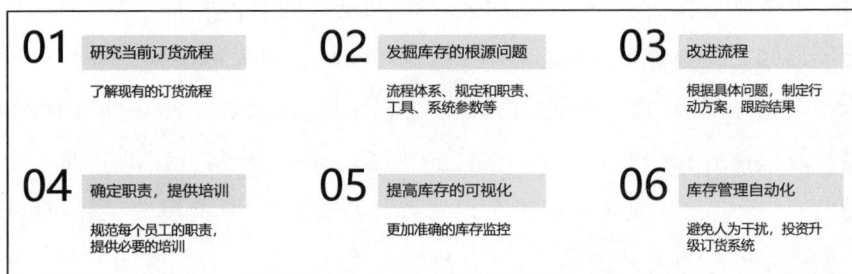

01	研究当前订货流程 了解现有的订货流程	02	发掘库存的根源问题 流程体系、规定和职责、工具、系统参数等	03	改进流程 根据具体问题,制定行动方案,跟踪结果
04	确定职责,提供培训 规范每个员工的职责,提供必要的培训	05	提高库存的可视化 更加准确的库存监控	06	库存管理自动化 避免人为干扰,投资升级订货系统

图 3-15　彻底改善,解决根源问题——中长期治本的方法

1. 研究当前订货流程

通过与采购员深入访谈,获知当前的订货和库存管理活动是如何展开的,可以使用表 3-4 了解当前流程。

表 3-4　订货流程访谈表

活动描述	由谁执行	执行频率	规定策略	使用工具
检查库存				
下单补货				
订单跟踪				

2. 发掘库存的根源问题

导致库存有效率不佳的原因可能有以下几点:

1)没有遵循流程体系

一般而言,物料需求计划会输出需要补货的结果,采购员根据流程步骤给供应商下单,但有些人会忽视标准流程,按照自己的做法创建订单。有一个案例,B 公司是一家小型工厂,给 A 公司提供配套的零件。B 公司的领导以前是 A 公司的员工,后来自己创业,所以他很熟悉 A 公司的产品和员工。领导经常亲自送货进 A 公司仓库,随便清点一下自家产品的库存,凭着经验来判断下次送货的品种和数量,并和 A 公司的采购员商议修改采购订单。A 公司的采购员贪图省事,默认了 B 公司领导的做法。显然,A 公司采购员没有遵守标准流程。B 公司仅考虑自身利益最大化,势必给 A 公司造成一种后果,即不需要的库存很多,真正需要的零件缺货。A 公司库存缺货和过量的问题会长期存在。

2)没有清晰的规定和职责

有些企业的供应链管理成熟度较低,意味着公司内部库存管理流程混乱,缺乏清晰的规定,没有给每个采购员设定明确的职责。在这种情况下,库存结果必然是较差的。举个例子,在同一家企业里,虽然每个采购员负责的物料有所不同,但工作流程应该是一致的。某些老员工喜欢凭借自己的经验做事,不遵守标准流程,这会给部门的工作带来麻烦,其他员工也会比较困惑,造成组织内部的混乱。

3)没有合适的工具

负责库存管理的人员需要合适的工具方法来提升工作效率。上述的库存有效率是一项简单易用的工具,使用 Excel 电子表格即可。考虑 Excel 不能处理大量的数据和复杂的场景,公司可以使用专业的库存优化软件工具。

4)库存参数老旧没有更新

在 ERP 或 MRP 系统中的库存参数需要定期维护,如果实际环境发生了变化,而不对参数进行更新,就会出现"刻舟求剑"效应。例如,供应商的生产加工时间缩短了一半,前置时间就应该相应地减少,如果不更新参数,采购数量将大于实际需要量,增加不必要的库存。

5)需求预测、运输时间、供应商交货期等信息不可靠

举四个常见的例子。

①客户提供的预测超过实际订单的 30%,其中包含部分被夸大的需求信息,肯定会导致库存消耗低于预期,产生过量库存。

②在做需求预测时,计划员没有清洗数据,重复统计了逾期订单,并输入信息系统,导致大量的虚假需求,如果按照这份数据执行采购计划,必然会购入许多不需要的原料库存。

③国际物流运输节点多,具有很强的季节性因素。旺季时集装箱订舱困难,船期准点率和运输时间可靠性较低,容易产生缺料或是过量库

存的情况。

④供应商交货期在正常情况下是稳定的,但是当原材料价格大幅上涨时,为了避免亏损,供应商就会暂停购买高价原料,选择等待观望价格回落后再购入。如此,供应商的交货期就难以保障,可能数月都无法正常供应。

3. 改进流程

在找到问题的源头后,我们可以采用针对性的行动来纠正错误,改进流程。

1)维护库存管理参数,恢复正常状态

现实情况时刻在变化,库存参数也要随之调整,确保其能与实际情况相符。库存参数包括但不限于这些方面:

①需求预测量:应使用滚动预测提供的数据定期更新。

②按时足量交货率或服务水平:如果设定95%的交货率,对应的安全库存系数是1.645。

③供应商生产时间:累计的生产时间。

④运输时间:累计的全程运输时间。

⑤最小起订量:供应商可以接受的最小订单数量,也有企业使用最小订单金额。

⑥采购配额:如果存在多家供应商供货,每一家分配到的采购比例。

⑦安全库存数量:如果安全库存是固定的数量,必须定期审核更新。

⑧产品包装数量:在最小起订量基础上,供应商接受的订单必须是包装数量的倍数。

⑨订货时间间隔:通常不会变化,每年审核一次即可。

⑩贸易条款:这是容易忽视的环节,许多员工对贸易条款不熟悉,使用了错误的条款,会带来库存和贸易合规的隐患,每年需要回顾一次,主动规避各类风险。

2)减少生产启动时间

工厂为了最大化地利用产能,会在机器上连续生产同一类型的产品,并尽量减少更换型号和模具的次数,这种方式会造成产出数量大于实际需求量,冗余的产品占用仓库空间和持有成本。如何减少生产启动时间?首先要对员工进行培训,让他们提前做好准备,把需要使用的模具提前从仓库中领出,放在生产线边。一些公司会使用快速换模(single-minute exchange of die,简称SMED)技术,它的意思是将更换时间减少到个位数,或少于10分钟。在一级方程式赛车比赛中,赛车进入维修站加油并更换轮胎,短短几秒就能完成全部操作,这就是快速更换模具的经典案例。

3)减少生产批量

根据精益生产的理念,生产批量越小越好,甚至每次只生产一件产品,这就是"一件流(one piece flow)"。如果工厂能有效地减少批量,生产不同的产品,就能更容易适应不断变化的客户需求,这种看上去理想状态的生产方式在某些领域是存在的,并且收获了很好的效果。例如支持高度定制汽车装配线上的每辆车都是不同的,有特定的颜色和配置。许多情况下,价值链中越往上游走,生产批量就越大。对于大多数企业,实施一件流或许没有太大的意义,但是努力减少生产批量是可行的,尝试寻找生产成本和批量之间的平衡点。

4)减少物料流动的时间

工厂内部的物流运输值得关注,有些厂区很大,当在制品从上游向下游的工序流转时,由于设备之间距离很远,需要人工拖运零件,浪费大量的工时。我们需要重新设计生产线,缩短上下游工位之间的距离,根据加工的顺序,合理布置生产线,就不用长途运输在制品,这样就能缩短物料流动的时间。

5)设置库存的推拉分界点

分界点之前的模式是推动式生产,根据所有客户需求预测和历史销售数据的最大值,进行补货式的生产;分界点之后的模式是拉动式生产。我们需要根据实际客户订单设置推拉分界点,它可以帮助我们解决这三个难题:第一,缩短交货期,加快响应速度;第二,减缓瓶颈压力,提高产量;第三,提供差异化的产品,进行差异化生产。

6)缩短供应商的交货期

相比降低采购最小起订量,或许供应商更容易接受缩短交货期的方案。采购方可以派遣有经验的专家到供应商的生产现场进行指导,通过实地走访,检查是否有可以缩减的生产时间,包括工人等待前道工序的物料、非计划外的停机、不合理的物料流动线路等。客户帮助供应商做改善项目,可以实现合作双赢的目标。

7)提高供应商送货频率

增加提货、送货频次会增加运输成本,如何权衡运费和库存,这需要与采购部和供应商一起来讨论。如果供应商都位于工厂附近的地区,而且货量满足整车运输,可以考虑使用循环取货模式来提高送货频率。

8)实施供应商管理库存模式

供应商管理库存(vender managed inventory,简称VMI)是一项实践策略,供应商获取客户的销售数据,并负责在客户端维持一定数量的库存,供应商决定补货的品种、数量和频次。在完成补货之后,供应商拿到客户的签收记录,并以此为依据向客户开票收款。VMI可以减缓计划波动对库存的影响,最小库存量起到了安全库存的作用。VMI仓库一般都设在距离客户工厂很近的地方,客户随时能够提货,运输时间可以忽略不计。由于库存仍记在供应商的账上,客户可以享受库存优化的"红利"。需要注意的是,实施VMI的前提条件是供需双方已经建立互相信任的关系,不再是"一锤子买卖"式的简单交易,只有彼此配合、协同才能真正实现双赢。

选定行动方案后,就要付诸行动,然后定期跟踪结果。由于以上都是中长期的改善活动,回顾周期设定为每周一次即可,项目参与者讨论各项行动实施的进度、遇到的困难、是否需要高层和其他部门的支持等话题。库存优化绝不是某一个部门能独立完成的工作,其成功的关键是获得各个利益相关者的支持。

4. 确定职责,提供培训

执行库存优化,企业必须明确每个员工的职责,不能存在工作上的模糊地带,杜绝扯皮推卸责任的现象。培训是帮助员工获得必要的职业技能,让他们能够支持业务发展,实现各项绩效指标。根据研究表明,员工的生产率是和接受的培训时间成正比的。成功的企业往往是在员工入职开始,就非常注重各种培训,并把它贯彻到员工整个职业生涯发展中。如果库存管理培训工作没有到位,采购员没有理清楚订单流程,随心所欲地下单,那他在具体操作层面就会屡屡出错。培训可以让员工尽快掌握专业技能,适应岗位需求。考核合格以后,就需要给员工设定合理的绩效指标。每隔一段时间,需要用指标来衡量员工的具体表现,有功则奖,有过则罚。

5. 提高库存的可视化

可视化是依托信息系统,由各种企业资源系统(ERP)、运输管理系统(transportation management system,简称 TMS)、仓库管理系统(warehouse management system,简称 WMS)和物流服务商提供的货物追踪系统组成的综合体,应用在供应链管理的战术和执行层面。

可视化在战术层面,可以通过供应链控制塔来实现;在执行层面是更加具体的业务操作,比如订单管理、前置时间和库存数据分析、预测管理、货物追踪报告、应急计划管理和产能预估等。

供应链控制塔是由一系列供应链管理流程和工具组成,通过互联网技术,规划物流仓储网络、监控订单履行状态、实时追踪货物,为企业提供端到端的、可视化的供应链服务,如图 3-16 所示。

1)订单管理

颗粒度很细的订单管理,需要对每一颗物料都进行跟踪管理。

2)前置时间和库存数据分析

从下订单给供应商,直到货物送到指定地点的全部时间,其中也包括重要的运输时间,称为前置时间。通过对前置时间变化的分析,来了解供应链上发生的异常情况,例如美国卡车司机的不足,导致运输时间延长。

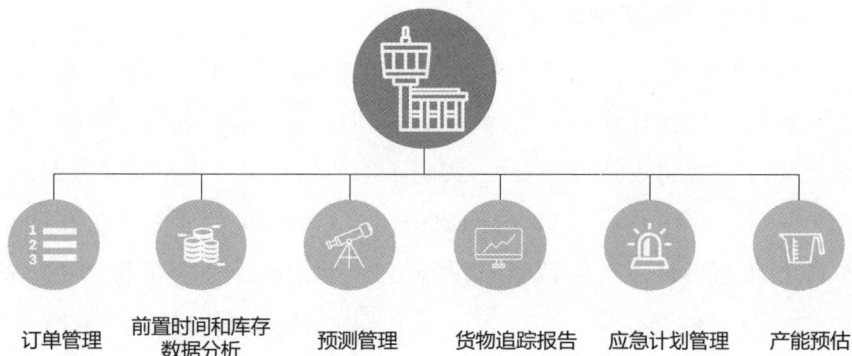

图 3-16　供应链控制塔

分析库存可以使用库存天数和可能会发生断料的日期这两个指标，过量和过少的库存水平都是不能被接受的，需要根据平均用量和运输时间等因素制定一个合理的库存范围，对于超出合理区间的库存品，根据不同级别进行预警。

3）预测管理

根据供应商的重要性决定发布每周或每月的预测，确认供应商已经知悉更新预测信息，并会自动反馈异常情况。

4）货物追踪报告

针对每一票货物发布追踪报告，例如货物在运输过程中的每个重要节点自动推送信息。系统可以生成各种报表，显示货物操作中的实际情况，自动统计各项活动的及时率和准确率。

5）应急计划管理

事先做好一份应急计划，来应对可能出现的意外情况，例如为了防止客户生产线停线而采取的紧急空运方案。

6）产能预估

对关键供应商和物料的产能评估，或是在农历新年前后，对供应商的实际产出数量估算，以防止出现供应断裂的情况。

现代信息技术的日益发达和成熟，让我们可以把目光延伸至整个链条，依赖大量实时的信息，作出最精准的决策判断。

6. 库存管理自动化

随着数字化技术的进步,库存管理自动化已经开始应用,它可以避免人为因素的干扰,高效地管理订单和存货。实现供应链数字化需要投资系统,有投入才有产出。在 2021 年,微软(Microsoft)和思爱普(SAP)深度合作,使用了后者提供的集成业务计划(integrated business planning,简称 IBP)系统。IBP 的供应管理模块提供战术层和执行层的响应与供应计划,针对实际或假设出现的供需变化,提供多个场景模拟分析。此外,IBP 的其他应用也进一步完善了端到端计划,包括 S&OP、供应链控制塔和需求驱动补货等。

在实施了 SAP 的 IBP 后,微软设备供应链收获了可观的收益。

1)采购订单自动化提高 70%

SAP 的 IBP 负责制订计划,并自动集成到 ERP 系统中,自动创建采购订单,在订单自动化提高 70% 的同时,还提高了计划的准确性,计划人员手动调整的情况减少了 50%。

2)计划周期减少 87%

微软实施 IBP 最大收益之一就是缩短了计划周期时间,将之从原本的五天缩短到一天,减少了 87%。

3)计划准时性提高 75%

在实施 IBP 后,微软的计划人员能够快速应对业务需求的变化,及时作出调整,计划准时率提高了 75%。

本 章 小 结

本章重点讨论了库存管理中最常见的两大难题——如何防止缺货和过量库存。我们至少会遇到其中的一个,甚至可能同时面临它们。盲目地采取某些手段,可能无法从根源上解决问题,只有理解库存运行的原理,采用合理的策略,不断改善流程和日常操作,才能够让库存的有效率恢复到正常水平。

在治理库存的过程中,我们要根据企业的实际情况,同时采用短期和中长期的策略。库存改进是一场没有终点的旅程,企业所处的商业环境是在不断变化的,库存管理也要始终跟上企业发展的脚步,帮助企业走得更快更稳。

库存的话题先告一段落,下一章开始进入运输管理的内容。

第4章　运输管理和数据分析

企业运营就会有运输活动,理解运输管理的流程和模式选择,可以帮助管理人员更合理地调配资源,达到使用更少的成本实现交付的目标。库存和运输之间有什么关联?在决策时,运费是不是唯一的考虑因素?本章都会进行详细解答。面对运输活动效率低下的问题,我们需要使用改进的方法,逐步提高管理水平,实现降本增效。

4.1　运输管理入门

运输管理是供应链管理中的重要一环,它不仅是运送货物,而且还与库存有紧密的联系。我们在制订运输计划时,需要结合库存的情况进行综合判断。

4.1.1　客运和货运有什么区别

运输可以分为客运和货运,这两种模式有什么共同点和不同点吗?

1. 通勤的选项

2010 年我曾经在浙江省台州市所辖的温岭市(县级市)工作,我当时已经在上海成家,孩子还很小,没法举家搬迁过去,所以需要定期往返于上海和温岭两地。

温岭距离上海大约 400 公里,我该如何选择通勤方式呢?当时主要的客运模式有这样几种:

1)飞机

从上海虹桥机场直飞台州路桥机场,飞行时间很短,大约 45 分钟,我刚把座椅捂热,就要收起小桌板,准备降落了。出了机场,我还需要驱车20公里才能到工厂。坐飞机的总体时间最短,但万一碰到航班延误就不好说了。遇到恶劣天气,航班经常会延迟,甚至取消,也给行程带来许多不确定性。除了天气,高价机票也让我知难而退,这条航线常年受到中外商务人士的热捧,几乎都是满座,所以很少有打折机票。

2) 动车

彼时上海和温岭之间已经有了动车,还没开通高铁,动车全程时间在3~4小时。动车最大的优点是舒适,美中不足的是车站离市区都较远。上海虹桥站位于上海市西郊,从我家出发,乘坐出租车需要一个小时才能到达。温岭站为了辐射周边地区,所以也远离市区,出了车站,我还要打出租车。与飞机相比,动车票的价格相当亲民,二等座的票价只要100多元。

3) 长途大巴

动车虽好,但是车站都在郊区,总有些不方便。相比之下,长途大巴站往往都设立在市区里,例如温岭汽车站就在老城区中心位置,一个出租车起步费就能到目的地。大巴车票比动车还要便宜一点点,堪称性价比之王。如果说长途车的缺点,首先是车次较少,一天就几班,时间不是很灵活;其次是坐大巴的时候不能随意走动,5~6小时坐下来也是一场修行。

4) 自驾

自己开车的优点是时间灵活,随时可以出发,而且是门到门,不用再去换乘其他的交通工具,是最方便的出行方式,但是自驾很累,特别是宁波到温岭的这段高速公路有大量的集装箱卡车,在这些大家伙之间穿行非常考验司机的技术。浙江省水网密布,有许多桥梁,如果路面和桥面没有在一个平面上,就会上演一幕幕"桥头跳车",给枯燥的旅程增添一些刺激。自驾的成本颇高,除了油费,还有高额的过路费,实属费时费力还费钱。

2. 权衡

各种通勤方式都有各自的优缺点,如果我使用成本和便利这两个维度,由高到低进行划分,就可以得到这样一张四象限的图,如图4-1所示。

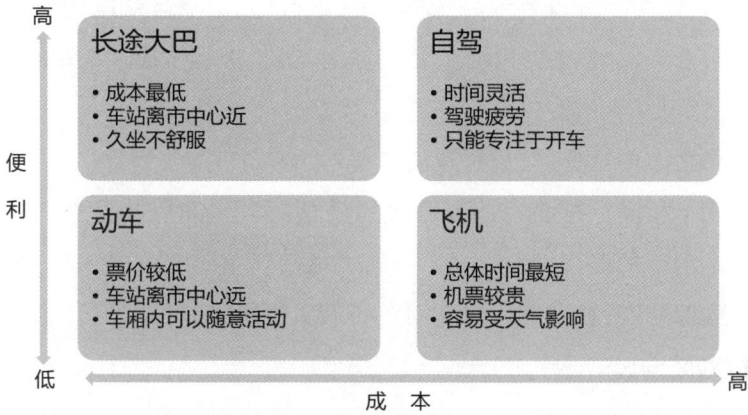

图 4-1　通勤的选择

　　我是一个普通打工人,工资是唯一收入,高成本的方式首先就被排除了,偶尔才会选择飞机和自驾,所以最常用的通勤模式是长途大巴和动车。我的选择过程就是权衡,各种模式都有利弊,需要根据个人情况,在约束条件之内进行选择。个人旅行者是这样,货物运输也是如此。当我作为供应链管理者时,需要考虑如何用最为经济的方法,在规定的时间内,实现货物从起点到终点的移动,这样看来,客运和货运之间颇有相似之处,当然它们还是有区别的,前者运送旅客,后者运送货物。

3. 客运和货运

1)相同点

　　第一个相同点是都需要作出权衡,客运是在成本和便利之间进行选择,而货运需要考虑许多因素,其中最主要的是商品属性、成本和服务水平。贵重且体积较小的商品,例如珠宝需要最为快捷的运输,相比商品价值,运输费用的占比很低,此类商品首选空运。智能手机和流行服饰也会选用空运,因为此类商品的生命周期很短,从中国出口至欧美国家,如果使用海运,可能需要两个月才能抵达,这种时效是不能被接受的。

　　铁矿石和原油都使用最为经济的运输方式,大宗商品不会对运输的服务水平设置很苛刻的要求,省钱才是王道。汽车零部件会同时使用海运和空运,因为企业需要兼顾成本和服务水平,在海运未能按时抵达或是客户需求突然增加的情况下,使用空运实现"用运输成本换时间"。

第二个相同点是路径选择,客运和货运都是点到点的移动,需要在多个路径之中作出选择,这是运输的基本活动。

第三个相同点是两者都有班次的概念,客运有时刻表,旅客要根据它来决定出行的安排,货运也是一样,例如海运集装箱船是班轮,根据事先制定的船期表,在固定航线的固定挂靠港口之间航行。

2)不同点

客运和货运最大的不同之处是行进路线。客运是抵达目的地后就结束行程,而货运不是,它是在多个运输节点之间移动。仍以集装箱船为例,班轮在上海港靠岸后,沿途还会经过数个港口装载货物,最后前往目的地港口卸货。快递运输会先到目的地城市的物流总仓,然后到区域的分拨中心,最后才配送给收件人。

另一个很大的区别是库存,货运的商品和原材料是系统中的资金,只有在出售之后才能转化为钱。货主的想法是让库存流动得越快越好,但是他还要考虑运输成本,飞机运输最快但是成本也最高,海运最便宜但是速度最慢。把库存因素加进来后,问题就开始变得复杂起来,如何把库存持有成本放在总成本中评估,这是供应链管理者需要解决的问题。而客运不存在库存的问题,取而代之的是旅客的时间成本。

总结一下,客运和货运的本质是相同的,都是帮助人或物完成物理上的移动。在这个过程中,我们需要根据实际情况,在约束条件之内找出一个最佳方案,实现效率最高或成本最低。

4.1.2 运输管理的三大关键流程

供应链管理是由许多流程构建起来的框架,流程确定后事情就能顺利地做下去,所以我们要先明确流程。运输管理涉及许多方面,流程自然是非常重要的。

1. 什么是运输管理

物流管理是供应链管理中的一部分,而运输是物流中的一部分,那么,运输管理自然属于供应链管理的范畴。

运输管理在整个供应链管理活动中的位置是在订单处理和仓库或配送中心活动之间。制造和零售企业都需要接收原料或是商品,经过加工或储存之后,再发送给客户,所以运输管理分成三段,如图 4-2 所示。

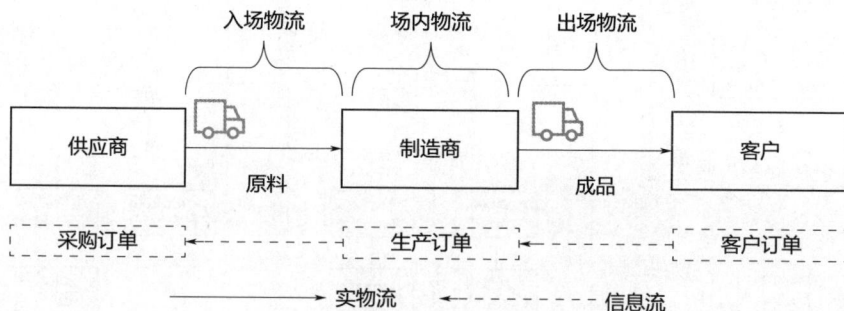

图 4-2 运输管理活动

第一段是进入企业工厂仓库的环节,通常叫作入场物流(inbound logistics)。

第二段是物料在仓库工厂内部流转的过程,例如原料需要经过数道加工工艺后才能成为成品,所以需要在不同的机器设备之间移动,这段被称为场内物流。

最后一段是成品货物离开仓库或配送中心的活动,所以是出场物流(outbound logistics)。

运输管理不是简单地完成货物的移动就可以,而是包含多项复杂活动的系统,包括对运输的商品的事先规划、执行以及交付后的相关活动。

2. 运输管理的流程图

第一步是制订出货的计划。需要交付什么商品、数量,决定运输方式和路径,这些都需要提前计划好。第二步是执行具体的运输管理操作,包括预订运输车辆,制作发票箱单,安排仓库出货等。第三步是出货后的开票和报告,包括追踪货物、给客户开票,还要核对第三方物流

(third party logistics,简称 3PL) 提供的运输发票、安排付款。接下来,让我们以出场物流的过程为例,来看一看运输管理的三步骤具体是如何展开的,如图 4-3 所示。

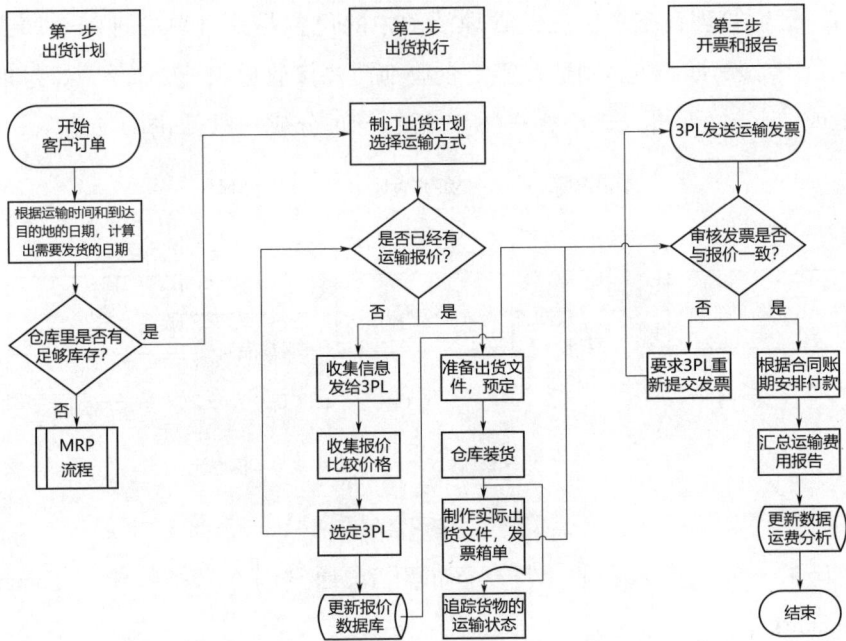

图 4-3　运输管理的流程图

1) 第一步:出货计划

在供应链管理中,所有的活动都需要事先制订一份计划,这样可以避免在执行的时候发生来回反复的情况。计划一旦定好,大家都是遵循同一份计划在执行操作,这就像交响乐团,乐手们都紧盯着指挥家手上的那根小棒,这样才能演奏出和谐的乐曲。计划制订者就是乐团的指挥,由他来决定在什么时间、用何种方式运输多少数量的商品。如果计划做错了,后续就需要重新调整。例如原本预订好的车辆不需要了,取消预订,如果车辆已经在半道上了,让司机白跑一趟,就会产生取消费用。或是另一种情况,零担运输赶不上到货日期了,要改为专车运输,就要支付包车的钱。这些意外情况都会产生额外的运营费用,而它们本来是可以避免的。供应链管理为什么会混乱? 问题的源头一多半就出在计划上面,把计划做得准,就可以缓解执行层面的压力,减少运输费用,提高整体效率。

说完了计划的重要性,让我们来看运输管理的第一步。出货计划的源头是客户订单,或者说是客户需求,见表4-1。

表4-1　客户订单

订单号	订单行	产品编号	订单数量	采购价格（元）	订单状态	承诺到货日期	计划到货日期	订单创建日期	客户送货地址
123456	1	CD10	300	2.96	已下单,未交付		2023年1月23日	2022年12月1日	广州花都
123456	2	XD15	200	13.7	已下单,未交付		2023年1月23日	2022年12月1日	广州花都
123456	3	ASB23	500	20	已下单,未交付		2023年1月23日	2022年12月1日	广州花都
123456	4	CD416	6 000	3	已下单,未交付		2023年1月23日	2022年12月1日	广州花都
123456	5	XD80	250	7	已下单,未交付		2023年1月30日	2022年12月1日	广州花都
123456	6	ASB95	4 500	0.54	已下单,未交付		2023年1月30日	2022年12月1日	广州花都
123456	7	CD19	1 000	4	已下单,未交付		2023年1月30日	2022年12月1日	广州花都

订单上有许多信息,包括订单号、产品编号、订单数量等,与运输管理相关的信息有这样几项:

①产品编号:客户需要的是哪一种规格的产品,这里指的是最小库存单位SKU,例如CD10这款产品。

②订单数量:客户需要的数量,是以SKU为单位。如果最小库存单位是1件CD10,客户订单数量为300,那就是300件CD10产品。

③到货日期:客户要求货物抵达指定地点的日期。这里存在两种情况,第一种情况是客户上门提货,这对制造商来说比较省事儿,因为客户

会计算运输的时间,然后通知制造商在什么时候把货备好即可。举个例子,客户在广州,制造商工厂在宁波,运输时间需要 2 天,把到货日期减去 2 天就是提货的日子。订单的第 1 至第 4 行商品的到货日期是 2023 年 1 月 23 日,客户最晚在 1 月 21 日就要安排车辆到宁波工厂取货,这样才能确保货物在 23 日送到广州花都。

第二种情况是制造商安排运输,同样需要了解运输所需时间,然后倒推出需要发货的日期,这样才不会错过到货日期。

接下来宁波工厂需要确认仓库里是否有足够的库存商品,如果没有,那就需要启动 MRP 物料需求计划的流程。由于本文不会讨论这部分内容,因此就默认仓库已经准备好了成品,可以进入出货执行的阶段。

2)第二步:出货执行

(1)制订计划,选择运输方式

当仓库确认已有了足够的库存,接下来就要选择运输的方式。如果是国内客户,一般会选用卡车运输,在特别紧急的情况下,会使用时效性更强的模式,例如空运或是次日达的方案。如果客户在国外,通常会使用集装箱海运、铁路,或是更快捷的空运。运输模式选择的依据为货物是否可以在客户要求的日期之前抵达目的地。

如何选择运输方式和商品数量?这部分内容会在下一小节具体讨论,在此暂且略过。

(2)是否已经有运输报价

假设制造商宁波需要使用陆运,把货物从宁波运输至广州。首先要检查这条线路是否已经有了有效的报价,这里包含两个关键点,第一点是有报价,第二点是报价还在有效期之内。由于受到燃料、人工和其他因素的影响,运输报价一般仅在一定时间内可用,一旦超过了这个日期,如果燃料价格上涨,运输公司还在用老价格提供服务,那可能会是亏钱做生意,运输服务商是不会答应的,所以报价都存在有效期。当国际原油市场行情很稳定时,报价有效期较长;当市场价格紊乱时,有效期就会很短,毕竟谁也不愿意承担价格上下波动的巨大风险。

（3）没有报价，开始询价

让我们先来假设目前没有报价，这意味着在开始运输之前要询价，在采购的术语中，这个过程叫作要求报价（request for quotation，简称RFQ）。需求方要收集货运的相关信息，然后发给运输服务商，也叫第三方物流。最重要的信息是发货地、收货地、货物重量和长宽高尺寸，这些是基础的信息，运输服务商会根据这些数据提供一份报价。需求方通常会向多家服务商发送RFQ，要求对方在截止时间内回复，在收集到报价后进行价格比较，同时结合3PL承诺的运输时间，进行综合判断后，最终选择一家3PL执行运输任务。

如果是国际运输，还需留意报价的货币单位，欧洲线路很可能用欧元报价，东南亚和美洲线路通常用美元，我们需要把报价都折合成同一个汇率。

如图4-4所示，以这份报价为例，从中国空运出口到美国，报价中有人民币（CNY）和美元（USD）的费用，在汇总的时候需要都折合成美元。在比较多个3PL报价时，同样要把所有收到的报价都折算为一种货币进行比价。

这里有一个值得思考的地方，即在决策时，应该以价格为导向，还是优先考虑时效和运输服务？其实没有标准答案，因为在不同的场景下，决策者会有不同的侧重点。如果企业运输的是洗发水这类生活日用品，考虑的主要因素是成本控制，要用最少的钱来完成运输任务。普通生活日用品的价格较低，而保质期较长，不会对时效有很高的要求，所以是成本优先。相反的，电子消费品的价格较高，因此对运输成本并不敏感，只要3PL能够提供更可靠的时效和服务质量，就更容易获得客户的青睐。在正常情况下，报价的选择是综合考虑成本、时效和3PL过往的绩效表现后作出的决定。

如果运输线路是长期且固定的，制造商可以与3PL谈一个长期的价格，这样可以在一定时间内锁定运费，用规模效应来降低运输成本，同时也省掉了重复询价的工作量。一旦价格确定，制造商需要在运输管理系

宁波经奥黑尔机场到芝加哥的空运费用报价

报价编号	服务水平	有效期从		有效期至
B00301182	经济	2022年12月1日		2022年12月10日
客户		频率		转运时间
宁波姜山工贸		每周2次		12天
客户编号				
CNUS9814822				
商品		承运人		
普通货物		中国东方航空		
重量	体积	计费重量		Incoterm 条款
298.00 kg	2.000 m³	333.33 kg		Ex Works
提货地址		送货地址		
宁波姜山		芝加哥，伊利诺伊州，美国		
货物信息				
尺寸：100 x 100 x 100 cm，2个托盘				
报价明细				
				报价汇率
运费 333.33 kg @ CNY 50.00/kg		16,666.50 CNY		2,625.52 USD
出货地费用 Origin Charges		200.00 CNY		31.51 USD
		小计 **16,866.50**		
进口处理费		95.00 USD		95.00 USD
进口装卸费（Terminal Handling Charge）		125.00 USD		125.00 USD
自动舱单系统的录入费（Automated Manifest System）		15.00 USD		15.00 USD
国土安全费（Homeland Security Fee）		25.00 USD		25.00 USD
送货费		160.00 USD		160.00 USD
		小计 **420.00**		
总计		**USD**		**3,077.03**

图 4-4　空运运费报价

统中创建或更新报价，这是以后结算运输费用的依据之一。

（4）价格确定，准备出货

在运输价格确定以后，制造商就可以准备出货了，需要把实际的货量信息和要求到货日期发送给 3PL,要求对方提供相应的运输服务。3PL 接收预订后,需要尽快完成确认,然后安排车辆,在客户要求的时间,到达指定地点装货。制造商在完成仓库装货后,就可以得到一份实际出货的明细清单,然后制作成发票和箱单,发送给收货人客户。出货单据上有明确的货物和收货人信息,是与 3PL 结算运费的重要文件。

制造商在出货后还需要监控货物运输状态,根据 3PL 提供的运单号,在对方的信息系统中查询预计到货的时间。如果发现运输延误,需要立即与 3PL 客服人员核实情况,消除异常,确保货物能够按时抵达目的地。

3) 第三步:发票和报告

3PL 在运输任务完成后要结算费用,给制造商开具运输发票,在此之前,双方先要对一下账,避免开票后发现金额不一致。

(1) 财务对账

如何进行对账?可以借鉴财务付款中经典的"三点相符"原则。在直接物料采购管理流程中,"三点"分别是供应商发票、采购订单和收货单据文件;相符是指数量、产品单价、订单描述和其他发票信息都要能够对应上。这三份单据必须完全相符,目的就是防范错误和潜在的渎职风险。物流服务是间接采购,同样可以使用这个原则,如图 4-5 所示。

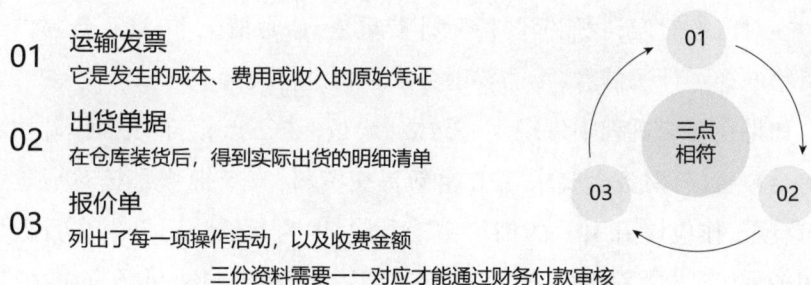

01 **运输发票**
它是发生的成本、费用或收入的原始凭证

02 **出货单据**
在仓库装货后,得到实际出货的明细清单

03 **报价单**
列出了每一项操作活动,以及收费金额

三点
相符

01

02

03

三份资料需要一一对应才能通过财务付款审核

图 4-5　运输发票对账原则——三点相符

第一点,不管是原料或是服务,发票的本质是一样的,它是发生的成本、费用或收入的原始凭证。

第二点,收货单据就是实际运输的物品,等同于出货单据。

第三点,物流服务的报价单可以理解为采购订单,里面详细地列出了每一项操作活动,以及收费金额。在对账的时候,财务部门的应付账款人员需要拿着账单来核对报价单。有些报价是根据票数收费的,如进口操作处理费,不管每票货物的重量和体积有多少,收取的费用是固定的,例如 95 美元。有些费用是根据货物的体积重量计费的,是变动费用,此时就要检查该票货物实际的货量。

在前文的案例中,宁波到美国这单货物实际重量是 298 kg,一共是 2 个托盘,长宽高尺寸都是 1 m,总体积是 2 m³。空运货物是根据计费重量(chargeable weight)来收费的,但它并不一定等于实际重量,这是什么意思呢?货物如果是重货,例如金属,密度较大,可以直接用实际重量作为计费重量。还有些货物密度较小,比如棉花,被称作抛货或轻货,如果也按照实际重量收费,航空公司恐怕是不会答应的,因为抛货不重,但体积很大,按重量算是要吃亏的。

行业里通行的办法是把体积换算成重量,比率是 1 m³ 约等于 166.67 kg,然后取两个重量中的最大值作为计费重量。在上述案例中,货物总体积是 2 m³,换算成重量约是 333.33 kg,货物实际重量是 298 kg,两者的最大值是 333.33 kg,这就是此票货物的计费重量。把计费重量写成 Excel 公式如下:

$$计费重量 = MAX(实际重量,体积 \times 166.67)$$

在对账的时候,我们需要留意计费重量,通常情况下,3PL 会提供运输货物的详细计费信息,不需要财务人员再进行换算。

如果在对账过程中发现不一致之处,按照"三点相符"原则,付款流程将会被暂停,财务会要求 3PL 重新提交资料,直至把账目核对清楚无误,这项工作应该由 3PL 的销售主动发起,因为运输公司已经先行提供了服务,并且支付了部分运费给承运人,这等于帮客户垫付了资金,所以 3PL 要积极地解决发票不相符的问题。

财务在核对发票确认无误后,就要根据合同中规定的付款条件执行,给 3PL 转账,结清该笔费用。至此,操作层面上的活动告一段落。

(2)汇总运输费用报告

供应链管理者需要定期回顾运费支出情况,所以要汇总费用报告,从数据之中提取有价值的信息,用于制作预算或是预测未来运输价格走势,这项活动需要分为两步走,首先是收集数据,然后进行分析。

数据从哪里可以获取?实际发生的费用来源于 3PL 的账单,这是最准确的数据。

谁可以提供账单信息? 3PL 通常会给客户配备大客户经理(key account manager,简称 KAM),由他们负责维护客户关系,他们能够调动内部资源提供完整的账单信息,也就是费用报告。

(3)如何使用运费数据

运输费用账单是一份非常"原始"的数据,它就像一块璞玉,在未经雕琢之前,价值没有得到体现,需要经过一番清洗和分析,才能展示数据的力量。以下以一家 3PL 公司给其客户提供的海运费用报告为例,为读者介绍如何理解、使用数据。

许多 3PL 企业在使用计费系统(billing system)自动生成账单,它嵌套在 ERP 系统的销售或财务模块中,而 ERP 可以看作是一个大型的数据库。运费数据就存储于数据库之中,根据关系型数据库(relational database)的特点,它使用表格的储存方式,数据以行和列存储,与 Excel 表格非常相像。为了便于统计和查询,数据库定义了许多的字段,用来表示数据的属性。

例如,如图 4-6 所示,L 栏是数据属性(attribute),这里记录的是每行记录的交易金额。Excel 表格中的单元格就是输入的数据。Excel 工作表是表格,数据库就是表格的汇总。这样就建立了从记录(行)、属性(列)、表格(工作表)和数据库(Excel 文件)的结构。

我们需要重点关注的是字段,也就是数据属性,在图 4-6 里有许多字段信息,包括:

A——发票号:每一票运输对应一张发票号码。

B——国际贸易术语(incoterm):是上门提货 EXW,或是 DDP 等。

C——发票创建日期:在系统里生成发票的具体日期。

D——提单号:3PL 的货运单据号码。

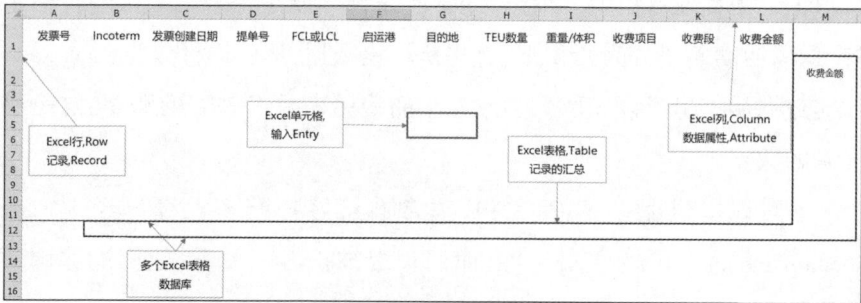

图 4-6　运输数据库

E——整柜或拼柜:选择是整柜(full container load,简称 FCL)还是拼柜(less than container load,简称 LCL)。

F——启运港:从哪个港口装柜出发。

G——目的地:卸货港是哪个港口。

H——集装箱数量:标准尺寸集装箱(twenty-feet equivalent unit,简称 TEU)的数量,1 个 20 英尺集装箱是 1 个 TEU,1 个 40 英尺集装箱是 2 个 TEU,因为它的长度和体积是前者的两倍。

I——重量/体积:在海上运输场景中,LCL 计费是使用货物的重量和体积换算后的最大值,而 FCL 是包下了整个集装箱,按照整个货柜计费,就不用再进行换算比较。

J——收费项目:费用归属于哪一项具体活动,例如有目的地操作费、送货费和海运费等。

K——收费段:费用是在哪一段运输过程中发生的,包括启运港、目的地还有海上运输段。

L——收费金额:每一项操作的具体金额,为了便于展示,此处已把汇率统一为美元。

除了以上的这些信息,账单上还有更多字段,例如客户名称、收货人地址、邮政编码、发货人编号等,但是这些数据对我们是否有帮助? 答案是或许有。在不同查询条件下,数据分析人员要挑选出有用的字段。如果想要分析为各个客户支出的运费,那么就需要根据客户名称进行汇

144

总,但如果是同一个客户,那就可以忽略该字段。挑选合适的字段是数据分析的关键步骤。上述从 A 到 L 这 12 项字段可能是有用的信息,先保留下来,有待下一步分析使用。国际海运账单如图 4-7 所示。

	发票号	Incoterm	发票创建日期	提单号	FCL或LCL	启运港	目的地	TEU数量	重量/体积	收费项目	收费段	收费金额
2	F1968871	EXW	2022年7月1日	NGB078	FCL	宁波	底特律	1	20m3	目的地操作费	目的地	$35
3	F1968871	EXW	2022年7月1日	NGB078	FCL	宁波	底特律	1	20m3	目的地送货费	目的地	$1,004
4	F1968871	EXW	2022年7月1日	NGB078	FCL	宁波	底特律	1	20m3	目的地其他费用	目的地	$15
5	F1968871	EXW	2022年7月1日	NGB078	FCL	宁波	底特律	1	20m3	海运费	海上运输	$16,100
6	F1968871	EXW	2022年7月1日	NGB078	FCL	宁波	底特律	1	20m3	启运地操作费	启运地	$116
7	F1968871	EXW	2022年7月1日	NGB078	FCL	宁波	底特律	1	20m3	启运地海关费	启运地	$16
8	F1968871	EXW	2022年7月1日	NGB078	FCL	宁波	底特律	1	20m3	启运地提货费	启运地	$172
9	F1968871	EXW	2022年7月1日	NGB078	FCL	宁波	底特律	1	20m3	启运地其他费用	启运地	$154
10	F1968892	EXW	2022年7月8日	HFA214	FCL	合肥	底特律	2	40m3	目的地操作费	目的地	$35
11	F1968892	EXW	2022年7月8日	HFA214	FCL	合肥	底特律	2	40m3	目的地送货费	目的地	$726
12	F1968892	EXW	2022年7月8日	HFA214	FCL	合肥	底特律	2	40m3	目的地其他费用	目的地	$15
13	F1968892	EXW	2022年7月8日	HFA214	FCL	合肥	底特律	2	40m3	海运费	海上运输	$22,650
14	F1968892	EXW	2022年7月8日	HFA214	FCL	合肥	底特律	2	40m3	启运地操作费	启运地	$115
15	F1968892	EXW	2022年7月8日	HFA214	FCL	合肥	底特律	2	40m3	启运地海关费	启运地	$15
16	F1968892	EXW	2022年7月8日	HFA214	FCL	合肥	底特律	2	40m3	启运地提货费	启运地	$817
17	F1968892	EXW	2022年7月8日	HFA214	FCL	合肥	底特律	2	40m3	启运地其他费用	启运地	$228

图 4-7　国际海运账单

假设有这样两票海运,分别是从宁波和合肥发集装箱整柜货物到美国的底特律。3PL 在完成配送后给客户发出运费报告,这份就是原始资料,我们可以从中提取想要的数据进行分析。

如果想要汇总每一票海运的费用该如何操作?最简单的办法是用 Excel 的筛选功能,然后手动查看该票运输的总费用,但是这种方式一次只能看一笔运输的情况,效率很低,也不能用于下一步的处理,所以更好的方法是使用数据透视表汇总。

在 Excel 菜单中先后单击"插入"—"数据透视表"—"表格和区域"选项,然后就会出现对话框,可以选择"现有工作表"选项,单击"确定"按钮,如图 4-8 所示。

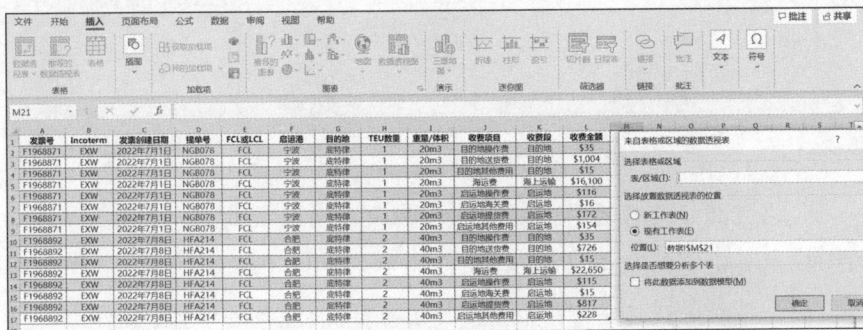

图 4-8　使用数据透视表汇总运费

接下来,可以把想要汇总的字段拖拽进报表,例如我想要根据提单号汇总运输,只需把"提单号"字段拉到"行",再把"收费金额"拖动到"Σ值",软件很快就能计算出结果,如图 4-9 所示。

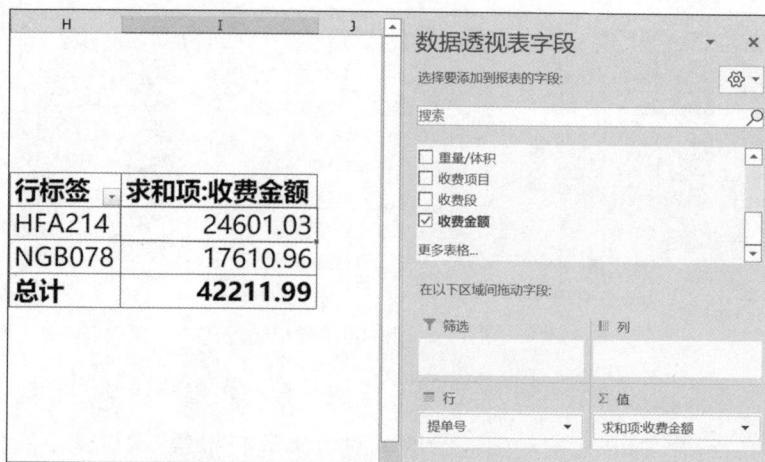

图 4-9　数据透视表的设置步骤一

如果想要查看每一票整柜货物的运输价格,只需要调整透视表中字段的位置即可,如图 4-10 所示。

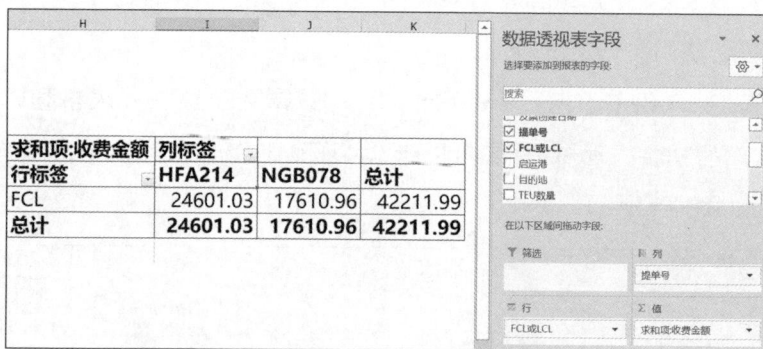

图 4-10　数据透视表的设置步骤二

介绍这部分内容的目的是让读者明白该向谁要数据,如何从大量字段中找出有价值的数据,以及如何使用它们。以上是使用 Excel 作数据分析最为基础的操作,使用者可以根据需要,配置各种字段,提炼出各种有用的数据,用于以后的数据分析和模型建立。

至此,在流程图框架内的内容已介绍完毕。各家企业在日常运营过程中的流程或有不同之处,需要根据实际情况作出调整。

4.1.3 如何选择运输方式和数量

运输管理流程的第二步是出货执行,我们要制订出货的计划,选择合适的运输方式。出货的目的是满足客户订单的交付,所以出货计划不是独立的活动,需要结合库存与运输方式一起评估。由于客户需求会随着时间的推移而变化,运输计划需要做相应的调整。如何选择合适的运输方式和出货数量是计划的关键,应使用最小的成本来满足客户的需要。

1. 制订出货计划,选择运输方式

出货计划是出货执行流程中的一个步骤,现在将它展开,如图 4-11 所示。

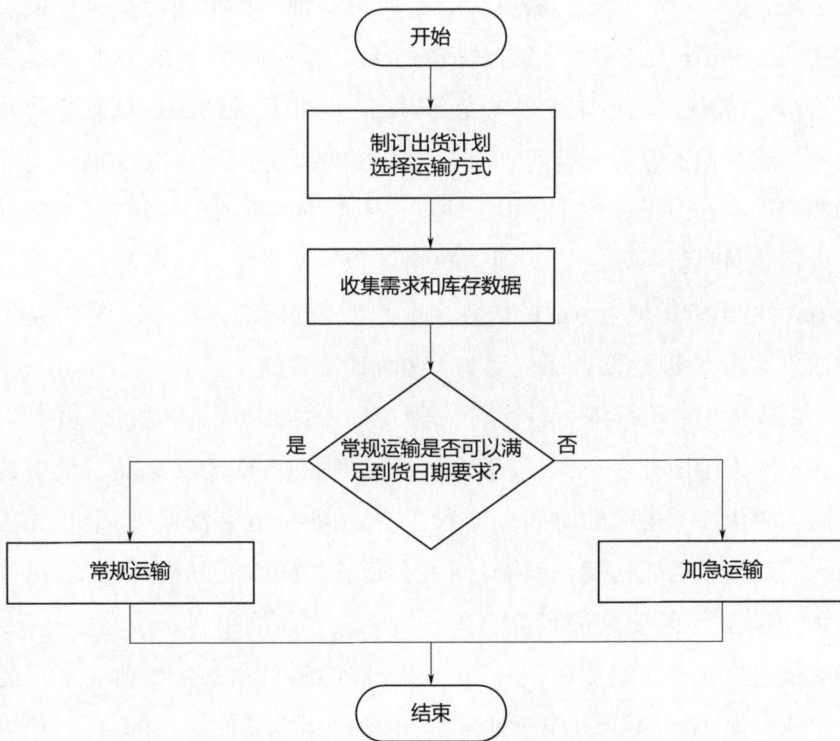

图 4-11 制订出货计划流程图

第一步是制订出货计划,选择运输方式。我们可以把发货流程看成是订货流程的反向操作,它们有一些相似点,比如是固定数量或是时间发货。固定数量发货是在凑足一定的货量后发货,例如整个托盘或是卡车。固定时间发货是定期审核需求和库存,然后安排出货,频率可以是每天、每周或是每月。在本小节中,我使用固定时间发货模型为读者进行演示。

假设 A 公司是山东省滨州市的一家制造企业,每周需要给位于广东省中山市的客户运送零部件,编号是 CD20,送货频率是每周一次。A 公司的物流部客服专员张三需要制订出货计划,其中最核心的内容是出发货的数量和运输的方式。

数量必须能够满足客户的生产装配需求,否则会导致对方因缺料而停产。默认的运输方式是零担运输,需要和滨州当地其他企业的货物整合起来,共享一辆卡车运输到广东,最后再安排一辆小型货车完成最后的配送。零担运输公司给张三承诺的全程运输时间是 4 天,这是从提货开始,到货物送达目的地仓库的全部时间。零担运输的适用场景是货物的重量或容积不够装一整车,它的优点是价格较低,可以减少单件商品的物流成本。由于货物在零担运输过程中会发生数次的转运,每次都需要进行装、卸货,所以出货必须是整箱发货。A 公司每箱产品包装数量是 100 件,出货量就是 100 的倍数。除了常规的运输方式,张三还有备用的加急运输方案,这是为了应对突发事件而准备的。

供应链中有许多随机性事件,例如客户的需求量是随机波动的,而且客户的下游还有客户,当终端客户需求增加时,变动就会随着供应链条向上游传递。运输的时间可能有变动,例如某地突发地震,卡车无法进入该地区提货或送货,运输时间就会延长。提前做好应急预案,可以缓解、消除供应链中断的风险。张三的应急方案是用专车或是空运,专车就是在当地找一辆货车,在滨州仓库装载好货物后,直接前往客户的所在地中山,全程不会在第三地停留,也不会运载其他货主的商品,相当于包车运输。专车运输所需的时间是 2 天。航空货运是另一种预案,飞机可以在 24 小时之内到达,但遇到台风等恶劣天气时,航空件的时效就难以保障。

2. 收集需求和库存数据

决定运输方式和数量的输入信息是客户的需求和当前的库存数据。在本小节所述场景中,需求量是客户在未来的生产装配数量,其中需要使用 CD20 这个零部件。客户的生产计划就是零部件的需求量,两者具有依赖关系。如果是在零售场景中,需求量是消费者的随机购买数量,它会服从某种概率分布,例如最常见的正态分布。

库存数据是 CD20 在客户仓库里的数量,A 公司需要定期给客户补货,所以会接收到每日的库存报表,上面会显示库存出入库数量变动。

3. 判断常规运输是否可以满足

ERP 或 MRP 软件可以根据需求和库存信息自动算出库存短缺的日期,然后就可以决定要货的数量和运输方式。为了更好地进行展示,我使用 Excel 表格公式。

假设 7 月 4 日是每周一次的发货日,此时 CD20 在客户仓库里的数量是 590 件,这是期初库存。当天的需求数量是 65,没有计划到货,所以预计的期末库存数量是 590−65=525,如图 4-12 所示。

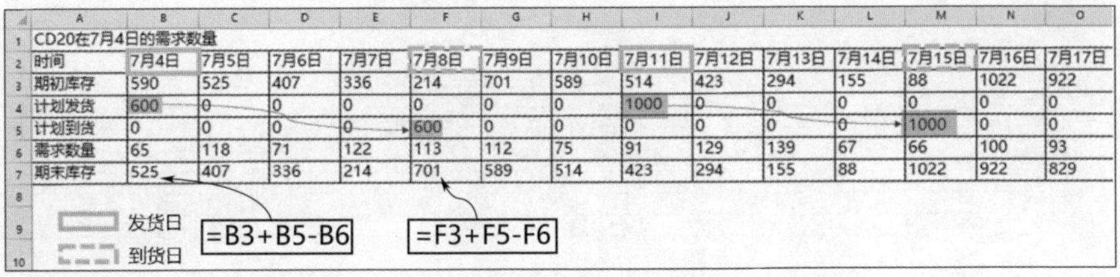

时间	7月4日	7月5日	7月6日	7月7日	7月8日	7月9日	7月10日	7月11日	7月12日	7月13日	7月14日	7月15日	7月16日	7月17日
期初库存	590	525	407	336	214	701	589	514	423	294	155	88	1022	922
计划发货	600	0	0	0	0	0	0	1000	0	0	0	0	0	0
计划到货	0	0	0	0	600	0	0	0	0	0	0	1000	0	0
需求数量	65	118	71	122	113	112	75	91	129	139	67	66	100	93
期末库存	525	407	336	214	701	589	514	423	294	155	88	1022	922	829

CD20在7月4日的需求数量

发货日 =B3+B5-B6　到货日 =F3+F5-F6

图 4-12　判断常规运输是否可以满足需求

张三收到了客户最新的生产计划,也就是需求信息,时间跨度是从 7 月 4 日至 7 月 17 日。经过一番计算,他决定在当天发货 600 件,通过零担物流发给广东的客户。同时,张三还准备在下一个发货日,7 月 11 日安排 1 000 件产品的出货计划,运输方式依然是零担,到货日期会是 7 月 15 日。根据他的计算,600 件的补货数量足以坚持到 15 日,可以保障客户的生产供应。

在 7 月 11 日,张三需要再次确定出货计划,虽然他之前准备发货 1 000 件,但从 4 日到现在,客户需求量可能会变动,毕竟此前的数据仅是预测。当张三开始评估需求和库存时,他发现从当天开始客户的需求增加了,如果按照原来的计划,客户将会在 7 月 13 日出货缺料 37 件,14 日的短缺数量上升至 162 件,如图 4-13 所示。

时间	7月4日	7月5日	7月6日	7月7日	7月8日	7月9日	7月10日	7月11日	7月12日	7月13日	7月14日	7月15日	7月16日	7月17日
期初库存	590	525	407	336	214	701	589	514	341	151	-37	-162	718	562
计划发货	600	0	0	0	0	0	0	1000	0	0	0	0	0	0
计划到货	0	0	0	0	600	0	0	0	0	0	1000	0	0	0
需求数量	65	118	71	122	113	112	75	173	190	188	125	120	156	92
期末库存	525	407	336	214	701	589	514	341	151	-37	-162	718	562	470

CD20在7月11日的需求

☐ 发货日
⊡ 到货日
▨ 需求变动

图 4-13　需求发生变动,可能出现短缺

供应的缺口显而易见,张三不能让客户的生产中断,必须采取行动。供应商有责任保障客户的利益不受损害,即便短缺是由于客户需求量增加而引起的。缺料会发生在两天以后,显然常规的零担运输已经无法满足这个时效的要求了,张三决定使用专线运输,只需要两天的时间就可以抵达广东,恰好赶在客户生产线中断之前到货,解除供应危机,如图 4-14 所示。

时间	7月4日	7月5日	7月6日	7月7日	7月8日	7月9日	7月10日	7月11日	7月12日	7月13日	7月14日	7月15日	7月16日	7月17日
期初库存	590	525	407	336	214	701	589	514	341	151	963	838	718	562
计划发货	600	0	0	0	0	0	0	1000	0	0	0	0	0	0
计划到货	0	0	0	0	600	0	0	0	0	0	1000	0	0	0
需求数量	65	118	71	122	113	112	75	173	190	188	125	120	156	92
期末库存	525	407	336	214	701	589	514	341	151	963	838	718	562	470

CD20在7月11日的需求

☐ 发货日
⊡ 到货日
▨ 需求变动

图 4-14　使用专线运输,提前送达货物

在这个案例中,我们仅需要设置简单的公式,就可以提前预警将来潜在的缺料,根据库存、需求和各种运输方式的时效,选择最合适的运输方式以及出货数量,保障供应链的稳定运行。

4.1.4 运输的权衡考虑

供应链管理的关键点之一是权衡，其中包括运输成本和时间的可靠性的权衡。

1. 库存的持有成本

当我们在旅行途中会有哪些成本？最直接的是乘坐大巴、火车或是飞机的费用，这些是真金白金需要付出去的钱。除此之外还有时间的成本，律师、咨询师、演员这些高收入人群都是按照天或小时来收取报酬的，他们对时间成本非常敏感，浪费的时间就是损失的收入，所以会选择最快的出行模式。

货物运输亦是如此，运费是直接的成本，用于完成货物在物理上的移动。此外，货物还有持有成本。原料需要经过加工才能成为商品，商品出售给顾客后才能最终收回投入在原料中的资金。所有的老板都希望尽快回笼资金，然后开始下一轮"购买原料—生产制造—出售商品"的循环，赚取更多的利润。系统中库存越多，持有成本就越高，企业的利润就越少，这也是经济订货批量模型的基本逻辑。企业的财务会对库存的年持有成本设定一个百分比，通常是 10% ~ 20%。假设 A 商品的需求量是每年 2 000 件，成本是每件 50 元，持有成本是 10%，那么 A 商品的年持有成本就等于 10 000 元，计算如下：

A 商品年度持有成本 = 年需求量×每件成本×年持有成本百分比
= 2 000×50×10% = 10 000（元）

换一个角度看，如果企业是向银行贷款购买原料，需要支付利息，越早偿还，付给银行的利息就越少，反之，则越多。持有成本就是贷款购买库存的利息。

供应链管理者需要思考如何缩短库存在系统中经过的时间，其中包括生产、采购和运输的时间。我们重点来看运输，国内短途运输一般只需要数日，对于库存的影响较小；国际长途运输时间最长可达 3~4 个月，它对库存的影响就很大了。

以 2022 年 10 月的国际运输市场行情为例，集装箱货柜从中国长三角出口到美国中部的芝加哥，全程运输分为这样几个阶段：

①启运地阶段，从货主向货运公司订舱开始，至货柜上船，驶离码头，约 2~4 周时间。

②海上航行阶段，从启运港港口到目的地港口，约 4~6 周。

③目的地阶段，即美国段的内陆运输，货柜从集装箱船上卸下，装上火车，最后由卡车完成配送，约 4~6 周。

国际运输中节点多、时效随机性强，还存在意外事件，例如港口罢工、船舶事故等，因此运输时间的可靠性对于供应链是非常重要的，它不仅关乎供应的持续性，也会影响库存持有成本。

2. 运输时间可靠性

1）可信度

可靠性包括两个维度。第一个维度是运输承运人的可信度。货主经常会遇到这种情况：已预订好的集装箱舱位被取消，行业术语叫作"甩柜"，被船公司撤下来，要等到下一个船期才可能获得舱位。

为什么会出现"甩柜"的现象？海运旺季，船公司为了获取最大收益，通常是按照超过满载量的 20% 接受订舱，也就是说订舱数量大于实际可承载的数量。船公司为什么会接受超额订舱？因为总会有货主取消或推迟出货，这就像航空机票，同样是超过最高载客量售卖的，因为总会有乘客临时改变行程或是错过航班。船公司超额出售舱位，肯定会遇到"爆舱"的情况，导致小部分的集装箱没法安排上船。哪些货柜会被滞留到下一个航次呢？通常是运费较低的或非重要客户的货主。

对于托运人（也就是货主）来说，既然承运人接受了预订，就应该履行承诺，无法兑现就是失信行为，可信度必然会降低。

还有一种情况是船公司突然"跳港"，有时为了避免船期进一步延迟，会调整船期，跳过原来计划停靠的港口。"跳港"也会降低承运人的可信度。

2）一致性

第二个维度是一致性。货主通常是与货运代理（简称货代）签订合同，由后者负责全程的运输，其中包括从启运地提货、海上运输和目的地送货。货代在运输合同中会承诺每一段运输的时间，这是运营的考核指标之一。货主和货代公司会定期回顾运营情况，通常是每个季度进行一次，所以叫作季度业务审核会（quarterly business review，简称 QBR）。货主在会议上审核货代公司是否在合同约定的时间内完成了运输，这就是一致性。为了提高绩效成绩，货代公司往往采用"报喜不报忧"的策略，只把好的一面呈现给客户，或是用自己的标准来定义绩效。

除了外部因素，货主企业内部也有不一致的问题。在大型跨国企业里，运输合同是由总部的全球运输团队负责签订的，他们会和货代确认价格和运输时间，然后由各个工厂、配送中心执行具体的运输操作，这是一种职责分离的结构，也是集中与分散管理的典型。总部运输团队虽然和货代公司明确了运输时间，但具体执行的情况如何，需要每个站点提供反馈，然后总部才能获得数据，要求货代公司改善运输延迟的问题。如果总部和工厂之间的沟通不畅，甚至是没有交流，他们之间就中断了联系。如果实际的运输时间总是比承诺的要长，而工厂与总部不进行交流，问题就不会得到解决。

通常来说，海上运输时间是最为可靠的。集装箱船在大洋上航行，除非遇到火灾等事故，一般都能按时抵达。运输时间的不一致通常发生在启运地和目的地阶段。在启运地，货主在旺季很难订到舱位，如果不选择加价，等待的时间很难预估。到了目的地后情况更加复杂，北美地区码头工会势力强大，经常会因为劳资协议问题举行罢工。美国港口基础设施老旧，现代化程度较低，不支持全天候运营。集装箱卡车司机、拖车底盘和货柜都存在短缺，内部火车运输也时常延误，各种各样的问题都使得时效性难以保障，影响了一致性。虽然货运代理强调海运时间可靠，但货主关注的是门到门的全程运输。

想要获得可靠的运输时间，货主就要选择可信度高、一致性强的承运人和货运代理。当然，服务和成本是成正比的，"一分价钱一分货"，货主要付出更多的运费来换取可靠性。如何权衡服务水平和运输费用，需要使用量化的数学模型进行分析,在后续的章节里会详细分析。

4.1.5 包装设计降低运输成本

包装数量决定了产品的单件运输成本,如何合理地设计包装,才能实现运输成本最小化?

1. 运费计算逻辑

在采购报价中如何计算每件货物的运输成本?我们可以使用一个很简单的计算逻辑,用运输总费用的报价除以货物的数量,就可以得出分摊到每件货物的成本。总费用包括运输以及相关的费用,例如仓库的装卸费、保险费等。报价由 3PL 或是货运代理提供。分子有了,分母的数据应该怎样定义呢?在开始介绍之前,我们先来了解包装的结构层次。

2. 包装的三层结构

1) 第一层

这层是最小的包装。如果商品是消费品,可以直接出售给消费者,例如一盒橙汁,包装的外部会印有产品信息。工业品不需要很精美的包装,设计的重点是保护产品安全,所以有一些缓冲材料,用于吸收冲击。

2) 第二层

这层的包装是纸箱,通常是一个坚固的纸板箱,它不仅用于保护箱子内的商品,而且要支撑堆叠在托盘上的其他纸箱,所以必须非常坚固。当纸箱内部容纳多个最小包装单位时,它被称为主纸箱。根据不同的产品,主纸箱内部可以使用各种缓冲材料。

3) 第三层

通常这层包装是托盘,托盘外部使用护角和缠绕膜,顶部有盖子起到保护和承重的作用。为了便于集装箱或厢式货车运输,托盘尺寸被定义了一些标准,例如长宽分别都是 1.1m,这样可以在 40 英尺集装箱内平铺放置 20 个托盘。如果每个托盘高度是 1m,就可以在集装箱内堆叠两层,装载 40 个托盘,这是在亚洲地区较为流行的标准。虽然集装箱的尺寸在全球已经有了统一标准,但托盘没有通用的尺寸,最常见的有三种,见表4-2。

表 4-2　托盘尺寸

长度×宽度	主要使用的地区
0.8 m×1.2 m	欧洲
1.1 m×1.1 m	亚洲
1.2 m×1.0 m	北美

全球托盘尺寸的差异会导致运输效率下降,例如欧洲地区的主纸箱可以在当地的托盘上有很高的装载率,但是北美的托盘上会留下一些空间。不同尺寸的托盘在集装箱运输中会造成较低的装载率,托运人在装箱之前需要统一托盘的尺寸。

3. 计算单价货物的运输成本

介绍了包装结构后,下面让我们通过一个案例来了解具体的计算过程。假设 A 公司向国外的客户出售三种型号的商品,分别是 CD10、CD20 和 CD30,对应的每年的需求量是 144 000、230 400 和 864 000,每种商品的单位运输成本是多少?

根据此前介绍的计算逻辑,我们要获得货运代理公司的运输报价,然后除以出货的数量得到单件商品的运费。报价的输入是货物的提货与送货地、体积重量和发运频次,这些是托运人需要提供的信息。提货地点是中国深圳,送货地是英国南部港口城市南安普顿。

这里假设 A 公司三种商品的主纸箱和托盘包装信息见表4-3。

表 4-3　三种商品主纸箱和托盘包装信息

商　品	纸箱长宽高尺寸（cm）	每箱商品数量（件）	每托盘纸箱数量（件）	每托盘商品数量（件）	每托盘体积（m³）
CD10	33 × 25 × 20	50	48	2 400	1.2
CD20	50 × 33 × 20	40	24	960	1.2
CD30	33 × 25 × 20	100	48	4 800	1.2

以商品 CD10 为例,主纸箱的长宽高尺寸分别是 33 cm、25 cm 和 20 cm,每个箱子内可以放置的商品数量是 50 件。托盘的长和宽尺寸都是 1.1m,每层可以放下 3 乘以 4 等于 12 个纸箱,高度为 4 层,托盘可以承载 48 个纸箱。每个托盘可装的商品数量即是 50 乘以 48 等于 2 400 件。算上顶部盖板和底部托盘,打好包装后的托盘高度是 1 m,整个托盘的体积就是 $1.1 \times 1.1 \times 1 \approx 1.2 (m^3)$。

货物的重量是一项约束条件,因为托盘和集装箱都有载重的上限。木制托盘一般可以承受 1 000 kg 的重量,如果要在上方叠放托盘,则要确保位于底层的托盘有足够的支撑保护,不会被重力压垮。有经验的装货人员会把较轻的托盘放在顶部,较重的托盘安排在底部。

根据商品的每箱重量和每托盘箱数,我们就可以计算出每托盘重量。仍以 CD10 为例,整托盘的货物重量是 $48 \times 10 = 480 (kg)$,再加上托盘和盖板的重量 20 kg,总重量是 500 kg,见表 4-4。

表 4-4　三种商品包装重量信息

商　品	每箱商品 数量(件)	每托盘纸箱 数量(件)	每托盘商品 数量(件)	每箱商品 重量(kg)	每托盘商品 重量(kg)
CD10	50	48	2 400	10	500
CD20	40	24	960	15	380
CD30	100	48	4 800	8	404

体积重量的基础信息有了,接下来就要考虑发货的频率和出货量。A 公司计划每个月发一次货,每次的出货数量是年需求量除以 12。使用每月的出货量除以每个托盘可以装载的商品数量,可以算出每月发货的托盘数量和重量,见表 4-5。

表 4-5　三种商品每月发货托盘数量和重量信息

商　品	年需求量 (件)	每月需求量 (件)	纸箱长宽高 尺寸(cm)	每箱商品 数量(件)	每托盘纸箱 数量(件)
CD10	144 000	12 000	33×25×20	50	48
CD20	230 400	19 200	50×33×20	40	24
CD30	864 000	72 000	33×25×20	100	48

商 品	每托盘商品数量(件)	每托盘体积(m³)	每月发货托盘数量(个)	每箱商品重量(kg)	每托盘商品重量(kg)	每月发货托盘重量(kg)
CD10	2 400	1.2	5	10	500	2 500
CD20	960	1.2	20	15	380	7 600
CD30	4 800	1.2	15	8	404	6 060

商品 CS10 的每月需求量等于 $144\,000 \div 12 = 12\,000$(件),再除以每个托盘商品数量就是 $12\,000 \div 2\,400 = 5$(托盘)。根据同样的计算方法,我们可以得出三种商品每月出货的托盘数量和重量,托盘总数是 40 个,体积约 48 m³,重量是 16.16 t,正好可以使用一个 40 英尺集装箱出货。A 公司把以上信息提供给货运代理,收到的全程运输费报价是每个集装箱 40 000 元,分摊到每个托盘的运费就是 $40\,000 \div 40 = 1\,000$(元/托盘)。

使用每个托盘的总运输费除以每托盘商品数量,就可以算出每件商品的运费,见表 4-6。

表 4-6 三种商品的运费

商 品	每托盘商品数量(件)	每个集装箱总运输费(元)	每个托盘总运输费(元)	每件商品总运输费(元)
CD10	2 400	40 000	1 000	0.42
CD20	960	40 000	1 000	1.04
CD30	4 800	40 000	1 000	0.21

不管是整柜、拼柜、零担运输,都可以使用以上的步骤计算单位商品的运输成本。

4. 主纸箱的设计要点

包装第二层的主纸箱是非常重要的,它是可以用于发货的最小单位,是构成托盘的基本单元。合理设计主纸箱的尺寸,可以最大化地利用托盘空间。设计者会使用模块化的方法,例如商品 CD10 和 CD20 的主纸箱体积比率是 2:1,分别可以在托盘上放置 48 和 24 个,实现了托盘装载的多种排列组合,让出货计划更加灵活,能够更好应对客户需求的波动。

商品在主纸箱装载得越多,分摊到单件商品的运费就越少,但我们必须考虑重量的约束。根据人机工程学的研究,每件货物的重量应不超过 15 kg,否则会对搬运者的腰部造成损害。另外还需要考虑主纸箱使用的材质,如果是单薄的瓦楞纸可能无法承受金属制品的重量。主纸箱在大批量投入使用之前,需要进行包装材料的验证,避免商品在运输途中被压坏。

4.2　国际物流运输模式的选择和路径分析

出口贸易是中国经济的"三驾马车"之一,国内有大量的制造和贸易公司参与到国际贸易中。全球港口集装箱吞吐量前 10 名的港口当中,中国占了 7 席,其中上海港、宁波港和深圳港连续多年位居前列。理解国际物流运输模式,可以帮助企业优化运输成本。

4.2.1　国际物流的运输模式和网络层次

在之前的运输管理流程章节中,我介绍了如何选择合适的运输方式,把一家山东的制造企业的货物运输到广东,模拟的场景是国内运输。这次让我们把视角放大,来看一看国际物流运输模式的选择问题。接下来,通过一个案例来了解国际物流运作模式和出货方式的选择。

1. 如何把汽车配件出口到美国

浙江省是中国汽车业的重镇,各种零部件制造企业数以千计,这些企业不仅为国内的整车厂提供大量部件,而且远销世界各地,这标志着中国制造已经稳步迈向价值链中高端。浙江省慈溪市有一家汽车零部件企业 C 公司,出口汽车轴承产品给美国的客户 D 公司,送货地点是中部地区的芝加哥,贸易条款是 EXW,C 公司在其工厂把货物交给 D 公司指定的货运代理。

一般来说,汽车配件的国际物流运输方式是海运,这是由商品的价值和包装密度决定的。轴承通常使用金属合金和其他材料构成,重量较大,但价值却不高。C 公司出售这款产品的价格是每件 15 美元,每个 20 英尺集装箱内可以装载 2 万件产品,包装后的货物总重量是 16 t,所以海运是最合适的运输模式。可能有读者会问:"为什么不使用 40 英尺的集装箱?这样可以多装一倍的货物,降低单件商品的运费。"如果使用 40 英尺货柜,货物的总重量至少要达到 32 t,这就超过了集装箱载重的上限。货物的体积和重量都是集装箱装运的约束条件,船公司可能还有其他限制条件,例如拒绝装运某些化学原料,托运人需要在出货之前进行确认。

除了海运,还有什么运输的方式?由于有太平洋的阻隔,中美之间不能使用全程的铁路或公路运输,空运是仅剩的方案。因为空运成本高昂,所以它不是常规的选项,仅在特殊情况下使用,例如 D 公司突然接到一个大订单,仓库里没有足够的库存,为了不错过销售机会,就会使用空运的方式,把原料紧急运送到美国。

整个国际运输中有许多节点,其中最主要的四个分别是启运地(C公司)、启运港、目的港和目的地(D 公司)。两个节点之间组成了线(也叫弧线),并把四个节点分为三个运输段,它们是启运地内陆运输、海上运输和目的地内陆运输。每段运输活动之中还有多个细分节点,例如启运地的集装箱码头堆场,目的地的火车堆场。为了便于展示,我们将做简化处理,仅介绍最重要的节点和线,如图 4-15 所示。

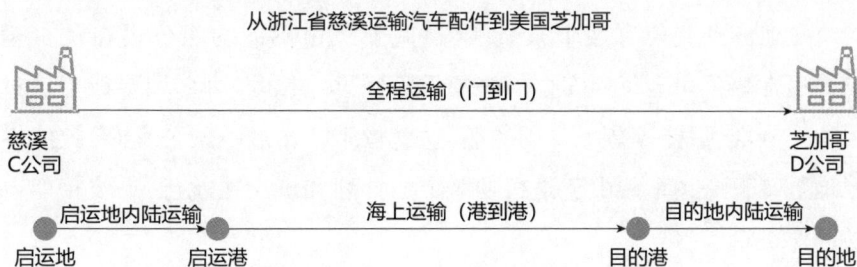

图 4-15 汽车配件运输路径

1）启运地内陆运输

在这段运输中，货物需要从 C 公司的工厂运输到港口。有哪些港口可供选择？从地理位置上看，宁波港是首选，因为距离 C 公司所在地较近。上海港是备选方案，虽然会增加一些内陆运输的时间和成本，但仍在可接受的范围内。紧急货物需要通过空运出口，一般会选择上海的机场，因为它是长三角地区最大空运枢纽，运力更加充沛，总费用也更低。

2）海上运输

这段是港口之间的水上运输。集装箱船的运营模式和公交车有些类似，某条线路的船会沿途经过多个港口抵达终点，例如船运公司马士基（MAERSK）的某个航次的靠港停泊计划表，见表 4-7。

表 4-7　集装箱船靠港停泊计划

靠港顺序	港口	抵港日期	离港日期
1	中国厦门港	11 月 28 日	11 月 29 日
2	中国盐田港	11 月 30 日	12 月 1 日
3	中国宁波港	12 月 3 日	12 月 4 日
4	中国上海港	12 月 5 日	12 月 6 日
5	韩国釜山港	12 月 8 日	12 月 9 日
6	日本横滨港	12 月 11 日	12 月 11 日
7	加拿大鲁珀特王子港	12 月 20 日	12 月 22 日
8	加拿大温哥华港	12 月 25 日	12 月 29 日

从亚洲到北美有数十条航线，这些航线由不同的船公司在负责运营。通常船公司会每周安排一艘船沿途经过停靠的港口，如果货柜错过了这个班次，只能等待下一周的船，这就像乘客错过一班公交车，只能在原地等待下一趟车。由于是根据既定的计划和班次在航行，集装箱船也被叫作班轮。

亚洲的货柜一般会停靠在北美西海岸的港口，例如美国洛杉矶港和相邻的长滩港，加拿大鲁珀特王子港和温哥华港。当遇到西海岸码头工人大罢工时，船公司会绕道避开闹罢工的港口，或选择穿过巴拿马运河，在美国南部的休斯敦港,甚至是东南部的查尔斯顿港靠岸卸货。

3)目的地内陆运输

如果集装箱船在洛杉矶港卸下货柜,然后 D 公司的货运代理就会安排内陆运输,把集装箱通过火车运输到芝加哥的堆场,在那里把货物装上卡车,完成"最后一公里"的送货。

整个过程使用了至少两种以上的运输方式,如海运、铁路和卡车,这种模式被称为多式联运。

2. 什么是多式联运

顾名思义,多式联运主要运用四大类方式,包括卡车、铁路、海运和空运来运输集装箱货物。卡车通常是开始和最后的一种方式,用于提货和最终交付。铁路和海运是更经济的模式,很适合长途运输。火车可以运输数百个集装箱,而巨型集装箱船可以装载两万多个 20 英尺的标准箱。

集装箱的标准化和规模化运营,发挥出多式联运的许多优势,包括降低运输成本和减少碳排放。使用集装箱后,货主不再需要在每次转运时,逐个装载和卸载货物,也不用担心货物受损、被盗。美国地域广阔,卡车司机短缺,人工成本高昂,所以内陆地区很依赖火车运输。为了进一步提升火车的运载能力,美国在二十世纪八十年代推出了双层车厢,极大地提高了多式联运的效率,避免了公路拥堵。

虽然北美地区的多式联运发展了很多年,但其基础设施和信息化水平较为落后。2021 年,美国联合太平洋公司(Union Pacific)的列车平均速度只有每小时 40 公里,更为严重的问题是海运和铁路的承运人不愿意分享货柜的实时信息。卡车可以通过全球定位系统跟踪位置,但是集装箱船和铁路就很难。一趟火车什么时候发车,完全取决于铁路运输公司,而且信息透明化很差,这就形成了计划的黑洞。

铁路和海运公司都存在这种情况,信息的可视性很弱,货主难以得到实时的货柜位置,也就无法预估货物抵达时间。造成这种情况的原因主要有三点:首先,铁路和船公司具有极强的控制权,而货主是处于弱势的,几乎没有话语权,只能接受安排。其次,这些传统物流业都有很强的垄断性,行业内的企业寥寥无几,缺乏竞争性导致铁路和船运公司都不愿意在数字化方面进行投资。最后,承运人对分享数据有许多顾虑,这会把他们薄弱的系统暴露在托运人面前。现在托运人对供应链可视性的要求越来越高,这将推动承运人提高信息化能力和服务水平,例如开发应用程序编程接口(application programming interface),便于托运人查询货物信息,提高客户的满意度。

3. 物流运输网络层次

运输网络分为三种,分别是物理网络、运营网络和战略网络,它们是从具体到抽象,颗粒度从小到大排列的。

1)物理网络

从起点到终点的实际路线就是物理网络,也是运输的基础数据和输入物。我们在物理网络层面研究具体的运输方案(卡车、海运或是铁路)、节点、运输服务商和承运人等细节问题。在出口海运的场景中,物理网络可以是货物从 C 公司工厂运至宁波码头的具体路线,也可以是在目的地港口卸货后,货柜运送到 D 公司工厂的路径图。

2)运营网络

运营网络比物理网络更为抽象,有四个主要的要素,分别是装卸货地点、干线长途运输、区域短途运输和分拣货物,如图 4-16 所示。

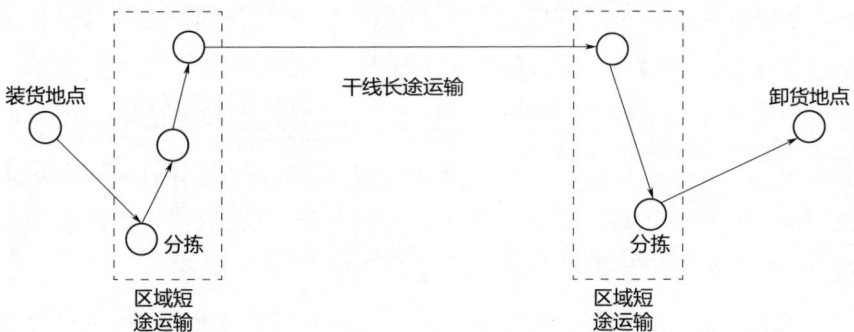

图 4-16 运营网络

162

干线长途运输是港口、城市之间的主干路运输,例如从宁波到洛杉矶港的海上运输。区域短途运输是在区域内的多个站点和港口内的装货、卸货活动,例如在中国、韩国和日本等地的港口装货柜,然后在加拿大和美国的港口卸货。如果是拼箱,就需要在集装箱堆场拆箱分拣。

在运营网络中的每个节点,我们需要决定下一段运输的模式。举个例子,集装箱在北美的港口卸货后默认使用火车运输到内陆城市,但如果遇到紧急情况,就会终止原定的计划,改为使用卡车运输,这样可以节省数天的时间,让货物更早抵达目的地。节点之间的弧线代表这段运输采用的方式,以及相关的距离和成本。

3)战略网络

战略层面网络的主要作用是供决策使用,它只保留最为关键的信息,包括节点名称、运输成本、方式和所需时间,这将是管理者重点关注的问题,也是下一小节详细介绍的内容。

4.2.2　国际贸易运输费用计算案例

继续上一节的内容,我们还是以货物出口美国为案例,探讨在战略网络层面,几种方案的运输费用计算问题,以及运输时间对库存的影响。

1.案例详细介绍

中国浙江慈溪市的 C 公司向美国芝加哥的 D 公司出口一种汽车零部件,贸易条款是工厂提货 EXW,由后者负责全程运输,在提货后,库存的所有权完成转移。根据 D 公司的财务规则,库存转移之后,需要计入运输在途库存,它是原材料库存的一部分,是已经预订的、尚未到达仓库的存货,将会被纳入库存考核指标。企业在统计库存时,不仅是看仓库里的实物存货,而且要算上所有权已归属企业的那部分库存。

出口商品是汽车轴承,它的年需求量等相关信息见表 4-8。

表 4-8　汽车轴承出口信息

年需求量(件)	1 000 000
每个 20 英尺集装箱内装运商品数量(件)	20 000
商品单价(美元/件)	15
每个集装箱货物价值(美元/集装箱)	300 000
年度持有成本百分比(%)	0.15
一年中的天数(天)	350

年度持有成本是 D 公司财务定义的百分比。一年中的天数是 D 公司去掉法定假期后全年运营的天数,每家企业会根据自身情况设定天数。

商品的年需求量是 100 万件,每个 20 英尺集装箱内可以装 2 万件,每年需要运输的集装箱数量等于 50 个。如果每个月都安排出货,那么月平均出货柜的数量约是 4.2 个,数量可以四舍五入或向上取整,每月出货 4 或 5 个柜子。

D 公司目前有几个运输方案,见表 4-9。

表 4-9　D 公司的四种运输方案

方案	运输方式	全程运输天数(天)	每个集装箱运输成本(美元/集装箱)	每个集装箱总成本(美元/集装箱)	每个集装箱内装运商品数量(件/集装箱)	每件商品物流成本(美元/件)	年度成本节省(美元)
1	空运	10	150 000	450 000	20 000	7.50	7 200 000
2	海运+卡车	30	15 000	315 000	20 000	0.75	450 000
3	海运+铁路快速服务	60	8 000	308 000	20 000	0.40	100 000
4	海运+铁路常规服务	90	6 000	306 000	20 000	0.30	0

在第一种方案中,D 公司使用空运,把货物从上海机场空运到芝加哥机场,全程门到门运输只需要 10 天。整个货柜 2 万件商品全部空运

的费用假设是 15 万美元,货物本身的价值是 30 万美元,集装箱总成本是运输费加上货值,等于 45 万美元。每个集装箱可装载 2 万件商品,分摊到每件商品上的物流成本是 150 000÷20 000＝7.5（美元）。

在第二种方案中,货柜先通过海运到北美港口,然后装上卡车直接送到芝加哥,总共需要 30 天。第三种和第四种方案都在港口卸货后,使用铁路运输到芝加哥车站,区别是第三种方案用了更快速的火车服务,全程运输需 60 天,而第四种选用较慢的常规运输服务,需要 90 天。每件商品物流成本的计算过程是一样的,都是用集装箱运输成本除以 2 万件商品,显然最后一种方案的单位物流成本最低。如果考虑一整年的运输量,第四种运输方案和其他方案相比,至少可以获得 10 万美元的运费节省。

2. 运输时间对库存的影响

如果仅从物流成本角度看,第四种方案有着巨大的优势,一整年下来至少能省 10 万美元,这不是一笔小数字。省下来的钱就是企业的净利润,相信很多管理者会选择这个方案。凡事都有两面性,第四种方案虽然价格低,但是运输时间是最长的,需要 90 天。我们在之前的章节多次提到,库存是持有的成本,商品的年度持有成本＝年需求量×每件成本×年持有成本百分比。

成本模型里有商品的采购和库存持有成本,采购成本包含商品价值和运输费,这样就构成了较为完整的成本结构,如图 4-17 所示。

以方案 1 空运模式为例,采购成本是商品价格加上运输费用,等于 45 万美元。库存持有成本是在货物采购成本基础上乘以 15%,考虑运费是采购费用的一部分,它应该是有成本的。运输费是 D 公司用于商品流动而付出的费用,只有在商品售出以后,才能把这笔钱收回来,它也占用了企业的流动资金。运输是无形的服务,也是供应链管理活动中的成本,不应该被忽略。因此,在计算每个集装箱货物的持有成本时,需要把运输费用也考虑在内,这样思考问题才更加全面。

每年的采购成本是用每个集装箱货物的总成本乘以每年出货的货

=D2+300 000

=E2×0.15　=E2×50　= (F2×G2×C2) /350　=H2+I2

	A	B	C	D	E	F	G	H	I	J	K	L	M
1	方案	运输方式	全程运输天数(天)	每个集装箱运输成本(美元/集装箱)	每个集装箱总成本(美元/集装箱)	每个集装箱持有成本(美元/集装箱/年)	年度集装箱出货数量(集装箱/年)	每年采购成本(美元)	每年库存持有成本(美元)	每年总成本(美元)	每个集装箱内装运商品数量(件/集装箱)	每件商品物流成本(美元/件)	年度成本节省(美元)
2	1	空运	10	150 000	450 000	67 500	50	22 500 000	96 429	22 596 429	20 000	7.60	7 296 429
3	2	海运+卡车	30	15 000	315 000	47 250	50	15 750 000	202 500	15 952 500	20 000	0.95	156 500
4	3	海运+铁路快速服务	60	8 000	308 000	46 200	50	15 400 000	396 000	15 796 000	20 000	0.80	0
5	4	海运+铁路常规服务	90	6 000	306 000	45 900	50	15 300 000	590 143	15 890 143	20 000	0.89	94 143

年需求量（件）	1000 000
每个20英尺集装箱内装运商品数量（件）	20 000
商品单价（美元/件）	15
每个集装箱货物价值（美元/集装箱）	300 000
年度持有成本百分比（%）	0.15
一年中的天数（天）	350

= (J2/1 000 000)−15

图 4-17　运输成本结构

柜数量，在第一个方案中就等于 45 万乘以 50，得到了 2 250 万美元。下一步要计算出每年库存持有成本，即：

每年库存持有成本＝(每个集装箱持有成本×年度集装箱出货数量×全程运输天数)÷350 天

＝(67 500×50×10)÷350

＝96 429(美元)

每年的总成本是采购和库存持有成本之和，即：

方案 1 每年的总成本＝22 500 000+96 429＝22 596 429(美元)

最后来计算每件商品物流成本，即：

每件商品物流成本＝(每年的总成本÷年需求量)－商品单价

＝(22 596 429÷1 000 000)－15

＝7. 60(美元)

根据同样的计算方法，可以得出另外三种方案的单价商品物流成本，成本最低的是第三种方案，海运加上铁路快速服务的模式，一年可以节省 9. 4 万美元。

3. 为什么不使用 DDP 条款

单从运费来看，显然第四种方案最节省，如果把库存持有成本考虑在内，第三种方案物流成本最低。D 公司签订的是 EXW 条款，在 C 公司工厂提货后,库存所有权就完成了转移,库存的持有成本需要纳入考量。

或许有人会提出问题,"为什么 D 公司要用 EXW,使用 DDP 条款不就没有库存持有成本的问题了吗?"

1) 从总体成本角度看

表面上看是这样的,在 DDP 术语下,卖方需要承担全程的运费和清关费用,可以选择自己的货运代理。如果卖方的出货量较小,例如 D 公司每个月出货量只有 4~5 个 20 英尺柜,很难从货运代理拿到优惠的费率。

在 DDP 条款下,卖方会把运费包含在整体的销售报价中,所谓"羊毛出在羊身上",买方最终会吸收这部分的费用。虽然买方承担了最小的责任,但是也失去了一个降低成本的机会。一般来说,大宗采购的买方有实力整合全部的货量,有实力与货代、甚至是船公司来议价,拿到一个较低的价格,所以,大型的跨国集团往往采用 EXW 条款和卖方来签订合同。此外,大公司总部可以实施各种物流运营改善项目,持续优化各项成本。

2) 从运输可靠性角度看

在 DDP 条款下,由于货运代理是卖方指定的,买方缺乏对运输的直接控制,货物什么时候到目的地,完全由卖方决定。买方虽然对到货时间有要求,但是在实际操作中总会遇到一些问题,例如卖方为了节省运费,选择了海运时间较长或是服务比较差的货代。一分价钱一分货,头部的货代公司收费高,但在时效性方面有保障,而报价便宜的货代,往往时效性较差,服务水平也欠佳。买方很难能够控制卖方的货代,因为二者之间并没有合同关系。供应商的供应商,未必就是你的供应商,很难控制对方。运输过程中一旦出现意外状况,如集装箱需要在第三地港口进行中转换船,买方是没法控制的,到货的时间难以得到保障。为了更好地掌控库存和运输,大型企业更倾向于使用 EXW 术语。

4. 部门墙的阻碍

部门墙是企业内部之间阻碍各部门、员工之间协同合作的一堵无形的"墙",特别容易出现在大型企业里,因为大公司的组织结构复杂、职责分工明确。

在国际海运的案例中,虽然第三种方案的总体物流成本最低,但其中有库存持有成本,而在大企业里,运费和库存可能是由两个部门来负责的。运输费用是集团总部物流运输部门的考核指标,而库存是业务部门的 KPI,这两个部门如果是平级的,且没有共同的汇报线,很可能是各干各的,都是从自身利益最大化角度出发,仅采取对本部门有利的行动。运输部门会敲定第四种方案,也就是运输时间最长的模式,因为它的运费最低,而库存的持有成本不在考虑之内。

业务部门为了更快地响应市场,也许会使用第二种方案,即海运加上卡车直送的模式,但这样做可能会导致运费预算超标,让物流部门很头疼。

只有从全局角度出发,选择总成本最低的方案,兼顾各个利益相关者的指标,打破"部门墙",才能实现整体绩效最优。

4.3　企业运输管理改进路径图

运输是供应链管理中重要的环节,既涉及客户满意度,也关系物流成本。企业需要从运营操作层面优化改进运输活动,例如减少运输费用、提高车辆装载率、提高卡车利用率,以及减少二氧化碳排放。想要系统性地降本增效,运输管理者需要使用一套持续改进体系,借助数据分析和其他工具,逐步完成各项任务,达成优化的目标,如图 4-18 所示。

| 01 了解现状 确定未来 | 02 优化路线 和效率 | 03 实施改进 和新标准 | 04 跟踪、解 决异常 | 05 持续改进 精益求精 |

图 4-18　运输降本增效持续改进路径图

每一个步骤有更加细化的活动,使用这套改进框架可以让管理者全面认识改善机会,系统性地解决运输低效率、高成本的问题。

4.3.1 步骤之一：了解现状，确定未来

第一步是"知己"，即了解目前的情况，然后确定以后要改善的方向，如图 4-19 所示。

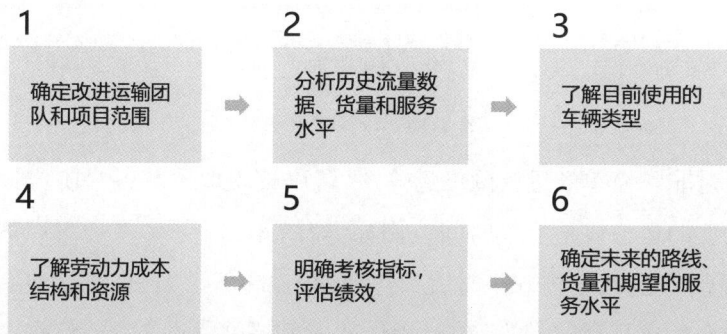

1 确定改进运输团队和项目范围	2 分析历史流量数据、货量和服务水平	3 了解目前使用的车辆类型
4 了解劳动力成本结构和资源	5 明确考核指标，评估绩效	6 确定未来的路线、货量和期望的服务水平

图 4-19　运输改进路径图步骤之一：了解现状，确定未来

1. 确定改进运输团队和项目范围

①如同其他供应链管理改善项目，运输改进也需要从确定项目团队和范围开始。团队一般由高级经理或是总监级别的员工带头，各个利益相关者需要指派人员配合协作，如有必要，可以聘请外部顾问协助。团队人员要明确各自的分工，是项目领导者，还是重要的团队成员，或是仅提供简单支持的人员。领导者要设置每次回顾会议的具体时间，提前预订团队成员的时间。不同人员对项目的时间投入是不同的，领导者需要花费最多的时间在项目上。

②团队组建后，就需要确定改善目标和项目范围，目标通常是降本增效，项目范围决定具体的活动和可能获得的成本节省。

运输活动贯穿于整个端到端供应链，从原材料采购入库、成品发往配送中心总仓、到区域仓库分仓、到各级的经销商，甚至还有电子商务渠道直发消费者。项目小组很难改进全部的活动，需要根据业务情况，选择其中部分活动。

2. 分析历史流量数据、货量和服务水平

可以使用画图的方式来描绘业务现状，如图 4-20 所示。

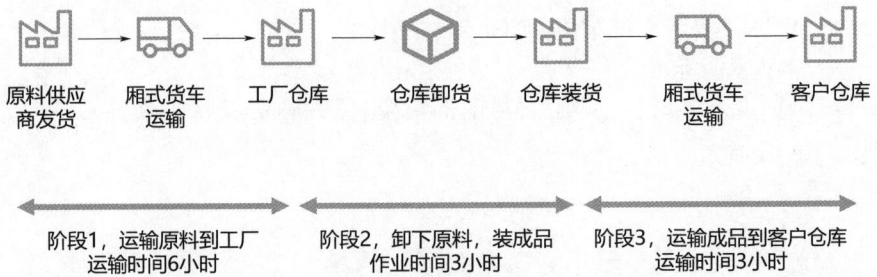

阶段1，运输原料到工厂   阶段2，卸下原料，装成品   阶段3，运输成品到客户仓库
运输时间6小时   作业时间3小时   运输时间3小时

图 4-20　业务现状图

通过非常简单的运营网络运输图，可以直观地了解各个阶段运输活动所需要的运输或是前置时间。例如，如图 4-20 所示，先是安排货车在供应商仓库提货，运输 6 小时后到达仓库；在卸下了原料后，立即装上已经包装好的成品，整个卸货和装货作业时间是 3 个小时；最后前往客户仓库送货，需要 3 个小时。全部过程平均需要 12 个小时，频率是每周一次。

3. 了解目前使用的车辆类型

需要收集各条运输线路使用的车辆类型。不同的产品、线路和客户对车辆有各自的要求。例如，金属零部件受潮后会生锈，不能用于生产加工，运输过程要使用全封闭的厢式车，不能用开放式的高栏车。如果运输产品是危险化学品，必须使用特殊车辆。

4. 了解劳动力成本结构和资源

涉及运的劳动力成本主要是仓库和运输团队。仓库团队包括负责装卸货的操作工人、叉车驾驶员、理货人员，他们是直接人工，仓库经理和文职人员不直接参与现场活动的人员是间接人工。运输团队的直接人工是卡车驾驶员和现场协调员，运输经理和计划员属于间接人工。

5. 明确考核指标，评估现有绩效

这是一场关于考核指标的自问自答，主要的问题有以下这些：

1）是否可以接受现有的关键绩效指标

换句话说，我们现在的表现是否令所有人满意，工作的成果是否已

170

经足够好了,或是仍有改善的潜力。

2)要求的标准或是目标是什么

起初设定了标准和目标,随着时间推移,员工们可能逐渐地偏离了标准,不再遵循流程做事,导致结果不如人意,所以要重新唤起标准的意识。

3)KPI 是否衡量到所有相关的活动

KPI 需要衡量重要的活动,并且把结果量化。常规的 KPI 包括:

①车队的时间利用率。

②车辆的装载利用率。

③准时取货率和交货率。

④客户索赔率。

⑤交付时间的可靠性。

⑥运输中的二氧化碳排放量。

⑦停留等待时间。

⑧运单的准确性。

⑨可追踪货物的百分比。

⑩在保持目标客户服务水平的情况下,通过合并运输而节省下的费用。

6. 确定未来的路线、货量和期望的服务水平

项目团队开始讨论未来的运输管理前景,根据过去表现、货量和服务水平,思考未来要实现的目标,以及具体实施的改善项目,例如缩短运输时间或是卡车等待时间。团队在进入项目的下一个步骤前,还需要确认几个问题,包括:

①未来的目标是否已经得到利益相关者的批准?

②未来的服务水平是否已经获得利益相关者的认可?

③未来的 KPI 是否已经在组织内部充分沟通过了?

在获得一致意见后,改进项目会继续推进下去。

4.3.2　步骤之二：优化路线和效率

这是重要的一个阶段，项目小组要找到运输绩效欠佳的原因，通常是路线或流程设置不合理，此阶段的输出为描绘运输路线，提出一份改进的计划，如图 4-21 所示。

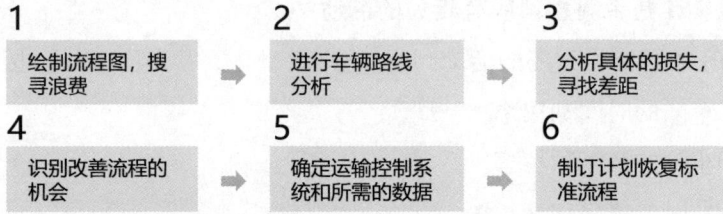

图 4-21　运输改进路径图步骤之二：优化路线和效率

1. 绘制流程图，搜寻浪费

这项活动是还原现有流程，绘制成流程图，然后寻找各个环节中的浪费。仍然以运输管理流程图为例，可以在图上使用不同颜色的圆圈，来表示流程是否合理或是需要改进，如图 4-22 所示。

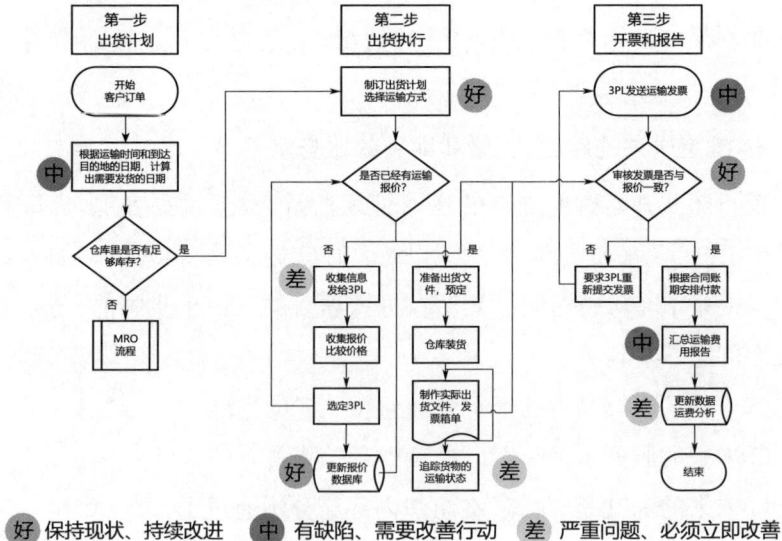

图 4-22　识别流程的缺陷

如何识别浪费？根据精益的思想,消除浪费活动就可以提高企业盈利能力。丰田生产系统和精益生产奠基人之一的大野耐—将浪费分为七种类型,分别是:

1）运输移动

这种类型的浪费是指移动物料,而这种移动并没有为产品增加价值。过度的物料移动会带来额外的成本,并可能对产品质量造成损害。例如生产线和包装车间不在同一栋建筑里,搬运的距离太远导致了浪费。

2）库存

过多的库存不能满足客户的需求,也不能增加价值,它们只会增加储存和折旧成本。搬运设备,例如叉车的使用率过低会变成冗余的设备库存。许多企业选择租赁而不是购买设备,就是为了更加灵活地利用资产。

3）运动

一些员工或机器的运动,既复杂又没有必要,延长了生产时间,属于浪费活动。工人应该使用尽可能少的动作来完成他们的工作。可以把人的动作细分为一个个微小动作单元,例如抬头、伸手、弯腰、转身等,通过分析,找出不必要的动作,从而减少浪费、提高仓库工人包装和装卸工作的效率。仓库可以使用交叉转运的模式来减少货物上架、分拣和发货的多余运动。

4）等待

每当物料或工作任务没有移动时,就会出现"等待的浪费",它很容易被识别,因为在等待时,工人什么事也做不了,如等待装卸货的卡车、等待修理的设备。等待造成的浪费是巨大的,是重点要优化的对象。

5）过剩生产

丰田的精益思想对于过量生产的浪费是深恶痛绝的,他们认为客户不会承担任何过剩的商品。过剩生产还会引发其他的六种浪费,因为过量的产品会造成额外的运输、过多的运动、更长的等待时间等。

6）过度加工

这种类型的浪费通常反映在一些不能带来额外价值的工作上,或者它带来的价值超过了用户的要求。过度的产品包装不会带来价值,在经过客户确认同意后,可以简化包装,缩短打包的工作时间。

7）缺陷

在运输过程中,由于包装设计、产品、路况等原因,会造成产品外观或功能上的不良缺陷,客户会要求退货,货物返回仓库后,根据不良的严重程度,轻则要重新返工,重则直接报废。

2. 进行车辆路线分析

可以使用运输模型分析工具软件来发现低效率的线路和改善的机会。软件使用了许多参数和约束条件,改进团队要在各种方案之中寻找一个相对的最优解,绝对的最佳解决方案是很难找到的。软件可以在较短的时间内完成详细的分析,并运行假设情况,效率比手工计算要高很多。关于运输车辆路线的内容会在后面的章节详细介绍,此处暂且略过。

3. 分析具体的损失,寻找差距

根据此前识别的各种不增值的浪费,项目团队要分析具体的损失,思考效率损失是如何发生的,通常会有以下几种情况:

①卡车装货时间过长:货物没有使用托盘,或是叉车出现故障,只能使用人工搬运装货。

②卡车等待时间过长:卡车已经停在仓库门口,但是货物没有完成包装,甚至还在生产线上加工。

③交通拥堵:遇上道路拥堵、维修,或是车辆限行的情况。

④客户仓库卸货时间过长:客户仓库里没有合适的卸货设备,缺乏卸货人员,送货司机只能等待。

通过数据收集、失效模式分析和量化的损失分析,基本可以锁定问题的根源。

4. 识别改善流程的机会

当具体的效率损失原因被查明后,项目团队就可以识别出改善的机会。如果卡车排队时间很长,潜在的改进点是想办法提高卸货效率,减少车队等待时间。如果卡车送货时遇到道路堵塞,就应该在出发之前规划好路线,避开经常会拥堵的路段。当司机到达客户仓库时,货物通常需要在指定的时间内卸货,否则货车会被滞留在仓库,降低了车辆运营效率。为了改善进出堆场的货物运转,提高效率,可以考虑使用堆场管理系统。

5. 确定运输管理控制系统和所需的数据

运输中有许多节点,从原料收货开始、成品发运给客户、客户仓库返回空的包装箱,最后回到自家仓库。如何控制这些节点?需要通过哪些数据来进行控制?已有不少的软件和硬件服务商提供了解决方案,车载卫星导航、运输路线优化软件、货物无纸化电子签收等系统都在帮助企业加强运输控制,同时为企业提供所需的数据。

6. 制订计划恢复标准流程

制订恢复标准的详细任务计划,并让项目团队和利益相关者清楚地了解进展情况,可以使用甘特图等工具标注出项目完成进度。此外,项目小组可以使用目视化看板或是数字化工具沟通工作情况。

4.3.3 步骤之三:实施改进和新标准

此阶段的目标是实施改进的行动,并且努力恢复绩效表现和标准,输出结果是通过跟踪各项 KPI,确保标准已经达到要求的水平,如图 4-23 所示。

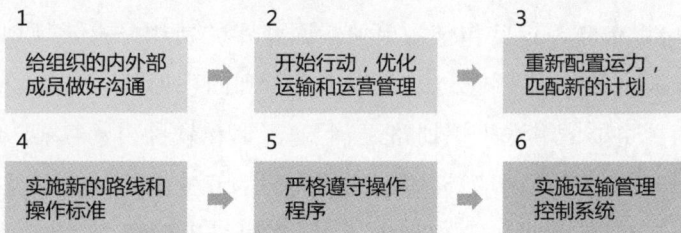

图 4-23 运输改进路径图步骤之三:实施改进和新的标准

1. 给组织的内外部成员做好沟通

在实施改进之前,最重要的事情是做好内外部的沟通,让所有的利益相关者意见保持一致。如果事先没有沟通好,一旦在实施中损害到某些职能人员的利益,恐怕会给组织的协同造成消极的影响。不管是哪一类的改进项目,在执行时都必须牢记这点。沟通要有一个明确的过程,以让利益相关者们逐渐参与其中,从知道到理解,然后接受,最后承诺,这样能够让项目进展得更加顺利。

重要的沟通因素包括:

①清晰的目标和要求。

②对于业务改进的承诺。

③始终保持良好的沟通。

与此同时,项目团队要思考这几个问题:

①需要和哪些团队进行沟通?换句话说,要找到能够起决定性作用的人。

②每次沟通的目的是什么?这是为了提高效率,避免无效的会议。

③由谁来负责协同沟通?通常是项目经理或是更高级别的管理者。

2. 开始行动,优化运输和运营管理

上一个步骤已经识别出改善的机会点,现在要付诸行动。

如果问题点是车辆返程空载,那么可以有效规划送货,通过优化回程为公司节省成本。例如,零售商使用配送中心向当地的客户供应产品,完成配送的卡车要返回配送中心,装载新的一批货物后继续配送给其他商店。如果零售商使用卡车将可重复使用的塑料包装箱带回配送中心,则可以节省将这些包装物单独运回仓库的费用。有效规划路线是企业节省成本的一个关键方法,可用于交付和回程运输。

有两种主要的方法来规划路线:手动计算和软件自动模拟。手工计算仅适用于非常简单的场景,例如城市周边的几家客户的送货路线。通常情况下,运输路线可能有成百上千条,需要借助软件自动模拟进行优化。软件使用数学模型提供多个路线选择,并对其进行评估,在多种模

式下执行货物跟踪、运费结算，以及更复杂的规划和执行。TMS 生成的结果以数字化形式展示给使用者，帮助货主快速决策。使用 TMS 可以帮助企业减少 6% ~ 10% 的货运成本。使用 TMS 还可以减少文件处理的错误，增加整个运输网络的可见性。

3. 重新配置运力，匹配新的计划

运输路线经过优化以后，项目团队需要检查现有的运力资源是否可以匹配新的计划。理想中的状态是运力和车辆类型与货量相符，但实际情况是运力不足或是过量。前者可以通过增加资源解决，后者就需要使用更加灵活的运输方案，不能拘泥于原有的规定。假设给社区里的便利店送货，使用大型货车是不合适的，因为它更适用于总仓库和分仓库之间的运输。

4. 实施新的路线和操作标准

确认了资源后，企业可以开始实施新的运输路线，推行标准操作流程。通过优化软件可以规划出效率更高的路线，每次系统会重新评估需求，可能会提供出不同的路线和时间表。

优化软件的一些优势包括：

①减少所需的车辆。

②减少运输距离和运行成本。

③通过更一致和可靠的交付时间表，提高客户服务水平。

④采用更严格的约束管理，减少交通违法行为。

⑤快速生成和调整运输时间表。

⑥增加提出分析报告的能力。

5. 严格遵守操作程序

再好的标准，如果不遵守也是空谈。运输最重要的是安全，尤其是车辆的各项安全检查。司机在出车之前，需要根据标准的检查清单逐一核查，例如是否有漏油、车灯、反光条、雨刮器、制动系统、轮胎等事项都要仔细检查。

6. 实施运输管理控制系统

为了更好地控制运输过程,企业可以使用 TMS 系统进行管理。TMS 不仅可以规划物流运输网络战略,而且也能执行日常运作。TMS 可以跟踪车队运力使用情况,优化分销网络,获得运输成本的洞察,并和第三方物流服务商谈判更优惠的价格。TMS 可以在运输过程中跟踪货物所在位置,提供库存的可视性。选择正确的 TMS,并正确使用它可以帮助企业降低成本,提高效率。

4.3.4 步骤之四:跟踪、解决异常

第四阶段的主要任务是跟踪运输活动中的异常情况,为此企业需要建立一套跟踪的机制,先要记录下每次的异常情况,然后使用一系列的方法解决问题,恢复正常运行标准,如图 4-24 所示,这些活动是持续性的,目的是让流程更加稳定,在此基础上,企业才有机会实施其他的改进项目。

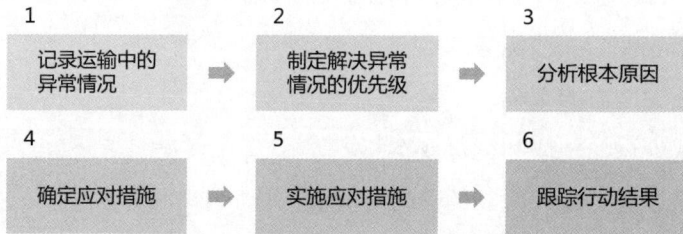

图 4-24　运输改进路径图步骤之四:跟踪并解决异常情况

1. 记录运输中的异常情况

企业需要监控生产运营的过程。在制造企业里,生产计划员会统计每个班次实际产出的数量,与目标进行对比,记录损失的产量和问题原因。运输运营亦是如此,运输团队可以使用表 4-10 登记每次运输活动,标准的运输时间应该何时送达,例如给客户送货正常情况下 2 小时之内到达;对于超出标准时间的部分要进行调查分析,写下导致异常问题发

生的原因,例如车辆故障、道路拥堵等。

表 4-10　异常问题统计表

编号	运输流程活动	负责人	标准运输时间	开始时间	预计结束时间	实际结束时间	问题/损失时间
1							
2							

　　运输团队需要使用 3W 工作表明确具体分工,3W 分别指的是 what (做什么事)、who(由谁负责)和 when(什么时候做),详细活动见表 4-11。

表 4-11　what、who 和 when 工作表

编号	what(做什么事)	who(由谁负责)	when(什么时候做)
1	记录异常情况	运输计划员	异常发生后
2	分析运输异常	运输经理和计划员	每周
3	制订对策计划	运输经理和计划员	每周
4	跟踪后续结果	运输计划员	每天

2. 制定解决异常情况的优先级

　　运输经理需要根据异常情况的严重性进行排序,优先解决对业务造成最大影响的问题。管理者可以使用异常影响销售订单的金额大小,或是客户的重要性程度排序。在资源有限的情况下,制定合理的优先级,集中力量处理最为关键的问题是最有效的工作方法。

3. 分析根本原因

　　鱼骨图和 5why 分析法是很实用的工具。以运输车辆空闲问题为例,闲置的车辆就像停下来的机器设备,只会产生折旧,不会给企业带来收入。运营卡车理想化的状态是每个工作日都在运输货物,而不是停在车库里。鱼骨图的示例如图 4-25 所示。

　　分析空闲问题可以从以下几个方面入手,分别是:

　　①人员(人):司机请假,导致人力资源不足。

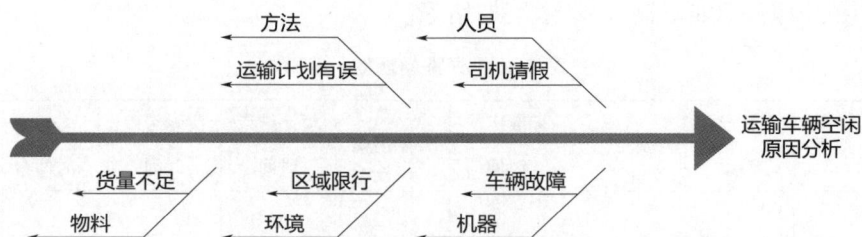

图 4-25　鱼骨图分析法

②车辆(机)：车辆有故障，无法出车。

③货运量(料)：没有足够的货量，安排运输不经济。

④运输计划(法)：装货和卸货的计划还没有做好。

⑤交通法规(环)：送货区域有交通限行，卡车只能在晚上 12 点后进入。

使用鱼骨图可以初步掌握情况，为了深入了解根本原因，还要用 5why 分析法。5why 是用来识别和说明因果关系链的，目的是解决根本原因以防止问题重演。为了识别真正的问题根源，就要把问题的因果关系捋清楚，这非常考验人的逻辑思考能力。提问者需要通过不断提问前一个事件为什么会发生，直到没有更好的理由为止，此时提问者会有一种豁然开朗的感觉。5 个 why 不是一定就要连问 5 个问题，有可能问了 1 个问题就直接击中命门，也有可能连问 10 个都没找到根源。

4. 确定应对措施

应对措施可以分为两种。第一种是预防性(preventive)行动，它是指在影响运输效率的事件发生之前采取的措施，目的是积极主动地作出反应，而不是等到问题发生时才行动。例如在卡车安排送货之前，先调查一下送货目的地的道路环境，是否有交通管制等。第二种是纠正性(corrective)行动，即当运营偏离计划或出现错误时，我们要纠正错误，消除不良影响。两种行动是从事前和事后的角度分别采取应对措施，这是质量管理体系中经典的方法。

5. 实施应对措施

在确定了对策后，运输团队就要根据优先顺序开展行动，例如确定最有效的路线来节省时间和燃料。针对货运量不足，团队可以和没有竞争关系的公司协作，提高交付和返程车辆的装载率。

6. 跟踪行动结果

应对措施实施后，要跟踪运营结果，经过数据分析，得知哪些行动是有效的，哪些问题还没有彻底根除。如果错误重复发生了，可能有两种情况，首先是应对措施没有实施到位，其次没有找到根本原因，导致无法对症下药。

4.3.5 步骤之五：持续改进，精益求精

这是最后阶段，但是改善活动是没有终点的，应保持不断进步的态度，把工作做到精益求精，如图 4-26 所示。

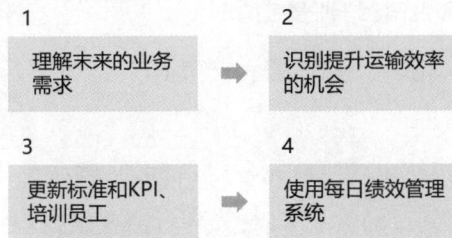

图 4-26 运输改进路径图步骤之五：持续改进，精益求精

1. 理解未来的业务需求

管理者需要了解企业未来的发展战略，然后制定自己部门的目标。如果企业明年的任务是进一步削减运营费用，运输成本也应相应地降低，运输经理要考虑减少运费的方法，可以通过招标降价。如果企业明年决定要加强客户订单响应速度，就需要新设立区域的配送中心，此时就要筹划新仓库的选址。如果大客户要求更加缩短补货间隔时间，需要考虑增加运输频次。外部环境一直在变化，运输负责人要适应新形势，把握新要求。

2. 识别提升运输效率的机会

运输经理可以评估企业现状，看看企业目前处于哪一个级别，识别可以进一步提升效率的机会，见表 4-12。

表 4-12 提升效率的级别

提升类型	第一级	第二级	第三级
运输计划协同	仅在企业内部制定了计划,缺乏与外部伙伴的协作	与外部客户协同了运输计划	与外部客户和供应商都实现了协同
车辆装载率	仅在送货环节最大化装载率	与客户合作,送货和返程共享资源	与客户和供应商合作,使用网络规划,每趟运输都实现最大满载率
运输管理系统	孤立的系统,无法对接其他系统	部分对接其他客户的系统,仍需手工操作	全自动对接客户和供应商的系统
运输网络设计	仅设计了企业内部运输	与外部客户整合,共同设计网络	与外部客户和供应商整合,共同设计网络

3. 更新标准和 KPI,培训员工

当外部环境变化后,原有的标准和 KPI 需要进行更新,保持与时俱进。

管理标准分为三个步骤:首先是更新标准,然后是发布,最后是跟踪结果。除了此前提到过的常规 KPI,管理者需要根据现状进行调整,例如加入灵活性,供应链要能够随着情况的变化而迅速调整,当某地因为发生自然灾害阻碍运输时,如何把货物运进或运出该区域。

培训员工可以帮助企业始终保持标准,并获得由下而上的创新能力。如何高效地对员工进行培训,使他们听得懂、记得住、学得会?除了培训内容要有针对性以外,从知识传授,到技能传授,直至跟踪学习进度,整个培训过程需要系统性地设计,确保员工真正掌握操作的要领。

培训分为三个步骤:

1)培训师

由培训师讲解标准,播放录像,并做好指导的准备。

2)在岗培训

培训师示范如何做,并让员工做好准备。在培训师的指导下,员工试着动手实践。

3）在岗位上

员工独立完成操作，由培训师进行绩效跟踪。

通过多种多样的学习方式，包括观察听讲、动手实践和在培训师的指导下独立工作，学员们可以牢固地掌握新的流程要求。

4. 使用每日绩效管理系统

运输管理是每天都在发生的运营活动，因此需要建立一套每日的绩效管理系统。企业可以使用目视化看板记录前一日的运营结果，用绿色记号笔标注正常，用红色表示异常情况。运输经理通过每日例会，监控运营中的异常结果，这是在原有工作基础上把绩效管理做得更加细致，是持续精进的一种方式。

经过以上五个步骤的改进工作后，企业可以系统性地解决运输管理中的低效率、高成本问题。虽然我们面临的情况是复杂多变的，上述的某些方法未必适用，但是这套方法值得借鉴和学习。

本 章 小 结

这个章节首先讨论的是运输管理流程，通过一张完整的流程图，帮助读者梳理运输管理中的主要活动，并且与其他的供应链管理活动串联在一起，让读者理解运输绝不是独立的流程，在制定决策时，需要进行全盘考虑。

本书主要讲述运输和库存管理，因此两者之间的关联是重点内容，通过了一个案例为大家解释运输时间是如何影响库存的。运费较低的方案可能会导致更长的运输时间，从而造成总体成本更高，在决策的时候必须思考全部成本，而不是某一个方面的费用。

运输效率的提升是一项系统性的改进项目，它和库存改善的项目有异曲同工之妙，循序渐进地执行项目，可以帮助企业从根源上解决问题。

运输管理的内容先告一段落，接下来要介绍的是更高阶的运输网络规划、模型和算法问题。

第5章 运输网络设计、模型和算法

运输活动是供应链管理中的核心模块之一，它与采购、交付和制造活动都有密切的关联。运输费用在物流成本中占比很高，我们时刻都在思考如何用最少的钱来实现经营的目标，学习网络设计、模型和算法可以帮助读者懂得运输管理的核心内容，使用数据来提升自己的数字化思维能力，攻克降本增效的难关。

5.1 物流网络设计的概念和流程

在设计物流网络时，企业的目标是总成本低而又具有灵活性。过于复杂的设计会降低灵活性，而过于简单的模型难以提供可靠的物流服务，因此网络设计是一个微妙的平衡行为。

5.1.1 什么是物流网络设计

物流网络设计的目标是找到库存、仓储和运输成本的最佳组合，在要求的服务水平和成本条件下，提供必要的物流服务，从而为企业创造利润。

1. 点和线

什么是物流网络？简单来说就是点和线。点是节点，它可以是一个工厂或仓库，把两个点连起来就是线，所有的点和线组成了物流网络。

可能有读者会问了，"只有少数的专业人士才会用到物流网络设计，它和我们普通人有什么关系吗？"

其实网络设计就在我们的生活之中，可能大家没有觉察到，比如最短路径选择，驾车从 A 点到 B 点最短的路线是多少公里？手机上的导航应用程序能在一瞬间规划出好几条路线,分别列出所需的驾驶时间和距离,选定其中一条开始导航即可,这是一种最简单的网络设计应用,相信读者都曾使用过导航。

稍微复杂一点的是旅行推销员问题(traveling salesman problem)。销售人员跑业务要定期拜访负责区域内的多个客户,如何使用最少的时间或途经最短的距离,不重复地跑遍每个客户?这是一个时间成本最小化和效率最大化的问题,在生活中也会遇到。我很喜欢旅行,不参加旅行团,由自己设计路线、安排行程和预订酒店,充分地享受"自定义"的行程。

我在 2017 年春节期间,自驾游览了美国西部多个城市,度过了一个令人难忘的假期。美国很大,但我的时间有限,在行程设计上要覆盖所有想要去的景点,而且不能重复经过,最终回到入境的城市,返回国内。没错,这就是一个旅行推销员问题?我是怎么设计路线的呢?

首先在地图上把最想要去的地方都找出来。其次是制定行程的路线,从哪里出发,经过哪里,最终回到起点。合理的路线图是非常重要的,它可以帮助我们不走回头路,同时尽量走遍所有的地点。我的最终方案是从美国洛杉矶入境,接着向西前进,沿着著名的 66 号公路到达科罗拉多大峡谷;在绕过大峡谷的北侧后,向东行驶,来到拉斯维加斯;然后乘坐飞机前往旧金山,沿着风光如画的 1 号公路向南行驶,经过圣巴巴拉后回到洛杉矶,结束全部行程。这样一圈玩下来,不就是和旅行推销员一样吗?我在不经意之间解决了一个网络设计问题!

旅行路线规划是个人层面对网络设计的应用。在企业层面上,供应链的上游是原料供应商,下游是客户,中间是制造工厂、仓库和配送中心。物料在供应链上下游的节点之间流动,形成了多条物流线路,网络问题的核心就是物料的高效率流动和最小化成本。

2. 定期评估物流网络的三点原因

为了实现以上的目标,企业需要定期评估现有的网络,主要的驱动因素有以下三点:

1）成本压力

大多数企业都有成本压力,企业从物流运输中寻求降本增效是必然的选择。通过对现有的运输网络进行数据分析,就可能找出降低成本的机会。

2）市场变化

企业的经营市场环境是动态变化的,合并收购、新开设工厂和销售渠道都需要重新设计物流网络,特别是合并收购,会大幅增加节点和线路的数量,必须重新整合运输资源,使用规模效应降低费用。

3）贸易全球化

如果企业参与国际贸易,就会受到贸易全球化的影响,关税的调整将会对产业布局产生长期的影响。通过在低关税国家设立工厂,可以大幅降低营运费用。

在设计物流网络时,目标是总成本较低,同时兼具灵活性,这可以增加供应链的敏捷性,使之能够快速适应动态的环境。

5.1.2 物流网络设计流程的四个步骤

网络设计是一项系统且复杂的工作,我们可以使用项目管理的方法,在各个阶段完成相应的细分任务,获得该阶段的交付成果,然后进入下一个阶段,最终完成整个项目,如图 5-1 所示。

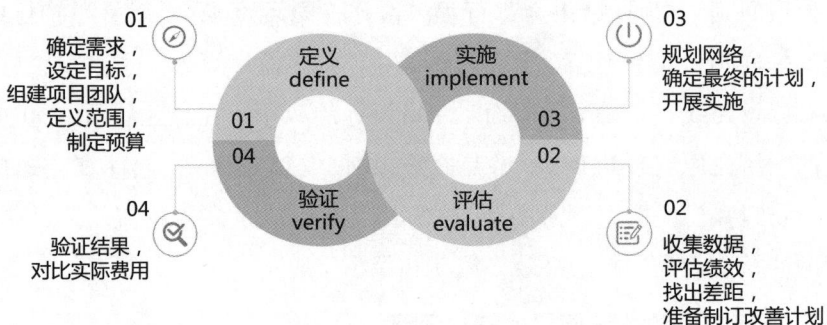

图 5-1 物流网络设计的流程

1. 第一阶段

关键任务包括：

①确定需求。有了需求，才会有驱动力，它可以是整合现有运输网络，也可以是拓展业务，成立新的工厂或设施。

②设定目标。不同的需求会带给项目团队不同的目标，整合线路是为了降低成本，新设配送中心是为了更快地响应市场，同时降低费用。

③组建项目团队。需求和目标明确后，可以组建项目团队，由供应链和其他相关人员组成，可能还有外部的咨询顾问参与。公司内部要任命一名项目经理，负责统筹规划，定期向管理层汇报项目进度。除了项目经理，企业还要任命一位高级管理人员为项目的"赞助者（sponsor）"，这个角色在整个项目中起到"承上启下"的作用，他向上为项目组争取高层的支持和各种资源，向下审核项目设计方案，反馈意见。项目团队在整合网络的过程中，难免会触碰既得利益者的"奶酪"，为了减少噪声干扰，项目的成功离不开赞助者的鼎力支持。

④定义范围。定义好范围后就有了边界，假如范围是优化国内段卡车线路，项目就不会拓展到国际运输方面，尽管这块也有许多费用可以节省，可惜不在本次优化的目标之内，可以列入下一个项目的备选清单，这样做的好处是避免了项目的延误和失败的风险。

⑤制定预算。如果项目涉及费用，例如咨询费和软件实施费用，还需要提前做好预算工作。

2. 第二阶段

一旦确定了项目团队，接下来就要开始收集各项数据，评估成本、交付时间和其他指标。评估现有网络运营情况可以使用以下步骤：

①收集业务信息和物流相关数据。包括货量、距离、运输频次等。项目组可能要花费大量的时间和精力收集数据，特别是在没有使用运输管理系统的情况下，所有的数据都存档在分离的 Excel 表格里，而且数据格式不统一，质量低下，仅是数据清理一项的工作量就相当惊人。绘制当前网络地图，使用节点和线路表示，然后描述各项运输活动的详细信

息,包括客户、运输模式、运输服务商、货量和费用等。

②根据行业标杆进行衡量和评估。例如同行企业物流费用占销售额比例约在 10%,如果自家企业数据大幅高于这个百分比,说明存在优化成本的空间。

③列出与标杆之间的差距,准备制订改善计划。

3. 第三阶段

经过定量的数据分析后,我们还要再结合定性的判断和现场考察,初步确定物流网络设计方案。关于具体如何规划网络,会在后续章节详细介绍,在此略过不表。

初步拟订的计划要递交管理层进行决策,可能会遇到挑战,被要求更改一些路线或是选址方案。在经过反复确认后,计划最终敲定,就可以开始实施。项目团队可以收集在实施中的经验教训,并在项目结束之前进行总结,完善流程,并运用在以后的项目上。

4. 第四阶段

一些物流网络项目在实施之前给高层承诺了运费节省,但是在项目落地后,这些降本是否真的实现了呢?我们要对实际结果进行验证。财务在收到运输服务商提供的发票后,对比项目实施前的支出,就可以获得最真实的数据。如果没有达到节省的目标,这表明估算出现了偏差,可能是项目组在设定目标时过于乐观,或是出于某种目的夸大了项目的收益。制定验证的机制可以约束项目负责人,让他不敢过度虚报业绩,如实反映网络优化项目可取得的成果。

在验证项目成功实施后,我们可以继续寻找下一个优化的机会,利用富有经验的团队和成功的方法,来为企业获取更多的物流费用节省。

5.2 运输网络设计入门

本节我会使用 Excel 为读者介绍物流网络设计的基础理念,使用大家最熟悉的电子表格来呈现其中的运算逻辑。虽然文中使用 Excel 进行说明,但它的功能毕竟有限,只能模拟理想化的、简易的场景,却不足以支撑复杂的现实场景。举个例子,Excel 的求解器都是考虑平面地图的二维坐标,两点之间都是直线,而我们知道现实中没有这样的环境。实际的交通情况是很复杂的,有各种限行或拥堵的路段,所以 Excel 不能执行优化的计算任务,我们必须使用专业的软件获得解决方案。

在学习运输网络设计之前,我们先要了解供应链中的约束。

5.2.1 供应链中的约束定义和关键点

我们在追求供应链最优解的过程中总会遇到各种约束条件,例如成本、产能、运输时间等。约束的定义到底是什么?

1. 什么是供应链中的约束

根据美国供应链管理协会(APICS)字典中的定义,约束是"任何的要素或因素,会阻碍一个系统实现更高水平的绩效表现,从而使系统无法达成原定的目标。约束可以是有形的事物,如生产加工中心,或是某种原材料。约束也可以是无形的,例如一些管理流程。约束还是一组在优化程序中不能违反的方程式之一"。这段话里包含以下三层含义:

1)有形和无形

约束的要素或因素可以是任何事物,例如定义中提到的生产加工中心和原材料,前者对应我们常说的产能,后者是让供应链持续运转的物料,这些就是有形的东西。相比之下,无形的约束就更多,如定义中提到的政策和流程。例如,工厂为了提高设备利用率,降低生产成本,一般会长期制造同一个规格的产品,这样就不会损失更换模具的时间,但是现在的客户需求都是小批量多品种,客观上不允许工厂一直生产同一种产品,这就是一种政策的约束。

2)其他类型的约束

除了有形和无形之外,约束还可以分成以下几类。

(1)数量

例如供应和需求。假设一家啤酒公司在某地有四个工厂,给四家客户配送。每家工厂的供应数量是有上限的,见表 5-1。

表 5-1　啤酒公司的供应数量

单位:瓶

工厂 1	工厂 2	工厂 3	工厂 4
2 130	2 860	3 800	2 140

每个客户的需求都要得到满足,否则就会损失商机,具体的客户需求数量见表 5-2。

表 5-2　客户的需求数量

单位:瓶

客户 1	客户 2	客户 3	客户 4
2 050	3 040	2 400	2 390

供应和需求就是数量方面的约束。

（2）时间

物流送货有时间窗口的概念,意思是需要在规定的时间段内,把货物送到指定目的地,提早或是延迟都不行。一般来说,配送时间越短的物流服务,收费就会越高,快递中当日件的收费肯定比隔天到的高。时间在运输过程中是一个约束。

（3）预算（钱）

有多少钱,才能办多少事。企业都要做运输的预算,到了月末、季末和年底都要核对是否超出了预算。如果运输费用超过了预算就很麻烦,负责人需要和高层去解释超支的原因。如果解释的理由很牵强,不能说服领导,后果可能很严重。同样的情况还有库存的预算,如果不能把库存控制在预算之内,供应链也会被领导时刻惦记,隔三岔五地被质问何时能把库存降下去,这种日子可不好过。运费和库存说到底都是钱,所以是非常重要的约束。

（4）人力资源

沿海发达地区的工厂全年都在招工,但依然存在巨大的劳动力缺口,人力资源已成为一个关键的约束。

3) 从数学角度看

定义中的最后一句话最难理解,因为这句话是从数学角度来谈的。"约束还是一组在优化程序中不能违反的方程式之一",优化就是要在已知条件中找出最优价,它可以是利润最大化,或是成本最小化。求解的公式有目标函数,还有多个决策的变量,要在有限的资源之中找到最优方案。在前文的啤酒案例中,如果目标函数是求得配送运费的最小值,也就是运费最低的解。决策变量就是从每个工厂分别配送给客户的啤酒数量,这是可变量,也就是表5-3中4×4的数字区域。例如,从工厂3配送客户1的数量是2 050,从工厂1配送客户2的数量是1 540。

表 5-3　啤酒公司配送方案

单位:瓶

	客户 1	客户 2	客户 3	客户 4	供应约束
工厂 1	0	1 540	0	0	2 130
工厂 2	0	0	2 400	0	2 860
工厂 3	2 050	1 500	0	250	3 800
工厂 4	0	0	0	2 140	2 140
需求数量	2 050	3 040	2 400	2 390	

供应能力是有约束的,也就是该工厂可供应数量的上限,例如,工厂1的最大供应能力是2 130,超过这个数量就没法提供了,只能从另外三个工厂调配商品,同样的道理也适用于其他工厂。每个工厂的供应能力不得超过它的上限数量,这就是约束"不能违反方程式"的意思了。这个场景还有其他约束,比如配送数量必须是整数,一般情况下,我们不能配送半瓶啤酒。另外配送数量不能为负数,这好像是一句废话,但从数学意义上是个约束。最后一点,所有的客户需求都要被满足,例如客户1的配送数量必须是大于或等于2 050。这样就构建了基本的约束。所有的约束在这个优化过程中都是不得违反的,否则就找不出最优解,这就是约束定义最后一句话的含义。

2. 约束的三个关键点

1) 约束是客观存在的

约束是客观存在的。约束理论的提出者高德拉特博士认为"在任何供应链或是生产流程中,总有那么一个,至少一个的约束存在,从而限制了这个过程的最大化产出。"我们可以思考自己的日常工作,就会发现许多约束。

一旦发生原材料供应短缺,就会造成价格上涨,采购预算则会超支。海上运输订不到舱位,运输还要被延误,送货时间窗口赶不上。工厂招不到工人,订单多得来不及做,只能往后推迟。约束比比皆是,所以在现阶段,制定供应链策略时必须考虑这些因素,我们不能忽视约束的存在。在接到新订单,确认交货期的时候,产能不是理论上的那个数字,需要根据实际人力资源配置打些折扣。库存也不是理论上能降到的那个数字,原料供应的不稳定,迫使我们要备一些额外的库存。

2) 约束会影响最优解的结果

从数学理论上讲,约束会影响输出结果。在有约束的情况下,实际利润要比无约束情况下的低,实际成本要比无约束情况下的高。因为约束的存在,让我们可以获得解的范围变小了,我们只能在比原先更小的范围内找一个相对最优的解,那么求出的结果肯定是比之前无约束时的要差一些。

这一点在现实中也是说得通的,例如海运费用这么高,我们只有付出更多的钱,才能拿到舱位,所以导致运输成本的上涨。因为我们的求解范围变小了,原来一个集装箱,从亚洲海运到美国的运费,从2019年的3 000美元,上涨到2021年的30 000美元,所以我们支付了更多的运费,在寻找运输成本最小化的过程中,可行性方案的范围小了,最优解也就成了次优解。

3) 约束越多,供应链越复杂

从操作层面看,约束越多,供应链就越复杂。美国港口经常发生罢工,导致部分码头停摆。货主不得不把集装箱转到其他码头进口,这加剧了周边港口的拥堵情况。货主要重新评估到货日期,避免出现断料停线的情况。由于要考虑的因素变多了,使得工作复杂程度也随之升高。

总结一下,约束是客观存在的,供应链中有许多约束条件,我们需要学会适应,理解其中的规律。约束会让供应链绩效的最优解的结果变差,随着约束数量增加,我们的挑战也会越来越多。供应链管理者要在有限的选择中努力找出最优解,帮助企业降本增效,这就是我们的价值所在。

5.2.2 供应链网络规划:最短运输距离和重心法

供应链的网络中有许多仓库、工厂、配送中心,这些就是节点。货物需要从 A 点运输至 B 点,完成某项增值的活动,然后再前往下一个节点,直至送到客户手上,这些节点之间就形成了线,也就是运输的路径。运输成本是和路径长度及货物重量成正比关系的,路途越远、重量越重,运费就越高。

供应链网络设计就是研究在满足需求的条件下,如何实现运费最小化的问题。本小节介绍网络设计中的两个模型,最短运输距离和重心法,它们基于平面空间,而且节点之间都是直线。当然现实情况不可能是这样的,地球是圆的,道路是曲折的。学习模型的目的是帮助我们了解网络设计的基本概念,培养逻辑思维能力。

1. 最短运输距离

假设张三经营一家进口食品公司,他的客户主要集中在杭州、南京和合肥这三个城市,客户每个月的需求量是相对稳定的,折合成货物重量分别是 1 000 kg、800 kg 和 600 kg。张三想要找一个配送仓库发货到上述城市,降低总体的运输成本。

1) 成本公式

运输成本的计算公式如下:

运费=货物重量×运输距离×费率

为了简化计算,假设在这个案例里的费率都是一样的,都是 1 块钱,且不考虑起步费用和其他的计费因素。实际中费率的计算是比较复杂的,因为本文介绍的是网络模型而不是运输费率,所以就简化处理了。这样一来,运费就等于货物重量乘以运输距离。正如前文介绍的,案例基于平面空间,节点之间都是直线,求解的目标就是从仓库到三座城市的直线距离,分别乘以货量总和的最小值,计算公式如下:

$$运费最小值 = \sum 货物重量 \times 运输距离$$

如图 5-2 所示,这三座城市构成一个三角形,直觉告诉我们,新的仓库位置应该是在三角形范围之内,事实上也的确如此。

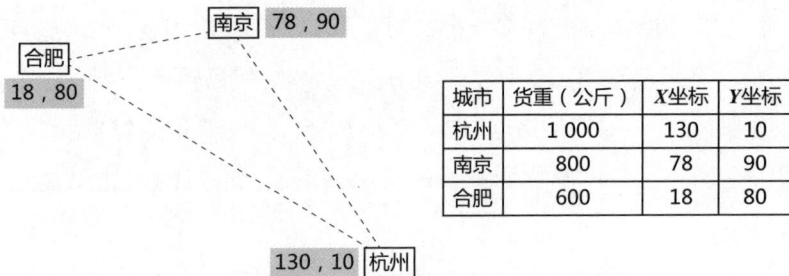

城市	货重(公斤)	X坐标	Y坐标
杭州	1 000	130	10
南京	800	78	90
合肥	600	18	80

图 5-2　仓库坐标

如果用这张地图对三座城市画一下坐标,它们分别是杭州(130,10)、南京(78,90)和合肥(18,80)。请注意,图中的坐标仅作为案例说明使用,不代表真实的情况。下文中的距离是坐标距离单位,不是常规的长度单位,特此说明。

根据三角形勾股定理,直角三角形的两条直角边的平方和等于斜边的平方,这样两点之间的直线距离就算出来了,比如南京和合肥的直线距离就约等于61。

$$直线距离 = \sqrt{(78-18)^2 + (90-80)^2} \approx 61$$

运费最小值的公式就成了:

$$运费最小值 = \sum 货物重量 \times$$

$$\sqrt{(仓库横坐标 - 城市横坐标)^2 + (仓库纵坐标 - 城市纵坐标)^2}$$

2) 规划求解

接下来,可以使用 Excel 完成计算求解。首先请确认一下 Excel 中是否已经安装了规划求解插件(Add-Ins:Solver),它能够完成一些基本的线性和非线性的优化求解,简单易用。如何找到规划求解?只要单击数据菜单项就可以看到,如图 5-3 所示。

图 5-3　Excel 中的规划求解插件

如果还没有安装插件,可以在网上找一下教程,同时看一下 Excel 版本是否可以支持规划求解,版本过低是没法使用的。

在确认安装了规划求解后,我们就可以进行优化计算,单击规划求解按键后需要设置参数,总共有四个步骤:

第一步,设置目标,是货物乘以距离总和的最小值,单元格是在表格中的 F6。

第二步,设置变量,它们就是配送仓库在地图上的横坐标和纵坐标,也就是最短运输距离坐标,在图中用深色标出,单元格是表格中的 C6 和 D6。

第三步,设置变量的约束条件。这个案例的约束条件是仓库横坐标和纵坐标。首先不能为负值,因为这张地图定义的坐标的最小值是 0,所以变量必然是大于 0 的数值。其次不能超出三角形范围,三座城市坐标轴最大的数字横坐标是 130,纵坐标是 90,所以最大值可以设定为小于 200。

第四步,选择求解方式。由于计算公式中有开根号,所以选择非线性。

这些参数都设置好后,单击"求解"按钮。

如果参数设置都正确,Excel 就会提示已经找到一个方案,满足所有的约束和优化条件,然后单击"确认"按钮。

这时我们就能看到 Excel 计算出的结果,最优解—最短运输距离坐标是(77.969 1, 79.817 2),其他信息也全部计算得出,如图 5-4 所示。

城市	货重（kg）	X坐标	Y坐标	直线距离	货重×距离
杭州	1 000	130	10	87.072 8	87 073
南京	800	78	90	10.182 8	8 146
合肥	600	18	80	59.969 3	35 982

最短运输距离坐标	77.969 1	79.817 2	货重×距离总和	131 201

图 5-4　最短运输距离坐标的最优解

最优解的坐标就是图 5-5 中五角星的位置,从这里出发,给三座城市配送货物,货物重量乘以直线距离的总和是最小的。在这个区域里的任意一点,使用相同的计算方法,得出的货重乘以距离总和都会大于131 201。

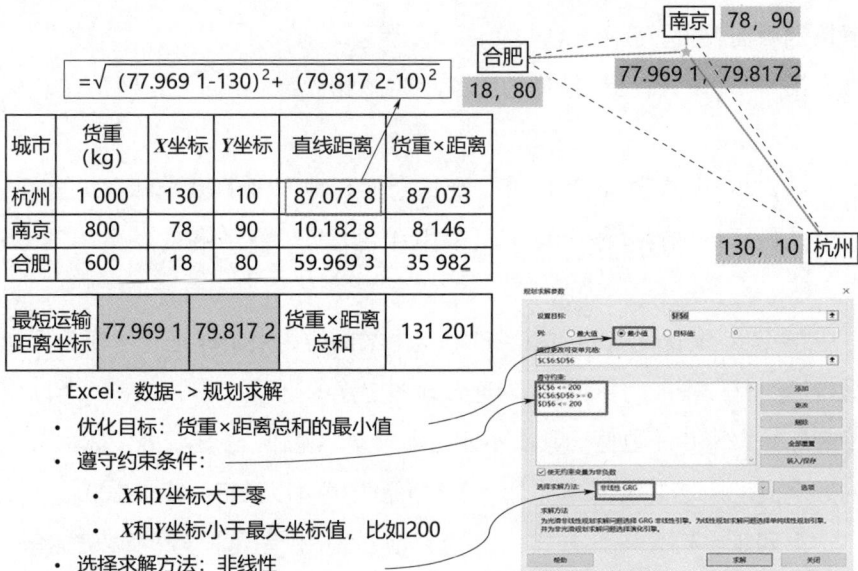

图 5-5　最短运输距离求解过程

从结果上看,由于南京和合肥的总货量达到 1 400 kg,超过了杭州的1 000 kg,所以选址更加靠近前面两座城市,到杭州的距离是最长的。最短运输距离是从成本角度考虑问题,是最小化货物重量和运输直线距离乘积的总和。如果只看经济层面,在决策的时候会不够全面,所以要引入其他的方法,比如重心法。

2. 重心法

除了成本最低,重心法还要考虑如何平衡所有的节点。可能有读者要说"我们公司只看成本,其他的不关心。"如果持有这种观点,我们就不能全面地看待问题,成本不是唯一的考虑因素。相比于最短运输距离,重心法计算就简单许多,不需要用规划求解。

重心法更多是要做到平衡,兼顾货重和距离,所以使用了加权平均的方法来计算横坐标和纵坐标。

横坐标用每个城市货物重量乘以坐标,汇总以后除以总的货重,纵坐标也是如此。

$$横坐标 = \frac{1\,000 \times 130 + 800 \times 78 + 600 \times 18}{1\,000 + 800 + 600} \approx 84.666\,7$$

$$纵坐标 = \frac{1\,000 \times 10 + 800 \times 90 + 600 \times 80}{1\,000 + 800 + 600} \approx 54.166\,7$$

具体计算结果如图 5-6 所示。

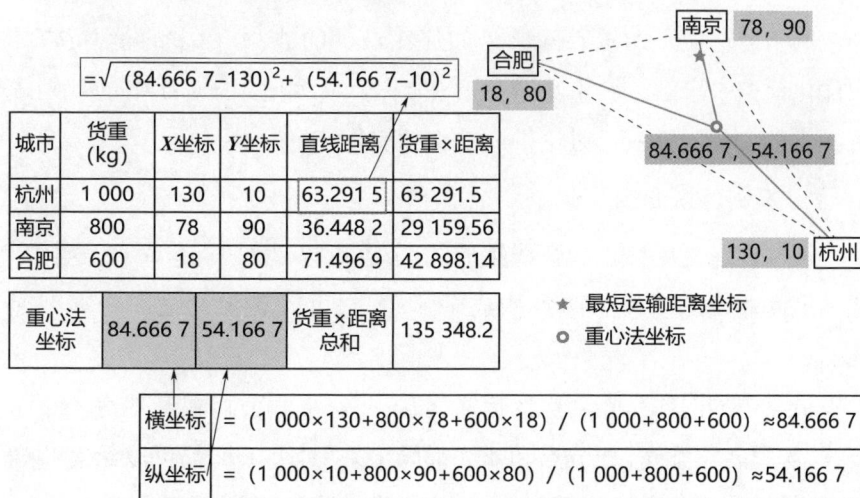

$$= \sqrt{(84.666\,7 - 130)^2 + (54.166\,7 - 10)^2}$$

城市	货重(kg)	X坐标	Y坐标	直线距离	货重×距离
杭州	1 000	130	10	63.291 5	63 291.5
南京	800	78	90	36.448 2	29 159.56
合肥	600	18	80	71.496 9	42 898.14
重心法坐标	84.666 7	54.166 7		货重×距离总和	135 348.2

南京 78, 90

合肥 18, 80

84.666 7, 54.166 7

130, 10 杭州

★ 最短运输距离坐标
◎ 重心法坐标

横坐标 = (1 000×130+800×78+600×18) / (1 000+800+600) ≈84.666 7

纵坐标 = (1 000×10+800×90+600×80) / (1 000+800+600) ≈54.166 7

图 5-6 重心法求解过程

把坐标(84.6667,54.1667)带入公式,就可以得出货重乘以距离的总和135 348.2,这个数值大于最短运输距离法的131 201,显然从成本上比较,重心法不是最优方案。

然而重心法的选址坐标更加靠近杭州,因为那边的货量更大,也就是给更重要的节点分配了更多的权重,这就不是仅从最小成本的角度来思考问题了,选址考虑了更多的因素。

我介绍的这两种方法都是较为简单的模型,都是假设在平面上进行计算,而且两点之间是直线。现实中情况远比案例要复杂,需要考虑许多的约束条件。学习模型是帮助我们了解网络基本的概念,懂得运算的原理和适用的场景。

5.3　如何最小化物流成本

降低物流成本是所有企业一致的目标,让我们通过三个案例,循序渐进地学习,并且获得洞察。

5.3.1　简单网络运输模型:如何计算最小成本

网络运输模型的核心问题是如何花最少的钱,办最多的事,可以使用优化模型来求解。在本小节内容里,我会继续使用 Excel 中的规划求解(solver)来进行展示,讨论供应链中的实物流。

1. 案例背景介绍

运输网络是由节点和弧线组成的,节点可以是工厂、仓库、配送中心或其他商业设施。任意两点构成了弧线,它可以表示运输的距离或是成本。

最简单的网络是点到点的运输,假设一家啤酒公司在某地有 4 个工厂,给 4 家客户配送,把节点和弧线都画出来,每个工厂都可以给客户送货,这样就有了 4 乘以 4 等于 16 条的线路,如图 5-7 所示。

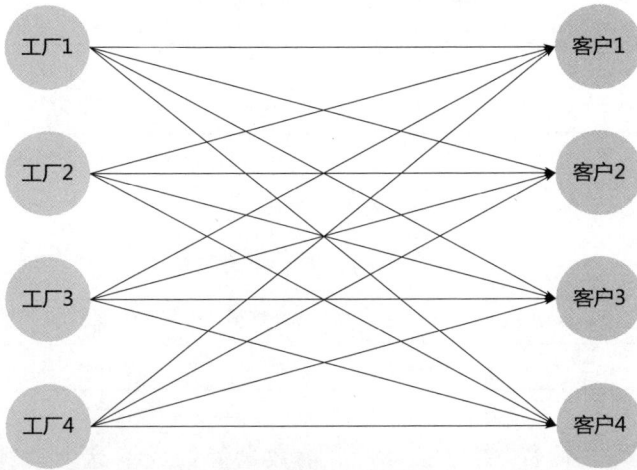

图 5-7　简单网络运输线路

由于运输距离不同,所以每条线路的运费都不一样,具体情况见表 5-4。

表 5-4　线路运费

工厂名称	单件商品运输成本(元)			
	客户 1	客户 2	客户 3	客户 4
工厂 1	45	29	34	33
工厂 2	48	36	28	34
工厂 3	9	24	27	26
工厂 4	15	21	19	16

例如,从工厂 1 送货到客户 1,每件商品的运费是 45 元。请注意,为了便于理解和简化计算,本案例已经把距离、货物重量和运费单价全部折算在一起,仅用一个数字表示运费,在真实世界的运输网络里,这些因素都需要拆开,单独地考虑。举个例子,送货费用并不是线性增加的,它采用阶梯式收费的模式,运输 100 kg 和 1 000 kg 收费的单价可能是不同的。

每家工厂的产能有上限,这很容易理解,工厂不可能拥有无限产能,产能数量见表 5-5。

表 5-5　每家工厂的产能数量

	工厂 1	工厂 2	工厂 3	工厂 4	总和
产能(件)	2 130	2 860	3 800	2 140	10 930

每家客户的需求数量见表 5-6。

表 5-6　每家客户的需求数量

	客户 1	客户 2	客户 3	客户 4	总和
需求(件)	2 050	3 040	2 400	2 390	9 880

运输模式、运费、供应能力和需求数量等构成了这个案例的背景。我们的目标就是如何用最少的钱,来满足所有客户的订货数量,这就是网络运输中的最小成本问题,也是一切复杂网络问题的基础。

2. 模型方程式

为了计算出最小的成本,需要先列出公式。由于案例已经被简化,所以运输成本的计算逻辑很简单,它等于运输的货量和单件商品运输成本的积的总和,其中运输货量是变量,积的总和是要寻找的最优解,公式如下:

$$运输成本 = \sum 运输货量 \times 单件运输成本$$

设好了公式,确定了变量,下一步是考虑约束条件,约束条件有以下几点:

1) 变量

变量必须是大于等于 0 的整数。首先运输货量不能是负数,在这个案例中不考虑退货的场景,所以货量大于等于 0;其次不能运送散装商品,所以货量是整数。

2) 供应

前文中已提到,每个工厂的生产能力有上限,例如,工厂 1 的供应数量最大值是 2 130,从这里发给所有客户的商品总和不能超过这个数字。

3）需求

每个客户的需求都要得到满足，例如，客户 1 的需求量是 2 050，不管从哪个工厂发货，总数必须大于这个数字。

通过此前的信息得知，案例中的总供应能力是 10 930，总需求量是 9 880，供应大于需求，所以不会存在供应不足的情况。

约束条件都考虑好了，接下来就要把具体的公式列出来。已知有 4 个工厂给 4 家客户配送，运送的路线一共有 16 条，每条路线有对应的单件运输成本，然后分别乘以送货量，因此，最小成本公式是由一个变量（运输货量）乘以一个常量（单件运输成本），它们是线性的关系。

在 Excel 中，供应和需求可以使用求和的 SUM 函数计算。在横向的行中，从工厂 1 给客户送货数量分别记录在表格的 B2、C2、D2 和 E2 中，在 F2 单元格里进行汇总，结果不能大于工厂 1 最大产能，也就是供应约束 2 130 件。另外三家工厂也使用相同的公式。

在纵向的列中，客户 1 收到 4 家工厂的送货，数量分别记录在 B2、B3、B4 和 B5 单元格里，在 B6 这里进行汇总，总数不能小于需求数量 2 050 件。从 B2 至 E5 的这 16 个单元格就是变量的运输货量，使用深色填充表示，如图 5-8 所示。

	A	B	C	D	E	F	G
1	运输货量	客户1	客户2	客户3	客户4	供应汇总	供应约束
2	工厂1					=SUM(B2：E2)	2 130
3	工厂2					=SUM(B3：E3)	2 860
4	工厂3					=SUM(B4：E4)	3 800
5	工厂4					=SUM(B5：E5)	2 140
6	需求汇总	=SUM(B2：B5)	=SUM(C2：C5)	=SUM(D2：D5)	=SUM(E2：E5)		
7	需求数量	2 050	3 040	2 400	2 390		
8							
9	单件商品运输成本	客户1	客户2	客户3	客户4		
10	工厂1	45	29	34	33		
11	工厂2	48	36	28	34		
12	工厂3	9	24	27	26		
13	工厂4	15	21	19	16		
14							
15	全部运输费用		=SUMPRODUCT(B2：E5,B10：E13)				

图 5-8　运输费用设置公式

单价商品运输成本的金额排列在 B10 至 E13 这 16 个单元格内，工厂和客户的排列顺序要和运输货量中的信息保持一致。计算全部运输费用使用的是 SUMPRODUCT 函数，其中 SUM 函数是求和，PRODUCT 函数是相乘，公式的意思是参数之间相乘之后再求和，这个函数的特点是执行数组之间的运算，且参数必须有相同的尺寸，否则返回错误值。

在这个公式中有两个数组，第一个是从 B2 到 E5，第二个是从 B10 到 E13。计算过程是使用 B2 乘以 B10，C2 乘以 C10……直至 E5 乘以 E13，这就是数组之间的运算。两组参数都是横向和纵向各有 4 个单元格的布局，这就是相同的尺寸。只需要满足以上的条件，Excel 就可以完成计算。

方程式都列好后，下一步是进行规划求解。

3. Excel 中的规划求解

在 Excel 中的功能区"数据"中单击"规划求解"按钮，如图 5-9 所示。

图 5-9　Excel 中的规划求解

接下来就可以进行配置，具体过程可以分为三步：

第一步，设置的目标是全部运输费用，单元格位置在 Excel 表格中 B15，优化目标是费用的最小值，如图 5-10 所示。

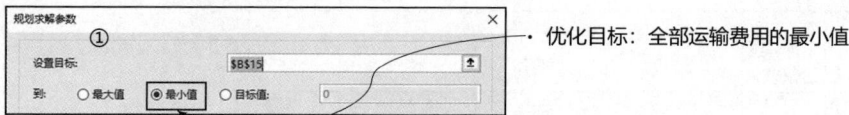

图 5-10　设置规划求解第一步

第二步，设置约束条件，如图 5-11 所示。

①"＄B＄6：＄E＄6 ＞＝ ＄B＄7：＄E＄7"，这个条件意思是客户的

②

遵守约束：
$B$6:$E$6 >= $B$7:$E$7
$B$2:$E$5 = 整数
$B$2:$E$5 >= 0
$F$2:$F$5 <= $G$2:$G$5

· 约束条件：
 · 是大于等于零的整数
 · 工厂的供应能力不得超过上限
 · 客户需求都要得到满足

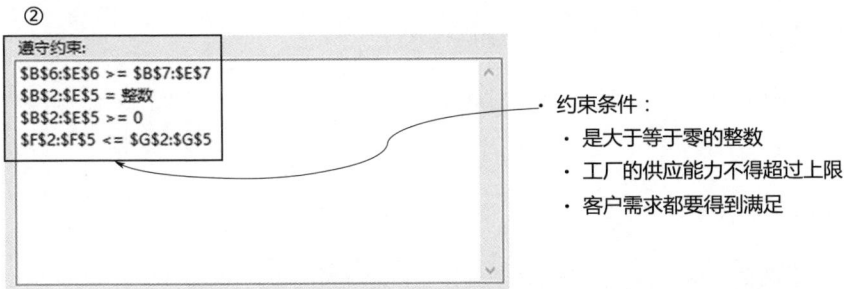

图 5-11   设置规划求解第二步

需求必须得到满足。从 B6 到 E6 是 4 个客户汇总的送货数量,从 B7 到
E7 是每个客户的需求数量。

②"＄B＄2:＄E＄5＝整数""＄B＄2:＄E＄5>=0",变量的区域是
从 B2 到 E5,它们必须是大于等于 0 的整数。

③"＄F＄2:＄F＄5 <= ＄G＄2:＄G＄5",这里表明供应能力不可
以超过工厂的上限。F2 至 F5 是每个工厂给各个客户供货的总数,G2 至
G5 是这些工厂的产能最大值。

第三步,在下拉菜单栏中选择单纯线性规划,如图 5-12 所示。

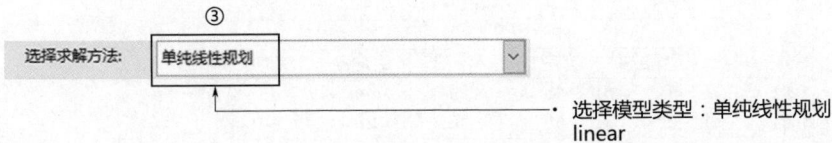

③

选择求解方法： 单纯线性规划

· 选择模型类型：单纯线性规划
 linear

图 5-12   设置规划求解第三步

这些步骤完成后,接下来就可以单击"求解"按钮。Excel 弹出一个
窗口,提示"规划求解找到一解,可满足所有的约束及最优状况",如
图 5-13 所示。

最后,单击"确认"按钮,得到计算结果,如图 5-14 所示。

规划求解的结果就在表格中的变量单元格内,在图中的深色部分。
以工厂 1 为例,从这里只给客户 2 送货 1 540 个单位的商品,因为这个数量
是工厂 1 供应能力的最大值。工厂 2 把全部的产能都贡献给了客户 3,后
者的需求已全部得到满足,不再需要其他工厂给它送货了。工厂 3 覆盖

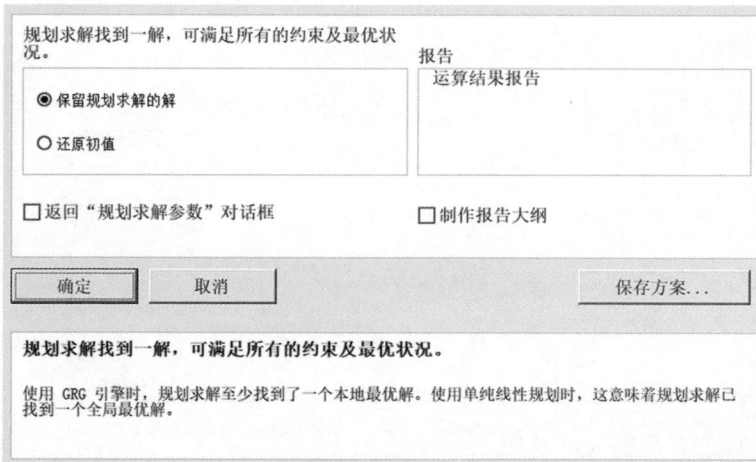

图 5-13　提示窗口

	A	B	C	D	E	F	G
1	运输货量	客户1	客户2	客户3	客户4	供应汇总	供应约束
2	工厂1	0	1 540	0	0	1 540	2 130
3	工厂2	0	0	2 400	0	2 400	2 860
4	工厂3	2 050	1 500	0	250	3 800	3 800
5	工厂4	0	0	0	2 140	2 140	2 140
6	需求汇总	2 050	3 040	2 400	2 390		
7	需求数量	2 050	3 040	2 400	2 390		
8							
9	单件商品运输成本	客户1	客户2	客户3	客户4		
10	工厂1	45	29	34	33		
11	工厂2	48	36	28	34		
12	工厂3	9	24	27	26		
13	工厂4	15	21	19	16		
14							
15	全部运输费用	207 050					
16							

图 5-14　求解结果

了除客户 3 以外的全部客户,总共配送了 3 800 件,也达到了供应上限。最后工厂 4 也把全部的产能供给了客户 4。至此,4 家客户的需求都满足了,而工厂的出货量均未超过最大供应量。

全部运输费用为 207 050 元,这是在所有的解中的最小值,它的计算过程如下:

$$全部运输费用 = 1\ 540×29 + 2\ 400×28 + 2\ 050×9 + 1\ 500×24 + 250×26 +$$
$$2\ 140×16 = 207\ 050(元)$$

好了,我们已经得到了理论上的最优解。不过这仅是理论上的,现实情况是怎么样呢?这个方案仅供参考。模型的结果是决策的依据,但我们不能直接使用它,要在现实中验证可行性。工厂的产能不一定能够达到理论上最大的输出量,万一有异常情况发生,产量就会减少,所以现实中不会根据最大产能来制订生产计划,通常是要打点折扣的,比如85%,这是实践得出的一条基本经验。所以,规划求解是一个决策支持工具,帮助我们作出决定,再结合实际情况进行综合判断。

使用 Excel 的规划求解是为了帮助读者理解模型、计算公式和约束条件,获得洞察,仅此而已。Excel 本身的功能很有限,求解器不能用于处理复杂的场景和海量的运算,所以现实中企业都是用专业的运输网络软件进行优化。

5.3.2 中转仓库运输模型:会不会更省钱

在上一小节中,我介绍了运输网络模型中最为基础的点到点运输模式,由 4 家工厂给 4 个客户运输啤酒,计算出最小的运输总成本。现实世界里这种情况是很少见的,企业通常都会找一个区域性的中转仓库,先把来自不同地方的货物汇总,然后再派送给客户。例如,我在网上购物,商家发货后我查看物流送货情况,明明发货仓库离我家很近,快递却要绕着上海外环跑一圈,先送到上海青浦的中转仓库,然后在隔天送到我手里。快递公司不是故意绕远路,这样做的原因是为了省钱。

1. 什么是中转仓库的交叉转运活动

企业使用中转仓库的目标之一是进行交叉转运。如何理解这种活动?比如,在飞机转机的时候,乘客们不需要离开机场,只要前往下一个航班的登机口就可以了,这样帮旅客们省去了重复办理登机、托运行李和安全检查的时间。

仓库的目标是提高进出仓库的吞吐率,减少库存量。在交叉转运模式下,产品直接从进货区移动到发货区,不用再进行上架存储操作,这就避免了将产品放入仓库和后续的分拣操作。

交叉转运需要产品有清晰的标签和提前到货通知。交叉转运的仓库需要有一套管理系统来识别产品,并且安排转移。一旦货物抵达,它会被直接送到发货区,并在系统上记录临时存放的位置,提醒工作人员该产品现在正等待发货。仓库需要有一个标记明确的暂放区,以便在发货前临时放置产品。

交叉转运主要用于生鲜冷链货物的运输,许多零售商在使用这套系统,他们从多个供应商那里接收商品,并对商品进行分类和整合,以便继续运送到不同的客户。一些制造商也使用交叉转运系统,先把零件运送到中转仓库,把它们根据生产顺序合并在一起,然后依次运送到生产线。

2. 案例背景介绍

在中转仓库运输模型案例中,啤酒厂家考虑使用交叉转运模式,公司希望通过整合货运资源,降低运输费用。由于中转仓库运作模式已经很成熟,在运输时效方面也不会有太大影响,甚至能够比点到点直接配送更快。在实施中转仓库模式之前,啤酒公司要进行可行性分析,计算究竟有没有节省?案例依然是 4 家工厂和 4 家客户,以及新增的 2 个中转仓库。运输方式是工厂先送货进仓库,然后再配送至客户,把节点和弧线都画出来,如图 5-15 所示。

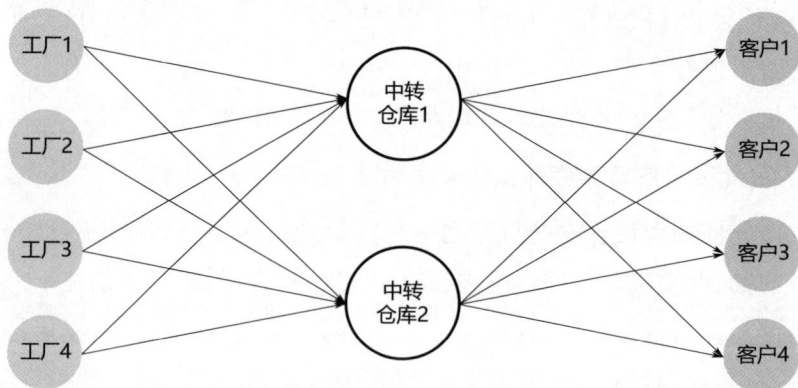

图 5-15　中转仓库运输模型

每个工厂先要送到中转仓库,然后给客户送货,这样就有了两段运输。第一段的线路数量是 4 乘以 2 等于 8 条,第二段也是 8 条,总计 16 条。

由于运输距离不同,所以每条线路的运费都不一样,从工厂到中转仓库运费的具体情况见表 5-7。

表 5-7 工厂到中转仓库运费表

工厂名称	到中转仓库 1 运费(元)	到中转仓库 2 运费(元)
工厂 1	12	17
工厂 2	19	6
工厂 3	9	18
工厂 4	11	16

从中转仓库到客户运费的具体情况见表 5-8。

表 5-8 中转仓库到客户运费表

中转仓库名称	到客户 1 运费(元)	到客户 2 运费(元)	到客户 3 运费(元)	到客户 4 运费(元)
中转仓库 1	8	13	15	12
中转仓库 2	12	16	9	15

请注意,为了便于理解和简化计算,如同简单运输网络模型一样,这个案例也已经把距离、货物重量和运费单价全部折算在一起,仅用一个数字表示运费。由于中转仓库集中了更多的货量,所以运费会比直送模式更低。

每家工厂的产能数量和简单运输网络模型一致,见表 5-9。

表 5-9 工厂产能数量

	工厂 1	工厂 2	工厂 3	工厂 4	总和
产能(件)	2 130	2 860	3 800	2 140	10 930

每家客户的需求数量也维持不变,见表 5-10。

表 5-10　客户需求数量

	客户 1	客户 2	客户 3	客户 4	总和
需求（件）	2 050	3 040	2 400	2 390	9 880

构成这个案例的背景依旧是运输模式、运费、供应能力和需求数量等。目标也没有变动，依然是如何用最少的钱，来满足所有客户的订货数量。

3. 模型方程式

由于目标是运输成本的最小值，而原来两点之间的运输改为"工厂—中转仓库—客户"的三个节点和两段弧线模式，计算公式略微进行调整。运输成本是两段运输的货量和单件商品运输成本的积的总和，其中运输货量是变量，积的总和是要寻找的最优解。

$$运输成本 = \sum (工厂到中转仓库总运费 + 中转仓库到客户总运费)$$
$$= \sum (工厂到中转仓库运输货量 \times 单件运输成本 +$$
$$中转仓库到客户运输货量 \times 单件运输成本)$$

设置了公式，确定了变量，下一步是考虑约束条件，主要有以下几点：

1）变量

变量必须是大于等于 0 的整数，具体原因此前已经解释过。

2）供应

每个工厂的生产能力的上限。

3）需求

每个客户的需求都要得到满足。

案例中的总供应能力是 10 930，总需求量是 9 880，供应大于需求，所以不会存在供应不足的情况。

4）中转仓库的流量

前面三个约束条件和简单运输网络中是一样的，唯一新增加的是中转仓库的流量约束条件。让我们思考一个问题,中转仓库的用途是什么?它可以减少货物存放和分拣活动,是货物流通的集散地,能够通过规模效应降低运营成本等。唯一不是设置中转仓库的目的是存储商品,它可以临时放置商品,但很快就转运出去,商品不会长期停留在库内。换句话说,有多少商品流入中转仓库,就有多少商品流出,理论上没有货物会存留在仓库里。

约束条件都考虑好了,接下来就要把具体的公式列出来。已知有4个工厂送货至2个中转仓库,然后再配送给4家客户,第一段和第二段运输路线各是8条,共计16条。每条路线有对应的单件运输成本,然后分别乘以送货量。最小成本公式仍旧是由一个变量(运输货量)乘以一个常量(单件运输成本),它们还是线性的关系。

在 Excel 中,供应和需求可以使用求和的 SUM 函数计算。在工厂到中转仓库货量的部分中,从工厂1给中转仓库送货数量分别记录在表格的 B2 和 C2 中,在 D2 单元格里进行汇总,结果不能大于工厂1最大产能,也就是供应约束 2 130 件。另外三家工厂也使用相同的公式。

在纵向的列中,中转仓库收到4家工厂的送货,数量分别记录在 B6 和 C6 中。

在中转仓库到客户货量的部分里,从中转仓库1和2给客户1送货数量分别记录在表格 B15 和 B16 中,在 B17 单元格里进行汇总,总数不能小于需求数量 2 050 件。其他三家客户也使用同样的方法计算。

从 B2 至 C5、B15 至 E16 的这 16 个单元格就是变量的运输货量,使用深色填充表示,如图 5-16 所示。

单价商品运输成本的金额排列在 B9 至 C12 和 B21 至 E22 这 16 个单元格内,工厂、中转仓库和客户的排列顺序要和运输货量中的信息保持一致。计算全部运输费用使用的是 SUMPRODUCT 函数,它的使用方法已经介绍过了,重点是参数必须有相同的尺寸,否则返回错误值。

方程式都列好后,下一步进行规划求解。

	A	B	C	D	E	F
1	工厂到中转仓库货量	中转仓库1	中转仓库2	供应汇总	供应约束	
2	工厂1			=B2+C2	2 130	
3	工厂2			=B3+C3	2 860	
4	工厂3			=B4+C4	3 800	
5	工厂4			=B5+C5	2 140	
6	供应汇总	=SUM(B2：B5)	=SUM(C2：C5)	=B6+C6		
7						
8	工厂到中转仓库运费	中转仓库1	中转仓库2			
9	工厂1	12	17			
10	工厂2	19	6			
11	工厂3	9	18			
12	工厂4	11	16			
13						
14	中转仓库到客户货量	客户1	客户2	客户3	客户4	需求汇总
15	中转仓库1					=SUM(B15：E15)
16	中转仓库2					=SUM(B16：E16)
17	需求汇总	=B15+B16	=C15+C16	=D15+D16	=E15+E16	=SUM(B17：E17)
18	客户需求	2 050	3 040	2 400	2 390	
19						
20	中转仓库到客户运费	客户1	客户2	客户3	客户4	
21	中转仓库1	8	13	15	12	
22	中转仓库2	12	16	9	15	
23						
24	工厂到中转仓库总运费	=SUMPRODUCT(B2：C5,B9：C12)				
25	中转仓库到客户总运费	=SUMPRODUCT(B15：E16,B21：E22)				
26	全部运输费用	=B24+B25				

图 5-16　运输费用设置公式

4. Excel 中的规划求解

在 Excel 的功能区"数据"中单击"规划求解"按钮,接下来就可以进行配置,具体过程可以分为三步:

第一步,设置的目标是全部运输费用,单元格位置在 Excel 表格中 B26,优化目标是费用的最小值,如图 5-17 所示。

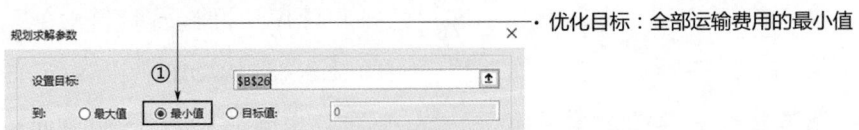

图 5-17　设置规划求解第一步

第二步，设置约束条件，如图 5-18 所示。

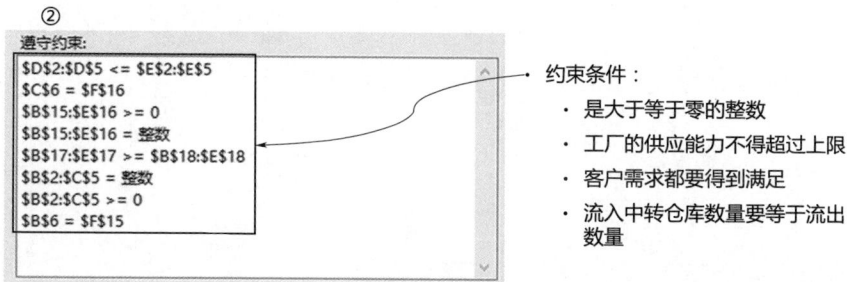

图 5-18 设置规划求解第二步

①"＄B＄17：＄E＄17 >= ＄B＄18：＄E＄18"，这个条件意思是客户的需求必须得到满足。从 B17 到 E17 是 4 个客户汇总的送货数量，从 B18 到 E18 是每个客户的需求数量。

②"＄B＄2：＄C＄5＝整数""＄B＄2：＄C＄5>=0""＄B＄15：＄E＄16＝整数""＄B＄15：＄E＄16>=0"，变量的区域是从 B2 到 C5，以及 B15 到 E16，它们必须都是大于等于 0 的整数。

③"＄D＄2：＄D＄5<= ＄E＄2：＄E＄5"，这里表明供应能力不可以超过工厂的上限。D2 至 D5 是每个工厂给各个客户供货的总数，E2 至 E5 是这些工厂的产能最大值。

④"＄B＄6＝＄F＄15""＄C＄6＝＄F＄16"，它们的意思是流入和流出中转仓库的货量必须相等。例如 B6 是从 4 家工厂流入中转仓库 1 的数量，F15 是从中转仓库 1 流出，配送给 4 家客户的数量。

第三步，在下拉菜单栏中选择单纯线性规划，如图 5-19 所示。

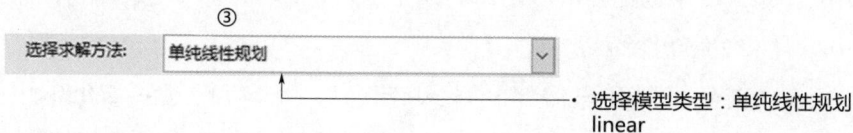

图 5-19 设置规划求解第三步

完成这些步骤后，接下来就可以单击"求解"按钮。Excel 弹出一个窗口，提示"规划求解找到一解，可满足所有的约束及最优状况"。最后，单击"确认"键，得到计算结果，如图 5-20 所示。

	A	B	C	D	E	F
1	工厂到中转仓库货量	中转仓库 1	中转仓库2	供应汇总	供应约束	
2	工厂1	1 080	0	1 080	2 130	
3	工厂2	0	2 860	2 860	2 860	
4	工厂3	3 800	0	3 800	3 800	
5	工厂4	2 140	0	2 140	2 140	
6	供应汇总	7 020	2 860	9 880		
7						
8	工厂到中转仓库运费	中转仓库 1	中转仓库 2			
9	工厂1	12	17			
10	工厂2	19	6			
11	工厂3	9	18			
12	工厂4	11	16			
13						
14	中转仓库到客户货量	客户1	客户2	客户3	客户4	需求汇总
15	中转仓库 1	2 050	3 040	0	1 930	7 020
16	中转仓库 2	0	0	2 400	460	2 860
17	需求汇总	2 050	3 040	2 400	2 390	9 880
18	客户需求	2 050	3 040	2 400	2 390	
19						
20	中转仓库到客户运费	客户1	客户2	客户3	客户4	
21	中转仓库 1	8	13	15	12	
22	中转仓库 2	12	16	9	15	
23						
24	工厂到中转仓库总运费	87 860				
25	中转仓库到客户总运费	107 580				
26	全部运输费用	195 440				

图 5-20　求解结果

　　规划求解的结果就在表格中的变量单元格内,在图 5-16 中的深色部分。在工厂到中转仓库的运输部分中,从工厂 1 给中转仓库 1 运送了 1 080 个单位的商品,工厂 2 把全部的产能 2 860 都给了中转仓库 2,工厂 3 和工厂 4 也把全部产出商品给了中转仓库 1。两个仓库分别收到 7 020 件和 2 860 件商品。

　　在中转仓库到客户的部分里,中转仓库 1 分别配送了 2 050 件、3 040 件和 1 930 件商品给客户 1、客户 2 和客户 4。中转仓库 2 运送了 2 400 件和 460 件给客户 3 和客户 4。两个仓库收到的货物全部完成转运,所有 4 家客户的需求都满足了,而工厂的出货量均未超过最大供应量。

全部运输费用为 195 440 元,这是在所有的解中的最小值,它的计算过程如下:

全部运输费用=工厂到中转仓库总运费+中转仓库到客户总运费

                    =(1 080×12+2 860×6+3 800×9+2 140×11)+(2 050×8+

                       3 040×13+1 930×12+2 400×9+460×15)

                    =87 860+107 580

                    =195 440(元)

中转仓库模式的总费用 195 440 元小于简单网络运输的 207 050 元,可以节省下 11 610 元,所以啤酒公司会选用新的运输方案。

同样的,这个结果仅是理论上的最优解,它是决策的依据,还需要结合实际情况进行确认。此外,还有一些因素没有被考虑,例如中转仓库的固定成本,处理转运货物的能力限制,需要在一定的时间内完成接受、合并和分解货物,等等。

使用 Excel 的规划求解是为了帮助读者理解交叉转运、中转仓库网络模型的计算公式和约束条件。Excel 的功能很有限,求解器无法应对真实情况下的复杂场景,也不能处理大量的数据运算,只能依靠专业的运输网络软件。

5.3.3 如何考虑中转仓库的固定成本

在上一小节中转仓库运输模型中,我们假设仓库没有固定成本费用。现实情况是怎么样的呢? 仓库的固定成本可以占到企业总物流成本的 20% 以上,所以在本篇的模型中要把固定成本设为一个新的约束条件,来计算最小的物流成本。

1. 仓库的固定成本

仓库的固定成本对于企业的物流成本影响很大,是否要开设或是关闭仓库,这是战略性的决定,需要综合考虑仓库的规模、数量、位置和成本等因素。

仓库成本可以根据业务类型而变化,典型的成本一般包括以下几类:

1）劳动力

仓库如果没有大量部署自动化设备，那么劳动力通常是最大的成本组成部分。劳动力成本不仅包括员工工资、福利和加班费，还包括培训和个人防护装备，例如安全鞋帽、服装手套和口罩等。

2）土地和建筑

土地和建筑，包括购买土地和建造仓库的成本，其中又包含了土地成本，以及建造的人工、材料成本和建筑物的折旧。如果是外租的设施，就是仓库租赁的成本。

3）建筑服务

建筑服务，包括水电费、维护和修理费、保险费和保安服务费等费用。

4）设备成本

设备成本，包括购买或租赁仓库搬运设备的成本、燃料、备品备件、维护和修理，以及公司拥有的设备的折旧。

5）信息技术

信息技术，包括控制和记录仓库运营的设备，如监控摄像头以及电脑主机和存储业务数据的服务器等设备和系统。

仓库运营的固定成本占物流总费用的比重相当高，企业需要思考是否要合并一些中转仓库，进一步节省物流的总成本，这是本案例要探讨的内容。

2. 案例背景介绍

案例依然是啤酒公司，想必读者已经很熟悉这个场景了。啤酒公司拥有 4 家工厂，并使用了 2 个中转仓库，给 4 家客户送货。公司高层发现仓库之间的距离并不远，相距大约 100 公里，且都处于长三角地区，是否有必要同时运营两个设施？一些人就提议关闭其中的一个仓库，这样就出现了两个问题：第一，是否要只保留一个仓库？第二，如果只使用一个仓库，该选择哪一个？

案例的场景沿用了中转仓库运输模型中的情况，每个工厂先要送到中转仓库,然后给客户送货,共有两段运输,第一段和第二段的线路数量都是 8 条,总计 16 条。

从工厂到中转仓库运费的具体情况见表 5-11。

表 5-11　工厂到中转仓库运费

工厂名称	到中转仓库 1 运费(元)	到中转仓库 2 运费(元)
工厂 1	12	17
工厂 2	19	6
工厂 3	9	18
工厂 4	11	16

从中转仓库到客户运费的具体情况见表 5-12。

表 5-12　中转仓库到客户运费

中转仓库名称	到客户 1 运费(元)	到客户 2 运费(元)	到客户 3 运费(元)	到客户 4 运费(元)
中转仓库 1	8	13	15	12
中转仓库 2	12	16	9	15

这个案例也已经把距离、货物重量和运费单价全部折算在一起,仅用一个数字表示运费。

每家工厂的产能数量和简单运输网络模型一致,见表 5-13。

表 5-13　工厂的产能数量

	工厂 1	工厂 2	工厂 3	工厂 4	总和
产能(件)	2 130	2 860	3 800	2 140	10 930

每家客户的需求数量也维持不变,见表 5-14。

表 5-14　客户需求数量

	客户 1	客户 2	客户 3	客户 4	总和
需求(件)	2 050	3 040	2 400	2 390	9 880

中转仓库 1 和 2 的固定成本分别是 6 万元和 5 万元,这是唯一新增

加的费用。构成案例的背景是运输模式、运费、仓库固定成本、供应能力和需求数量等。目标仍然是用最少的钱，来满足所有客户的需求。

3. 模型方程式

优化的目标是找到物流成本的最小值，它由三部分费用组成，前两部分是运输费用，与中转仓库运输模型相同，第三部分是中转仓库的固定成本。只要仓库在运营，它就会产生固定成本，哪怕只有 1 件货物经过仓库。总物流成本公式如下：

$$物流成本 = \sum (工厂到中转仓库总运费 + 中转仓库到客户总运费 + 中转仓库固定成本)$$

$$= \sum (工厂到中转仓库运输货量 \times 单件运输成本 + 中转仓库到客户运输货量 \times 单件运输成本) + 中转仓库固定成本$$

设置了公式，确定了变量，下一步是考虑约束条件，主要有这样几点：

1）变量

变量必须是大于等于 0 的整数。

2）供应

每个工厂的生产能力的上限。

3）需求

每个客户的需求都要得到满足。

案例中的总供应能力是 10 930，总需求量是 9 880，供应大于需求，所以不会存在供应不足的情况。

4）中转仓库的流量

有多少商品流入中转仓库，就有多少商品流出，理论上没有货物会存留在仓库里，具体原因此前已经解释过。

5）仓库的固定成本

只要仓库在运营，就会产生固定成本，这与流经仓库货物的数量无关。在本案例中，假设仓库关闭时，没有固定成本，仓库运营时，有固定成本。以中转仓库 1 为例，固定成本是 6 万元。当仓库关闭时，固定成本可以理解为 $0 \times 60\,000 = 0$（元），在运营时，成本是 $1 \times 60\,000 = 60\,000$（元）。0 和 1 就是新的变量，它们可以影响固定成本的金额。由 0 和 1 构成的就是二进制变量，它们就像一组开关，控制着固定成本。

运输成本公式是由一个变量（运输货量）乘以一个常量（单件运输成本），仓库固定成本是由一个二进制变量乘以常量（固定成本金额），它们都是线性的关系。

按照惯例，我们先来看计算公式，如图 5-21 所示。

	A	B	C	D	E	F
1	工厂到中转仓库货量	中转仓库1	中转仓库2	供应汇总	供应约束	
2	工厂1			=B2+C2	2 130	
3	工厂2			=B3+C3	2 860	
4	工厂3			=B4+C4	3 800	
5	工厂4			=B5+C5	2 140	
6	供应汇总	=SUM(B2：B5)	=SUM(C2：C5)	=B6+C6		
7	是否使用中转仓库(是=1，否=0)			=SUM(B7：C7)		
8	中转仓库固定成本	60 000	50 000			
9	关联约束数量	=9 880*B7	=9 880*C7			
10	供应汇总与关联约束数量之差	=B6-B9	=C6-C9			
11						
12	工厂到中转仓库运费	中转仓库1	中转仓库2			
13	工厂1	12	17			
14	工厂2	19	6			
15	工厂3	9	18			
16	工厂4	11	16			
17						
18	中转仓库到客户货量	客户1	客户2	客户3	客户4	需求汇总
19	中转仓库1					=SUM(B19：E419)
20	中转仓库2					=SUM(B20：E20)
21	需求汇总	=B19+B20	=C19+C20	=D19+D20	=E19+E20	=SUM(B21：E21)
22	客户需求	2 050	3 040	2 400	2 390	
23						
24	中转仓库到客户运费	客户1	客户2	客户3	客户4	
25	中转仓库1	8	13	15	12	
26	中转仓库2	12	16	9	15	
27						
28	工厂到中转仓库总运费	=SUMPRODUCT(B2：C5,B13：C16)				
29	中转仓库到客户总运费	=SUMPRODUCT(B19：E20,B25：E26)				
30	全部物流成本	=B28+B29+SUMPRODUCT(B7：C7,B8：C8)				

图 5-21　运输费用设置公式

在 Excel 中，供应和需求可以使用求和的 SUM 函数计算。在工厂到中转仓库货量的部分中，从工厂 1 给中转仓库送货数量分别记录在表格的 B2 和 C2 中，在 D2 单元格里进行汇总，结果不能大于工厂 1 最大产能，也就是供应约束 2 130 件。另外三家工厂也使用相同的公式。

在纵向的列中，中转仓库收到 4 家工厂的送货，数量分别记录在 B6 和 C6 中。

在中转仓库到客户货量的部分里，从中转仓库 1 和 2 给客户 1 送货数量分别记录在表格 B19 和 B20 中，在 B21 单元格里进行汇总，总数不能小于需求数量 2 050 件。其他三家客户也使用同样的方法计算。

单价商品运输成本的金额排列在 B13 至 C16 和 B25 至 E26 这 16 个单元格内，工厂、中转仓库和客户的排列顺序要和运输货量中的信息保持一致。计算全部运输费用使用的是 SUMPRODUCT 函数。

以上部分和之前中转仓库运输模型中的设置是一样的，那么新增加的固定成本要如何体现在公式中呢？

单元格 B7 和 C7 是 2 个二进制变量，对应中转仓库 1 和 2，如果使用仓库，变量是 1，否则为 0。运营中的仓库的总数是 B7 与 C7 之和，汇总在 D7 中。案例中假设只能开设 1 个仓库，所以 D7 的结果必须是 1，这样就会有两种可能，第一种是仓库 1 开启，仓库 2 关闭；第二种是仓库 1 关闭，仓库 2 开启。

中转仓库的固定成本记录在单元格 B8 和 C8 之中，使用公式"SUMPRODUCT(B7:C7,B8:C8)"就可以得到全部的仓库固定成本。

细心的读者可能会发现一个问题"虽然案例规定了只能有一个仓库在运营，如何来确保货物不会送到关闭的仓库中去？"换句话说，如何在约束条件中关闭一个仓库？毕竟"D7 = 1"只是结果，它不能控制流入中转仓库的货物。此时就需要在约束条件之间建立一个关联，来实现对流入数量的控制，这是本案例中的关键要点，所以请仔细阅读以下文字：

二进制变量和一个很大的数字（用 n 表示）的积是一个关联约束，这是什么意思呢？

有两种情况,第一种是关闭了某个仓库,那么其二进制变量应该是0,乘以 n 还是 0,它就是关联约束数量。如果有货物送到这个关闭的仓库,就会有汇总的数量,然后减去关联约束数量 0,得到一个正数。由于这种情况是不应该发生的,所以把供应汇总与关联约束数量之差设为小于等于 0 的数字就能控制住。

另一种情况是开启了某个仓库,二进制变量是 1,乘以 n 等于 n。进入这个中转仓库的货量减去关联约束数量 n 也应该是小于等于 0。为什么会这样设置?因为要统一约束条件的设置方法。这个方法看上去有点绕,其实是很巧妙的设计。

最后的问题是如何来定义 n 的数值,它应该是一个很大的数字,在这里可以定为供应汇总的最大值 9 880,它也是 4 家客户需求量的总数。当然可以使用大于 9 880 的数字,只是没有必要。流入某个中转仓库货物量的最大值是 9 880,减去 1 乘以 $n(n=9\,880)$ 等于 0,符合关联约束的条件。到此为止,关联约束已经建立起来。

从 B2 至 C5、B7 至 C7、B19 至 E20 的这 18 个单元格就是变量,使用蓝色填充表示。计算全部成本使用的是 SUMPRODUCT 函数,具体使用方法不再赘述。方程式全都已经列好,下一步是进行规划求解。

4. Excel 中的规划求解

在 Excel 中的功能区"数据"中单击"规划求解"按钮,接下来就可以进行配置,具体过程可以分为三步:

第一步,设置的目标是全部运输费用,单元格位置在 Excel 表格中B30,优化目标是费用的最小值,如图 5-22 所示。

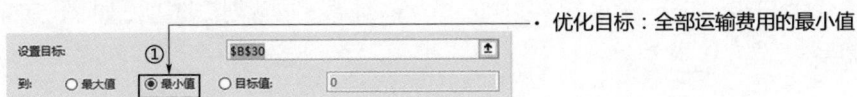

图 5-22　设置规划求解第一步

第二步,设置约束条件,如图 5-23 所示。

①"＄B＄21：＄E＄21>=＄B＄22：＄E＄22",这个条件意思是客户

遵守约束：

$B$10:$C$10 <= 0
$B$19:$E$20 >= 0
$B$19:$E$20 = 整数
$B$21:$E$21 >= $B$22:$E$22
$B$2:$C$5 = 整数
$B$2:$C$5 >= 0
$B$6 = $F$19
$B$7:$C$7 = 二进制
$D$7 = 1
$C$6 = $F$20
$D$2:$D$5 <= $E$2:$E$5

②

约束条件：

· 是大于等于零的整数
· 工厂的供应能力不得超过上限
· 客户需求都要得到满足
· 流入中转仓库数量要等于流出数量
· 供应汇总小于关联约束数量

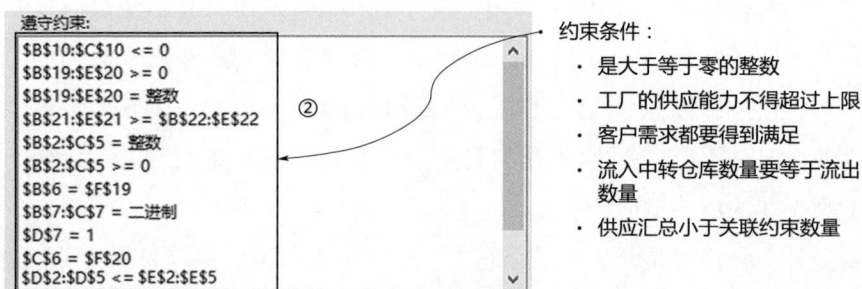

图 5-23　设置规划求解第二步

的需求必须得到满足。从 B21 到 E21 是 4 个客户汇总的送货数量，从 B22 到 E22 是每个客户的需求数量。

②" $ B $ 2：$ C $ 5 = 整数 "" $ B $ 2：$ C $ 5> = 0 "" $ B $ 19：$ E $ 20 = 整数 "" $ B $ 19：$ E $ 20> = 0 "，变量的区域是从 B2 到 C5，以及 B19 到 E20，它们必须都是大于等于 0 的整数。

③" $ D $ 2：$ D $ 5< = $ E $ 2：$ E $ 5 "，这里表明供应能力不可以超过工厂的上限。D2 至 D5 是每个工厂给各个客户供货的总数，E2 至 E5 是这些工厂的产能最大值。

④" $ B $ 6 = $ F $ 19 "" $ C $ 6 = $ F $ 20 "，它们的意思是流入和流程中转仓库的货量必须相等。例如 B6 是从 4 家工厂流入中转仓库 1 的数量，F19 是从中转仓库 1 流出，配送给 4 家客户的数量。

⑤" $ B $ 7：$ C $ 7 = 二进制 "。开启仓库是 1，关闭则是 0。" $ D $ 7 = 1 "，说明只能开启 1 个仓库。" $ B $ 10：$ C $ 10 < = 0 "，控制流入中转仓库的货物的关联约束。

第三步，在下拉菜单栏中选择"单纯线性规划"选项，如图 5-24 所示。

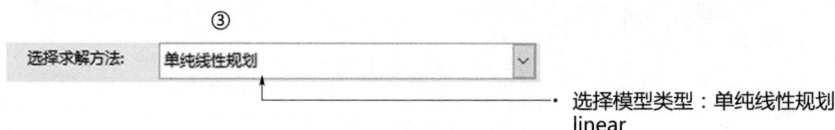

③

选择求解方法：　单纯线性规划

选择模型类型：单纯线性规划 linear

图 5-24　设置规划求解第三步

这些步骤完成后,接下来就可以单击"求解"按钮。Excel 弹出一个窗口,提示"规划求解找到一解,可满足所有的约束及最优状况"。最后,单击"确认"按钮,得到计算结果,如图 5-25 所示。

	A	B	C	D	E	F
1	工厂到中转仓库货量	中转仓库1	中转仓库2	供应汇总	供应约束	
2	工厂1	2 130	0	2 130	2 130	
3	工厂2	1 810	0	1 810	2 860	
4	工厂3	3 800	0	3 800	3 800	
5	工厂4	2 140	0	2 140	2 140	
6	供应汇总	9 880	0	9 880		
7	是否使用中转仓库(是=1,否=0)	1	0	1		
8	中转仓库固定成本	60 000	50 000			
9	关联约束数量	9 880	0			
10	供应汇总与关联约束数量之差	0	0			
11						
12	工厂到中转仓库运费	中转仓库1	中转仓库2			
13	工厂1	12	17			
14	工厂2	19	6			
15	工厂3	9	18			
16	工厂4	11	16			
17						
18	中转仓库到客户货量	客户1	客户2	客户3	客户4	需求汇总
19	中转仓库1	2 050	3 040	2 400	2 390	9 880
20	中转仓库2	0	0	0	0	0
21	需求汇总	2 050	3 040	2 400	2 390	9 880
22	客户需求	2 050	3 040	2 400	2 390	
23						
24	中转仓库到客户运费	客户1	客户2	客户3	客户4	
25	中转仓库1	8	13	15	12	
26	中转仓库2	12	16	9	15	
27						
28	工厂到中转仓库总运费	117 690				
29	中转仓库到客户总运费	120 600				
30	全部物流成本	298 290				

图 5-25 求解结果

规划求解的结果就在表格中的变量单元格内,为图 5-20 中的深色部分。结果显示应该只使用中转仓库 1,所有的 4 家工厂把货物都先送至这里,然后再运输给客户。4 家客户的需求都得到满足,而工厂的出货量均未超过最大供应量。

全部物流成本为 298 290 元,这是在所有的解中的最小值,它的计算过程如下:

$$\begin{aligned}
全部物流成本 &= 工厂到中转仓库总运费 + 中转仓库到客户总运费 + \\
&\quad 中转仓库固定成本 \\
&= (2\,130×12 + 1\,810×19 + 3\,800×9 + 2\,140×11) + (2\,050×8 + \\
&\quad 3\,040×13 + 2\,400×15 + 2\,390×12) + (1×60\,000) \\
&= 117\,690 + 120\,600 + 60\,000 \\
&= 298\,290
\end{aligned}$$

从结果上看,全部物流成本超过了此前开设 2 个中转仓库的 195 440 元,但是当时没有考虑仓库的固定成本。如果 2 个仓库都在运营,固定成本就是 6 万元加上 5 万元等于 11 万元,总成本高达 305 440 元,所以关闭一个仓库是有费用节省的。最终,啤酒公司决定只保留中转仓库 1。

总结一下,本节通过三个案例,由浅入深地为读者介绍了规划求解的使用方法,希望大家能够理解各种约束条件和变量,掌握各种物流运输运作模式,懂得如何建立约束的关联。最后我还是要强调,案例中的解是理论上的最优方案,仅作为决策的支持工具。现实中的情况是非常复杂的,可能存在数十个,甚至超百个的约束,是不能依靠 Excel 来计算出最优解的。获得数据的洞察能力,这才是学习模型的主要目标。

5.4 运输管理算法

如果我们在企业里负责运输管理,其中最为重要的工作就是不断优化运输路线,实现运费的持续降低。大型企业通过各类 TMS 和优化软件来管理运输路线,我们只有懂得基本的算法知识,才能更好地运用这些系统,完成降本的目标。

5.4.1 算法简介

算法是近些年来很热的一个名词,其在供应链管理中有许多应用。读者或许也听过其中的几种,例如模拟退火算法、遗传算法和人工神经网络算法等等,这些算法的名字给人们一种高深莫测的感觉,也因此把没有学习过相关知识的人都拒之门外。

1. 什么是算法

从本质上讲,算法是在计算或其他操作中遵循的任何过程或一组步骤或规则,任何定义明确的计算步骤都可称为算法,它接受一个或一组值为输入,输出一个或一组值。简单来说,算法是用来解决特定问题的一系列的步骤,不仅计算机会使用算法,我们在日常生活中也在用到它,只是没有察觉到。举个例子,蛋炒饭的做法就是一种算法,它有输入、制作过程和输出。

输入:鸡蛋 2 枚、冷米饭 200g、盐 3g、食用油适量。

制作过程:

①把鸡蛋在碗中打散成蛋液,加入盐。

②开火,锅热后倒入食用油。

③放入蛋液翻炒 2 分钟,转小火。

④放入米饭,用锅铲快速将米饭与鸡蛋剁匀。

⑤转中火,不断翻炒 3 分钟。

输出:成品的蛋炒饭。

相信任何人看过这份菜谱后都能够制作蛋炒饭,这就是一套算法,它需要具备以下特性:

第一,每一个步骤都是简单直接的:整个烹饪过程没有模棱两可的地方。

第二,有一组明确的输入和输出:需要准备的食物材料就是输入,成品的蛋炒饭是输出。

第三,在有限的时间内停止,并产生一个正确的结果:不可能一直炒饭,否则就烧糊了。

2. 缺货日期算法

您是否已经理解了算法呢?让我们再举个例子。库存管理中经常遇到的问题是缺料,因为物料一直在消耗,所以就会有用完的时候。计划员需要知道什么时候物料会短缺,这就是一套算法。假设某个物料在仓库里的数量是 2 144 件,每周的使用数量见表 5-15,需要计算出库存使用至哪一周会用完。

表 5-15　物料每周使用数量

日期	每周使用数量(件)
11 月 7 日	1 040
11 月 14 日	410
11 月 21 日	390
11 月 28 日	280
12 月 5 日	260
12 月 12 日	310
12 月 19 日	420

　　最简单的办法是拿个计算器,用 2 144 减去 1 040、410、……直至出现负数为止,然后查一下对应的日期是 12 月 5 日,根本不需要什么算法。如果有成千上万颗物料,还能够使用计算器吗？这时候就要用算法来求解了,我们来看一看这个计算步骤的输入、过程和输出都是什么。

　　输入:期初的库存数量 Z、日期、每周的使用数量 $Y(i)$。

　　计算过程:

　　①设定期初的库存数量为 Z,设定 $i=1$。

　　②选用 $Y(i)$ 的值。

　　③$Z=Z-Y(i)$,如果 $Z>0$,那么设定 $i=i+1$,返回第二步。

　　④如果 $Z\leq0$,那么返回 i 对应的日期。

　　⑤结束。

　　输出:库存用完的日期。

　　让我们逐步来分解这个算法的过程。首先,设定 Z 是期初的库存数量 2 144 件,i 等于 1。下一步是选择对应的 $Y(1)$ 值 1 040,然后用 2 144 减去 1 040 得到新的 Z 值 1 104,意味着在这周结束的时候,还有 1 104 件库存。由于新 Z 值大于 0,i 要加 1,新的 i 值变成了 1+1=2,返回第二步。

此时 $Y(2)$ 的数字是 410,用 1 104 减去 410 得到 694,依然是大于 0,那么 $i=2+1=3$,再回到第二步。

现在 $Y(3)$ 是 390,Z 值已经是 694,扣减前者后数量是 304,还是大于 0,i 就变成了 4,继续返回第二步。

$Y(4)$ 是 280,Z 值是 304,计算的结果大于 0,i 现在成了 5,回到第二步。

$Y(5)$ 等于 260,而 Z 值只剩下 24,显然它减去 260 小于 0,终于返回 i 对应的日期,"12 月 5 日",结束计算。详细计算过程见表 5-16。

表 5-16 详细计算过程

i 值	每周的使用数量 $Y(i)$	库存数量 Z	日期
1	1 040	2 144	11 月 7 日
1	1 040	1 104	11 月 7 日
2	410	694	11 月 14 日
3	390	304	11 月 21 日
4	280	24	11 月 28 日
5	260	−236	12 月 5 日

最后来评估一下这个算法是否具备算法的基本特性。

第一,每一个步骤都是简单直接的:是的,每一个计算步骤都很清楚。

第二,有一组明确的输入和输出:是的,输入信息包括期初的库存数量、日期和每周的使用数量,输出的结果是库存消耗完的日期。

第三,在有限的时间内停止,并产生一个正确的结果:是的,只要库存有在使用,就会有用完的那天,并且给出了对应的日期。

以上是关于算法的定义和最基本的介绍,在接下来的内容中,我会介绍几种运输管理中经典的算法。

5.4.2 迪杰斯特拉算法

本小节的内容将会为读者介绍第一个经典运输网络算法,它要解决的是最短路径问题,也就是找到起点和终点之间网络的最短路径,这是进行一切其他分析的基础。我要重点介绍迪杰斯特拉算法,它是由计算机科学家迪杰斯特拉在 1959 年正式提出的。迪杰斯特拉算法找到了两个给定节点之间的最短路径,并在此基础上,将一个节点固定为源头节点,并找到从该节点到图中所有其他节点的最短路径,产生一棵最短路径树。

接下来,让我们通过一个很简单的案例来理解这种算法。

1. 最短路径

假设 A 公司的仓库在合肥,要给位于上海的客户 B 公司送货。A 公司通常会选择这样几条运输路线:从合肥到南京,然后走常州或是无锡,最后到上海;或者从合肥到芜湖,然后经过湖州到上海。每一段路线的距离,也就是两个节点之间的路程公里已标注在图 5-26 中(请注意,案例中的距离是直线距离,而且并不是很精准,仅用于展示用途,不代表真实世界的情况)。乍看之下,使用纸笔应该就能计算出哪条线路的距离最短,当然这是为了便于读者理解,所以案例才会被设计得很简单。在现实中的情况很复杂,不可能只有这几条路线,仅凭肉眼观察是很难找到最短路径的。算法的精髓就在于它使用了一套规则,确保我们不会遗漏掉任何一个节点,掌握算法的步骤过程,才是学习本案例的目的。

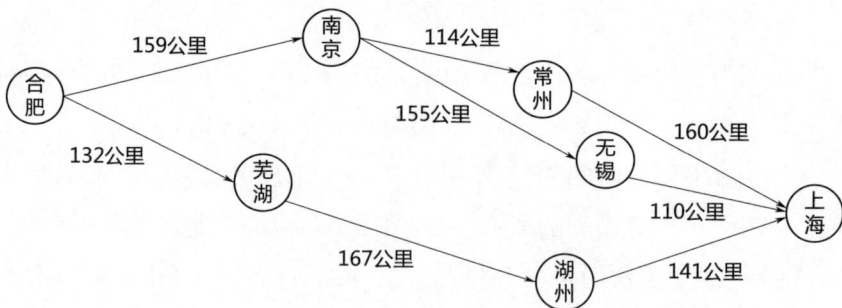

图 5-26　最短路径问题案例

首先来看一看最短路径算法的基本情况,其中包括这些概念:

①路径长度。它特指从起始节点到当前节点的距离。例如从合肥

到芜湖的路径长度是 132 公里，从合肥到湖州的路径长度是 132+167＝299（公里），而合肥到合肥的长度是多少呢？由于没有移动，所以是 0 公里。

②节点长度。两个节点之间的距离，例如从南京到无锡的距离是 155 公里。

③最短路径中的前序节点。例如芜湖的前序节点是合肥，湖州的前序节点是芜湖。

④节点是否已经到访？如果已到访为 1，没有到访为 0，这是二进制变量。

算法中的输入、计算过程和输出情况如下

输入：

①上面的连接图，其中有节点和弧线，弧线的长度就是距离，它们都必须是正数。

②需要有一个起始的和一个结束的节点，这两个节点必须明确，它们分别是合肥和上海。

计算过程：

①设定初始值，包括给图上所有的节点设置路径长度为无穷大，前序节点的值都设置为无，因为现在还不知道具体的途经节点。设定所有的节点都是未到访，也就是 0。现在所有节点和初始值都已设置好了。

②将起始节点设置为合肥，这时候，合肥的是否已到访的值就从 0 变成了 1，因为把合肥设为起点，就等于已经到过这里了。路径长度是 0，因为从合肥到合肥距离是 0。

③要访问与当前节点相邻的节点，例如，与合肥相邻的节点是南京和芜湖，计算新的路径长度，如果找到了更短的路线，那就更新路径长度，同时更新前序节点。我们要把所有的连接节点全部排查一遍，这样就不会有遗漏的地方。

④现在所有节点中，有哪些没到访过？在还没有访问过的节点中，找出路径长度最小的那个，把它作为接下来要去访问的节点。

⑤如果这是结束节点,运算就结束。如果不是,就重复步骤③。

⑥结束。

输出:

①到达结束节点最短路径的长度。

②最短路径上所有节点。

这样看是很抽象的,让我们进入案例,逐步来分解算法的过程。

2. 逐步分解算法过程

1)设定初始状态

案例的起始节点是合肥,而结束节点是上海。所有节点的路径长度都是无穷大,前序节点为空,全部都没有到访,所以都是 0,见表 5-17。

表 5-17　初始状态

节点	路径长度	前序节点	是否已到访
上海	∞	—	0
合肥	∞	—	0
南京	∞	—	0
芜湖	∞	—	0
常州	∞	—	0
无锡	∞	—	0
湖州	∞	—	0

2)选择节点合肥

这一步可以理解为把合肥激活成了当前节点,意味着已到访了这里,所以要把 0 变成 1。由于合肥到合肥是没有距离的,所以路径长度是 0,见表 5-18。

表 5-18　选择节点合肥

节点	路径长度	前序节点	是否已到访
上海	∞	—	0

节点	路径长度	前序节点	是否已到访
合肥	0	—	1
南京	∞	—	0
芜湖	∞	—	0
常州	∞	—	0
无锡	∞	—	0
湖州	∞	—	0

接下来就要寻找与合肥相邻的节点。

3)调整合肥的相邻节点

合肥共有两个相邻的节点,路径长度就是从合肥到南京和芜湖的距离分别是 159 公里和 132 公里,见表 5-19。

表 5-19　调整合肥的相邻节点

节点	路径长度	前序节点	是否已到访
上海	∞	—	0
合肥	0	—	1
南京	159	合肥	0
芜湖	132	合肥	0
常州	∞	—	0
无锡	∞	—	0
湖州	∞	—	0

以下步骤我会把选择和调整节点合并在一起。

4)选择南京,调整相邻节点

选择了南京,它的到访状态改为 1,与之相邻的节点分别是常州和无锡,它们的路径长度要进行调整。常州的路径长度等于从合肥到南京距离加上从南京到常州的距离,总和是 273 公里;同理,无锡的路径长度是 314 公里,见表 5-20。

表 5-20　选择南京,调整相邻节点

节点	路径长度	前序节点	是否已到访
上海	∞	—	0
合肥	0	—	1
南京	159	合肥	1
芜湖	132	合肥	0
常州	273	南京	0
无锡	314	南京	0
湖州	∞	—	0

5)选择芜湖,调整相邻节点

激活了芜湖,把它的到访状态写成 1,其唯一相邻的节点湖州的路径长度要调整,它等于 132+167=299(公里),见表 5-21。

表 5-21　选择芜湖,调整相邻节点

节点	路径长度	前序节点	是否已到访
上海	∞	—	0
合肥	0	—	1
南京	159	合肥	1
芜湖	132	合肥	1
常州	273	南京	0
无锡	314	南京	0
湖州	299	芜湖	0

6)选择常州,调整相邻节点

到目前为止,常州、无锡和湖州这三个节点还没有到访,它们的路径长度最短的是常州 273 公里,那就先选择此处进行调整。常州可以连接终点上海,加上 160 公里,到目的地的总长度是 273+160=433(公里)。这条路径是不是最短路径呢?现在还不得而知,需要把所有的节点都激活并调整后才能确认。现在把上海的前序节点更新为常州,见表 5-22。

表 5-22　选择常州,调整相邻节点

节点	路径长度	前序节点	是否已到访
上海	433	常州	0
合肥	0	—	1
南京	159	合肥	1
芜湖	132	合肥	1
常州	273	南京	1
无锡	314	南京	0
湖州	299	芜湖	0

7) 选择湖州,调整相邻节点

下一个选项是湖州,把它激活后,同样地计算到上海的路径长度是 132+167+141＝440(公里),这条线路的公里数大于此前的"合肥—南京—常州"的 433 公里,显然不是最短路径,所以不用更新上海的前序节点,维持现状,见表 5-23。

表 5-23　选择湖州,调整相邻节点

节点	路径长度	前序节点	是否已到访
上海	433	常州	0
合肥	0	—	1
南京	159	合肥	1
芜湖	132	合肥	1
常州	273	南京	1
无锡	314	南京	0
湖州	299	芜湖	1

8) 选择无锡,调整相邻节点

现在把无锡设为当前节点,从合肥到上海的路径长度是 159+155+110＝424(公里),小于"合肥—南京—常州"的 433 公里,这是最短的路径,此时需要更新路径,把上海的前序节点改为无锡,见表 5-24。

表 5-24　选择无锡,调整相邻节点

节点	路径长度	前序节点	是否已到访
上海	424	无锡	0
合肥	0	—	1
南京	159	合肥	1
芜湖	132	合肥	1
常州	273	南京	1
无锡	314	南京	1
湖州	299	芜湖	1

9) 选择上海

最后一步是选择上海,由于没有相邻的节点了,计算过程到此结束,见表 5-25。

表 5-25　选择上海

节点	路径长度	前序节点	是否已到访
上海	424	无锡	1
合肥	0	—	1
南京	159	合肥	1
芜湖	132	合肥	1
常州	273	南京	1
无锡	314	南京	1
湖州	299	芜湖	1

3. 输出和总结

首先,到达结束节点最短路径的长度已经找到了,是 424 公里,在图 5-27 中用加粗线条标出了,最短路径上的所有节点是"合肥—南京—无锡—上海"。

迪杰斯特拉算法非常明了,这是一种非常有效、快速的算法,运用该算法我们可以知道从起始节点到任何其他节点的最短路径。此外,它还有很多加强的算法来加快求解过程,受限于篇幅,就不再介绍了。

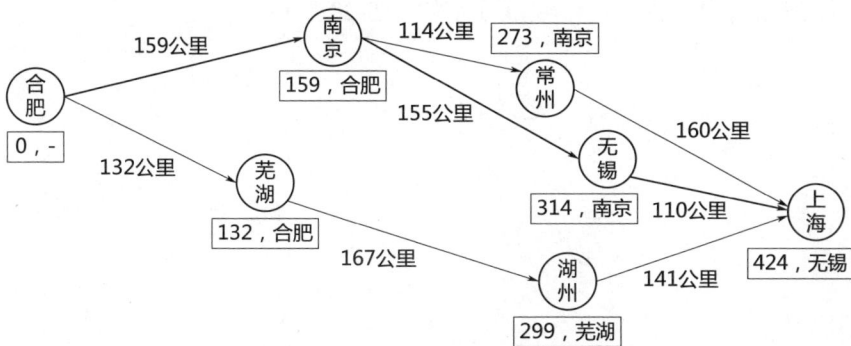

图 5-27　最短路径问题求解

归根结底,最短路径是一个制定、修改标号的算法,它的本质就是如果找到一个比已经存在的路径更短的路径,对于更新路径,让它经过会让路径变短的那个节点,并更新距离。算法有条不紊地对网络中每个节点进行判断、运算,直到它到达结束节点。最短路径的计算逻辑很直接,算法也很实用。

5.4.3 旅行推销员问题

在之前的章节里我提到过运输网络中的旅行推销员问题,即销售人员要定期拜访客户,从起始节点开始,如何以最短的距离走遍所有的节点,每个节点仅能到访一次,且不能走回头路,然后再回到起始节点,这个问题其实是一种启发式算法,特点是简单明了,计算速度很快。接下来,让我们通过一个很简单的案例来了解这种算法。

1. 旅行推销员问题

假设张三是一名销售人员,公司位于苏州市,他定期要拜访位于长三角地区的客户,主要目的是维护客户关系,推广新产品,以及处理客户投诉。俗话说,"见面三分情",在见面交流过程中,双方沟通效率更高,可以让合作关系变得更加融洽。张三的主要客户分布在苏州周边的城市,包括上海、常州、无锡、南京、合肥、湖州和芜湖等地。我们要用启发式算法,来帮他找到一条从苏州出发、总距离最短、不重复经过节点,最后回到苏州的路线。具体城市分布如图 5-28 所示。

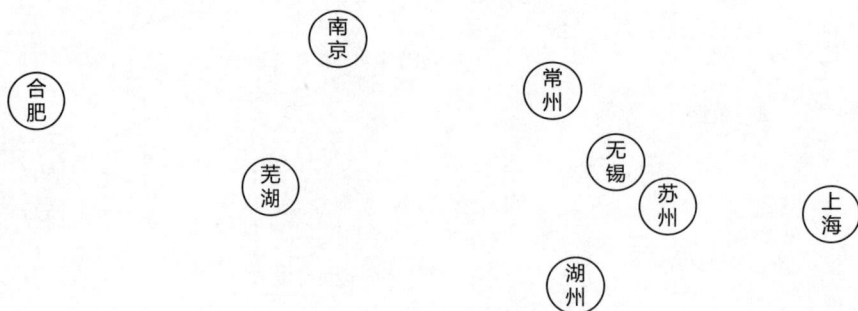

图 5-28 运输网络算法案例

1）设定初始状态，从苏州出发

首先来看算法的初始状态，假设每个城市之间的距离（请注意，案例中的距离是直线距离，而且并不是很精准，仅用于展示用途，不代表真实世界的情况），单位是公里，见表 5-26。

表 5-26 初始状态

距离（公里）	上海	合肥	南京	芜湖	常州	无锡	湖州	苏州
上海	0	420	274	294	160	110	141	89
合肥	420	0	159	132	269	303	297	331
南京	274	159	0	85	114	155	179	190
芜湖	294	132	85	0	155	180	167	216
常州	160	269	114	155	0	48	127	81
无锡	110	303	155	180	48	0	135	33
湖州	141	297	179	167	127	135	0	100
苏州	89	331	190	216	81	33	100	0

通过这张表，可以快速查看两个城市之间的距离，例如从苏州到上海是 89 公里，而且表格是对称的，从垂直和平行方向看到的数字是一致的。同一个城市之间的距离设定为 0。算法的规则很简单，先定位起始节点，寻找距离最近的城市，然后就设为下一个目的地。距离苏州最近的地方是无锡，那里会是下一站。

选好以后,可以把水平方向从苏州到无锡对应的数字"33"放大,同时删除垂直方向无锡中的其他数字,表格更新效果见表 5-27。

表 5-27 苏州—无锡

距离(公里)	上海	合肥	南京	芜湖	常州	无锡	湖州	苏州
上海	0	420	274	294	160		141	89
合肥	420	0	159	132	269		297	331
南京	274	159	0	85	114		179	190
芜湖	294	132	85	0	155		167	216
常州	160	269	114	155	0		127	81
无锡	110	303	155	180	48		135	33
湖州	141	297	179	167	127		0	100
苏州	89	331	190	216	81	**33**	100	0

这样做可以自己提个醒,表示无锡已到访,不用再次抵达。

2)无锡

无锡是当前活跃节点,从这里出发最近的城市是哪里?苏州只有 33 公里,但那里是终点,还有很多地方没有去,所以现在不能选择它。合适的目标是常州,只有 48 公里。按照同样的方法把代表"无锡—常州"的 48 公里放大,删除常州列上的其他数字,见表 5-28。以下的步骤按照同样的规则进行计算,不再赘述。

表 5-28 无锡—常州

距离(公里)	上海	合肥	南京	芜湖	常州	无锡	湖州	苏州
上海	0	420	274	294			141	89
合肥	420	0	159	132			297	331
南京	274	159	0	85			179	190
芜湖	294	132	85	0			167	216
常州	160	269	114	155			127	81
无锡	110	303	155	180	**48**		135	33
湖州	141	297	179	167			0	100
苏州	89	331	190	216		**33**	100	0

3) 常州

根据算法,距离常州最近的城市是南京,为 114 公里,见表 5-29。

表 5-29　常州—南京

距离(公里)	上海	合肥	南京	芜湖	常州	无锡	湖州	苏州
上海	0	420		294			141	89
合肥	420	0		132			297	331
南京	274	159		85			179	190
芜湖	294	132		0			167	216
常州	160	269	**114**	155			127	81
无锡	110	303		180	**48**		135	33
湖州	141	297		167			0	100
苏州	89	331		216		**33**	100	0

4) 南京

根据算法,距离南京最近的城市是芜湖,为 85 公里,见表 5-30。

表 5-30　南京—芜湖

距离(公里)	上海	合肥	南京	芜湖	常州	无锡	湖州	苏州
上海	0	420					141	89
合肥	420	0					297	331
南京	274	159		**85**			179	190
芜湖	294	132					167	216
常州	160	269	**114**				127	81
无锡	110	303			**48**		135	33
湖州	141	297					0	100
苏州	89	331				**33**	100	0

5) 芜湖

根据算法,离芜湖最近的节点是合肥,为 132 公里,见表 5-31。

236

表 5-31　芜湖—合肥

距离(公里)	上海	合肥	南京	芜湖	常州	无锡	湖州	苏州
上海	0						141	89
合肥	420						297	331
南京	274			**85**			179	190
芜湖	294	**132**					167	216
常州	160		**114**				127	81
无锡	110				**48**		135	33
湖州	141						0	100
苏州	89					**33**	100	0

6) 合肥

根据算法,湖州是离合肥最近的城市,为 297 公里,见表 5-32。

表 5-32　合肥—湖州

距离(公里)	上海	合肥	南京	芜湖	常州	无锡	湖州	苏州
上海	0							89
合肥	420						**297**	331
南京	274			**85**				190
芜湖	294	**132**						216
常州	160		**114**					81
无锡	110				**48**			33
湖州	141							100
苏州	89					**33**		0

7) 湖州

由于每个节点仅能到访一次,湖州的可选项只有上海,为 141 公里,见表 5-33。

表 5-33　湖州—上海

距离(公里)	上海	合肥	南京	芜湖	常州	无锡	湖州	苏州
上海								89

距离(公里)	上海	合肥	南京	芜湖	常州	无锡	湖州	苏州
合肥							**297**	331
南京				**85**				190
芜湖		**132**						216
常州			**114**					81
无锡					**48**			33
湖州	**141**							100
苏州						**33**		0

8）上海

最后从上海返回苏州，为 89 公里，大功告成，见表 5-34。

表 5-34　上海—苏州

距离(公里)	上海	合肥	南京	芜湖	常州	无锡	湖州	苏州
上海								**89**
合肥							**297**	
南京				**85**				
芜湖		**132**						
常州			**114**					
无锡					**48**			
湖州	**141**							
苏州						**33**		

让我们把张三的旅程绘制出来，如图 5-29 所示。路线沿途经过了"苏州—无锡—常州—南京—芜湖—合肥—湖州—上海—苏州"这些节点，总长度=33+48+114+85+132+297+141+89=939（公里）。

这套算法看起来非常简单易懂，但只要仔细看一下这张图，就会感觉有点不太合理，张三需要从芜湖去合肥，再折返前往湖州，这几乎要在合肥和芜湖之间跑个来回，多走了冤枉路，显然这是不对的，因为路径在此处交叉了。接下来我们要优化这个路径方案。

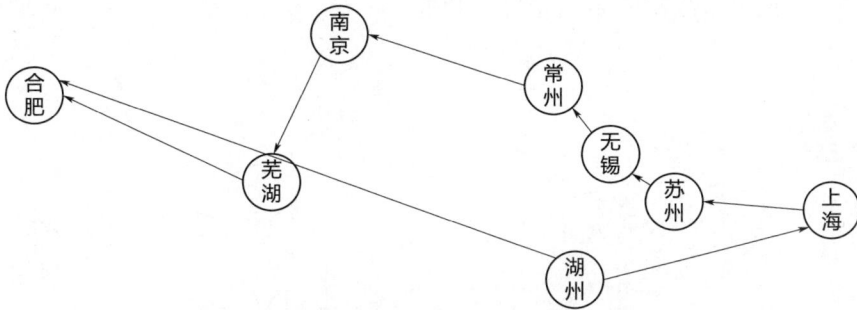

旅程：苏州—无锡—常州—南京—芜湖—合肥—湖州—上海—苏州
长度：33+48+114+85+132+297+141+89=939（公里）

图 5-29　初步求解结果

2. 优化路径方案

交叉的路径是"南京—芜湖"和"合肥—湖州"这两段，它们的长度分别是 85 公里和 297 公里，加起来等于 382 公里。如果把这 4 个节点的连接方式换一下，变成"南京—合肥"和"芜湖—湖州"，新的长度分别是 159 和 167 公里，总和是 326 公里，小于此前的方案，所以应该优化路径顺序，这种优化的方法就叫作"两元素优化"，是非常简单实用的改进方法。

地图中只有这一处交叉的地方，其他节点不需要进行改动。优化以后就可以得到新的计算结果，见表 5-35。

表 5-35　优化后的路线

距离(公里)	上海	合肥	南京	芜湖	常州	无锡	湖州	苏州
上海								89
合肥				132				
南京		159						
芜湖							167	
常州			114					
无锡				48				
湖州	141							
苏州						33		

239

再把表格绘制成图,如图 5-30 所示。

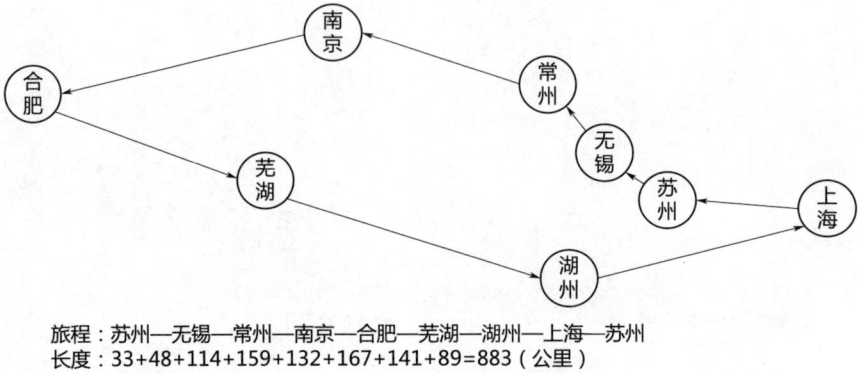

旅程:苏州—无锡—常州—南京—合肥—芜湖—湖州—上海—苏州
长度:33+48+114+159+132+167+141+89=883(公里)

图 5-30　优化后的求解结果

5.4.4　车辆路径规划问题的算法规则及优化方法

车辆路径规划问题(vehicle routing problem,简称 VRP)和旅行推销员问题很相似,后者是假设一个人或是一辆车要到访所有的节点,并最终回到起点。VRP 研究的是使用更多的运输车辆,来满足配送需求的问题,明显这种算法更贴近现实情况,适用的场景也更多,包括快递、外卖、同城配送等,都属于路径规划的范畴。本篇内容将会为读者介绍 VRP 的基本算法规则,以及如何进行优化的方法。

1. 车辆路径规划问题

在现实商业场景中,通常需要多辆运输卡车,给多个站点进行配送,由于需求量不同,因此可以设计多条路线,求解的目标是寻找一条运输路径,使运输总成本最小化,可以使用启发式算法进行计算。

本小节的案例情况如下,一家饮用水公司的配送中心设立在上海市的青浦区,这里交通便利,可以覆盖上海市的行政区,以及江苏省和浙江省的临近县市。案例的基础数据见表 5-36。

表 5-36　案例的基础数据

节点	需求(桶)	距离(公里)
宝山	105	45

节点	需求（桶）	距离（公里）
普陀	52	28
嘉定	127	29
昆山	73	30
吴江	160	46
嘉善	60	40
松江	92	16
金山	178	50
闵行	195	25
浦东	60	47
青浦	0	0

距离是指从配送中心所在地青浦出发，到客户的直线距离，例如从青浦到浦东的距离是 47 公里（请注意，案例中的距离是直线距离，而且并不是很精准，仅用于展示用途，不代表真实世界的情况）。

规划的方法是先选定节点，然后再安排路线。假设每辆卡车的最大载重量是 400 桶的饮用水商品，只要超过上限，就必须另外安排一辆车运输。换句话说，只要节点累计的需求超过 400，就要增加一辆卡车，这是案例的约束条件。如何来选择节点呢？这里可以使用扫描算法，具体步骤如下：

①从某一个节点开始，以顺时针或逆时针的方向扫描。

②设定卡车初始的载重量为 0，每经过一个节点，就加上该节点对应的需求量。如果没有超过最大值 400，就前往下一个节点。

③当到达节点的累计载重量超过了 400，停止扫描，在此节点新增加一辆卡车，返回上一步。

④扫描过所有的节点后，使用旅行推销员的启发式算法，求解每辆卡车的最短运输路径。

⑤结束。

接下来，让我们通过案例来了解详细的计算过程，如图 5-31 所示。

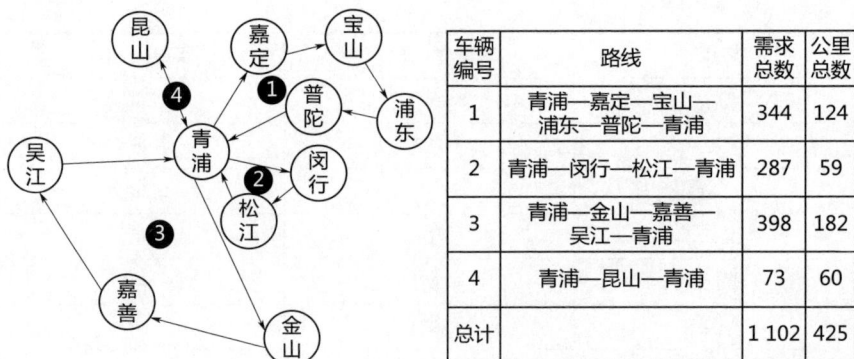

车辆编号	路线	需求总数	公里总数
1	青浦—嘉定—宝山—浦东—普陀—青浦	344	124
2	青浦—闵行—松江—青浦	287	59
3	青浦—金山—嘉善—吴江—青浦	398	182
4	青浦—昆山—青浦	73	60
总计		1 102	425

图 5-31　扫描算法初步求解结果

在最初的规划方案中,以嘉定为起点,根据顺时针方向进行扫描,先把嘉定的需求数量 127 归入空载的卡车之中,然后继续看下一个节点宝山,此处的需求是 105,两者相加小于 400,所以接着往下走。经过普陀和浦东后,此辆卡车的载重量已达到 344,再加上闵行的数量 195 是大于 400,所以要在闵行这里停下来,增派一辆空的卡车,这是第二辆车。

按照同样的方法,配送完闵行和松江地区后,如果再加上金山的需求量又要超过 400,此处要安排第三辆车,来覆盖包括金山在内的嘉善和吴江等地。昆山没有办法再安排进来了,必须使用第四辆车运输。

至此,每辆卡车要配送的节点已经全部选定,第一步已完成。接下来要安排路线,这里使用的依然是旅行推销员案例中的算法。由于节点数量较少,计算很简单,因此具体过程就不再展开了。最后,每辆卡车的送货路线在图中用直线箭头标注出来。

所有卡车可满足的需求数量之和是 1 102,这与全部节点的需求总量一致。所有的行程总数是 425 公里,当然这里仍使用了直线距离进行展示。

2. 优化方案

我们看到这些节点的需求量,每个节点的均值大约是 110,一辆卡车的运力应该可以满足 3 至 4 个节点。在上述方案中,第四辆卡车只为昆山地区配送,且需求量仅为 73,怎么看都不太合理。难道是算法有什么问题吗?

其实,扫描算法的第一步是随机地规定了初始节点和方向,是随意挑选的,然后进行扫描,所以计算过程很快。如果我们设定一个不同的起始节点会有什么变化? 如果更换一下方案,从普陀开始重新计算一下,那么就会得到一个截然不同的结果。

如图 5-32 所示,这次只需要 3 辆卡车就可以完成任务,总的路径长度是 418 公里,比之前的方案减少了 7 公里。虽然没有节省许多公里数,但可以少运营一辆车,意味着减少了车辆的固定和可变成本。

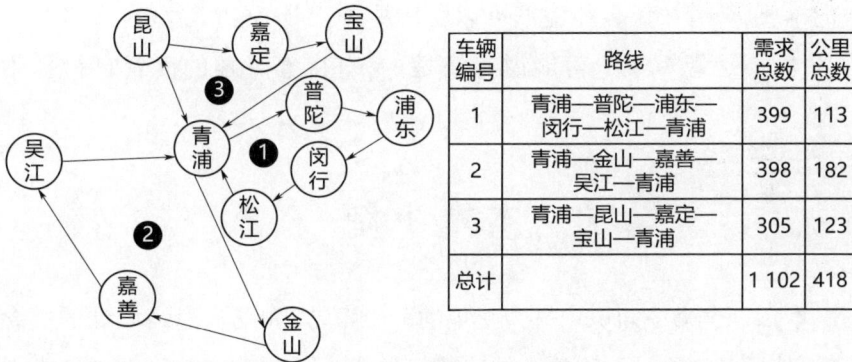

车辆编号	路线	需求总数	公里总数
1	青浦—普陀—浦东—闵行—松江—青浦	399	113
2	青浦—金山—嘉善—吴江—青浦	398	182
3	青浦—昆山—嘉定—宝山—青浦	305	123
总计		1 102	418

图 5-32　优化后的线路

由此可见,只因选了一个不同的起点开始扫描,最后得出的结果完全不同。扫描的起点和方向不同,得到的答案也不同。一般来说,使用者要选取多个不同的起点和方向进行扫描,因为会得到完全不同的结果。一个好的经验是先备好多种扫描算法,然后用每一个从不同位置、不同角度、不同方向进行扫描,最后,从多个结果中选择一个最优的结果。从这个例子就可以看出,第二次扫描结果说明其实只需要 3 辆卡车,而且运输里程也减少了。扫描算法的本质是一种启发式算法。常用的一个策略就是,拿好几个略有差异的启发式算法,对同一问题求解,从多个解中选择最好的一个。虽然启发式算法未必很准确,但优点是求解速度快。

3. 算法内容总结

在本节内容中我们学习了好几种算法。其实我们在日常工作中都使用过算法，只是没有留意，例如 Excel 中的函数功能，它们的背后都是算法，只要给函数公式一些输入，就能得到想要的输出。算法还有一些重要的特性，包括其内容不能有歧义，计算机读不懂模棱两可的话，所以输入和输出都必须很明确。算法还必须有终止的地方，经过一段有限时间的运行后产出结果。最短路径、旅行推销员和车辆路径规划都是在运输网络中十分常见的问题。

介绍这些内容的目的是帮助读者了解算法和经典运输问题，理解它们的本质，知道在什么环境下可以使用哪种工具，这个领域有很多相关知识，并不是短短数千言能说得清楚的，有待感兴趣的读者自行探索发现。

本 章 小 结

本章是全书中知识点最为密集的一个章节，先是从网络设计的概念入手，然后了解设计流程的主要步骤。约束条件是供应链管理中经常遇到的情况，在运输活动中的约束包括供应和需求等一系列的条件，理解约束对于后续的规划求解非常重要。

从 5.2 小节开始，我们循序渐进地学习了运输网络中的规划、模型和算法，这里的知识非常丰富，有些地方需要读者使用纸笔进行些简单的计算，这样能帮助大家更好地理解，也希望大家能够享受学习的过程。

第6章 预测库存和运输

什么是预测呢？在供应链管理的范畴内,预测指的是对未来需求的估计。预测可以是使用数学方法对历史数据进行的客观分析,也可以是主观的判断。预测应该是以上两种方法和技术的结合。没有历史销售数据,就不太可能作出准确的预测。同时,也没有一种数学模型,可以精准地预测未来。

本书主要讲述的是库存和运输的话题,会探讨预测在这两个方面的具体应用。

6.1 预测的基础知识和实施步骤

当企业向新市场扩张或经济环境发生重大变化时,预测就显得尤为重要。许多人抱怨预测难,或许是他们对于预测的理解还不够深入。

6.1.1 预测的著名原理

预测是供应链中广泛使用的方法,比如我们要预测未来的销售额、库存、运费等,预测的目的是想要根据现在的情况,来推测未来的结果,为决策找到依据。关于预测有三条非常著名的原理,它们是:

1. 预测永远都是错误的

这简直是当头一棒！既然预测都是错误的,那我们还讨论什么？大家先不要急着把书合上,让我先解释为什么说预测是错误的。以销售预测为例,想要精准地预测上海所有快餐店每天卖出的炸鸡块数量,难度堪称海底捞针。原因是销量数字是一个连续的变量,是一个很大的正整数,想要从这么多数字中准确地预判实际的量,这几乎是不可能完成的任务。再比如,我要预测我月末的库存金额,而我现在持有的库存高达 9 位数,想要预测准确数字的可能性几乎为零。预测存在巨大的不确定性,很难捕捉它,这就是为什么说"预测永远都是错误的"的原因。

不过呢,我们也不用气馁。虽然预测很难,但是我们可以找到预测的错误区间,也就是说,准确的数字就在这个区间之内,我们把预测的结果看作一个范围、一种指引,它告诉我们正常的方向。例如,我们的需求量正在减少,已制定的库存策略是降低库存金额,我预测库存会逐渐下降,当期的数字应该体现低落的趋势,这说明我们采取了有效的行动,控制了库存。

由于预测和实际结果之间永远存在偏差,有些人会说"既然预测是错误的,那么我们就不要作了",这种观点是不正确的。预测虽然是错误的,但它提供了一个范围,我们跟踪预测的误差,然后就可以优化流程,调整模型或参数,最终提高预测的准确性。

2. 近期预测的准确性高于远期

这是最容易理解的一条原理。大家可以想象天气预报,气象台预测明天的天气一般都是很准的,气温是几摄氏度,会不会下雨,准确率高得惊人。

预测明天的天气很容易,但是预测三个星期以后的天气就很难了,相信大家都有这方面的经验,这种现象是非常合理的,我们对于未来短期会发生的事情更有把握。举个例子,如果要我预测下周会发运哪些客户的订单,我可以拍胸脯告诉你结果,因为我知道许多订单已经完成,就在仓库里。运输车辆都已经安排好了,而且是常年合作的运输车队,如果不出意外,是可以按照原先的计划出货的,我对于未来一周的运营情况很有信心。

但是要我预测三个月以后的订单出货就比较难了,因为供应链有许多不确定性。工厂的设备可能会出现故障、生产的原材料可能供应不上,或是客户突然把订单取消了,不要货了,这三个月内发生的任何事情,都可能会影响原来的计划,必然会降低远期的预测准确率,这是难以避免的事情。正是由于预测的这个特点,有经验的人会利用短期预测,从而提高准确率。餐馆老板会根据天气情况,结合历史销售额,推测翌日客流量,然后再决定备货数量,这样就可以更精准估算进货量,降低热销菜品缺货风险,减少浪费食材。

3. 汇总的预测比分离的预测更准确

汇总和分离在供应链中的术语分别是 aggregate 和 disaggregate,从单词的前缀上看得出来它们是一对反义词。我们在作预测的时候,通常都是针对一个较为分离的目标,比如预测一家快餐店每天的炸鸡块销量,这里涉及三个维度,分别是地点、SKU 和时间。地点是某地的一家门店,SKU 是店里销售的炸鸡块,而时间是每个营业日,此类预测是很正常的,是高度分离的预测水平,这就是所谓的 disaggregate。分离预测的准确性往往是比较低的,炸鸡虽然美味好吃,但我们也不会天天吃,肯定要换换口味,比如吃个蛋挞。离散的需求一般很难把握。

再比如,某种颜色 T 恤衫的销售就是分离预测,我们很难预见蓝色、黑色、黄色或是粉色衣服各能卖出多少件,因为个体商品销售的波动性太大了。如果我们把这些 T 恤衫的销量汇总起来,从产品系列(product family)的层级上做预测,可以提高准确率,这就是汇总 aggregate。

假设在产品系列里,每个 SKU 的预测过高和过低的可能性是一样的,低估往往能平衡高估的数字,它们可以相互抵消,这是一种非常奇妙的现象,它的原理是风险汇总(risk pooling),意思是把个别的风险合并到同一个池子里,而池子里的总体风险往往小于流入池子的所有风险的平均值。风险代表的是不确定性,波动性越大,不确定性也就越大。在统计学中,我们使用变异系数来反映波动性,计算方法是用标准差除以平均数。

假设四种颜色 T 恤衫的销售量都有相同的标准差和平均数,见表 6-1。

表 6-1　四种颜色 T 恤衫的销售量统计

T 恤衫	标准差	平均数	变异系数
蓝色	40	100	0.4
黑色	40	100	0.4
黄色	40	100	0.4
粉色	40	100	0.4

它们的变异系数都等于 0.4，这也是平均值。如果我们计算四种 T 恤衫汇总的变异系数，就会得到这样的结果，见表 6-2。

表 6-2　四种 T 恤衫汇总的变异系数

T 恤衫	标准差	平均数	变异系数
蓝色	40	100	0.4
黑色	40	100	0.4
黄色	40	100	0.4
粉色	40	100	0.4
汇总	80	400	0.2

汇总的平均数是简单地用 100 乘以 4，得到了 400，而汇总的标准差却只有 80，这是为什么呢？因为根据标准差的计算公式，它需要乘以 $\sqrt{N}$，也就是 $\sqrt{4}=2$，这样一来，平均数乘以 4，而标准差只乘以 2，CV 就变成了 0.2，也就是说汇总后的波动性和风险更小，更加稳定。

这一段文字有些难理解，其中包含了统计学的知识，如果没接触过这些内容的同学可能理解起来有些费劲。不过没关系，我们只需要掌握这条预测的原理，那就是汇总的预测比分离的预测更准确就可以了。事实上，我们的生活中有许多这方面的应用。

我的著作《供应链管理从入门到精通》中有一篇文章，讲的是早餐店老板很难预测每天会有多少顾客购买淡浆、甜浆或是咸浆，他非常聪明地把这三种产品汇总在一起进行预测，并巧妙地设置了推动和拉动的平衡点。老板既提高了预测准确率，也加快了订单响应速度，减少了食品浪费,这是经典的供应链延迟策略,它利用了汇总预测更加准确的特点,降低了波动性和风险。汇总不仅可以从 SKU 产品角度入手,也可以从地点和时间维度展开。我们把某地区所有门店的销量汇总起来预测,准确性肯定高于单个门店。预测一整年的销售情况,肯定比某个月份更加精准。

理解预测的三个原理,可以帮助供应链管理人员更好地使用预测工具,为决策提供洞察,制定合适的策略。

6.1.2 实施预测活动的关键步骤

供应链管理就是要让供应和需求相互匹配。需求是所有供应链管理活动的源头,了解、预测需求信息是非常重要的,这将帮助我们更好地规划供应链能力,实现产销平衡,达成各项财务指标,比如销售、库存和运费等。需求驱动的供应链已是主流的模式,它替代了传统的以产定销的模式。供应链管理需要一套有效的预测流程,这套流程包含以下七个关键步骤:

1. 明确预测的目的

为什么要做预测? 因为我们想要知道未来的趋势会是怎么样的,月末库存金额会有多少? 运费是否会超出预算? 逾期订单数量是否会降低? 这些是我们想要了解的情况。我们不是为了预测而去预测,而是出于某种原因,所以一定要明确目的是什么。预测是某个供应链流程中的一部分,例如预测是 S&OP 中很重要的一个步骤,用于预测和管理未来的需求,然后在公司内部建立一座桥梁,使之与供应形成平衡。因此,预测是工具,而不是目的。

2. 明确预测的内容和时间范围

首先来看预测的内容,也就是预测什么。最常见的内容是产品的销售量、需求、库存。我们还要定义预测的层级,是某款产品,是整个产品系列,还是公司的总体情况? 这是第一个要明确的事情。接下来就是预测的时间范围(time horizon),这是什么概念? 预测是对未来的一种估计，所以时间是一个维度。在绘制预测图表时，时间是在横轴上的，由近到远，向着右侧延伸出去，构成一道水平线，这就是 time horizon 的意思，通常我们把它叫作时间范围或是跨度。

时间是有单位的，小时、天、周、月和年，我们会根据预测的目的来选择合适的时间单位。当我们要做公司的五年规划时，这是战略层面的，所以时间跨度是最长的。有一些大型基础设施的投资建设周期很长，需要预见十年、二十年后的需求情况。在战术层面通常是以月或是周为单位，我们需要考虑短期的产能规划、主生产计划和库存计划等。例如，S&OP 一般是以月度为单位执行，它属于战术层面的流程。执行层面是每天或每小时的具体活动，包括具体要生产什么商品，或每天需要安排几辆卡车运货之类的事情。

3. 选择预测的方法和模型

我们可以选择定性的或定量的方法，或把两者混合起来使用。定性是一种主观的判断方法，最贴近预测对象的人群能提供较为准确的预测。我们会询问销售人员关于市场需求的情况，因为他们是离客户最近，也是最懂市场的人。一线人员能够反馈最真实的信息，所以他们的输入信息质量很高。主观判断的基本逻辑是"总会有人知道"，具体的方法就是让合适的人来作判断。

销售说的话可信吗？在信息的渠道方面是可靠的，但是销售人员都是"乐天派"，一方面他们的性格大多积极向上，另一方面业绩指标和奖励机制使得他们总是对未来业绩过于乐观，所以要对销售给出的数字打点折扣。不管怎样，销售提供的预测信息仍有很高的参考价值，不可不信，也不可全信。

为了避免某一个人的判断偏差，可以使用群体的智慧，这就是专家调查法或德尔菲法，这是让一群专家通过匿名调查的方式来进行集体判断，群策群力可以避免踩坑。俗话说"三个臭皮匠，顶个诸葛亮"，何况是专家的智慧呢？

我们更多地使用定量方法，第一种是因果模型，用老话说就是"有因必有果"。一些需求是由于一些潜在的原因造成的,我们通过观察驱动因素,可以提前预测未来的需求趋势,就像下雨天在地铁口总会有人兜售雨伞一样,需求是可以预料或是推测的。

第二种是时间序列方法,这是供应链管理中最常使用的预测模型,它不需要知道具体原因,或者说不是所有的"果"都可以轻易地找到"因"。形成需求的原因可能是复杂的,可能由多个因素共同作用引起,因果关系模型适用场景毕竟是少数,在更多情况下,预测是在寻求一种规律。

时间序列是什么意思呢?时间是一个维度,在每个时间点,例如每天、每周和每月的需求量都不一样,因为它是动态的。在数学上,序列是被排成一列的对象,每个元素不是在其他元素之前,就是在其他元素之后。如果把昨天、今天和明天的需求排成一列,以时间为横轴,以数量为纵轴,这就是一个时间序列。

时间序列预测的方法有天真(naive)、"被平均"的移动平均(moving average)和"很灵活"的指数平滑(exponential smoothing)。时间序列模型在供应链中的应用场景非常多,不仅可以预测需求,也可以预测库存、运费等。

如果我们有历史数据,而且趋势比较稳定,可以使用时间序列预测。如果没有数据,或者趋势经常变化,最好的办法是根据引起趋势变化的因素,来制定一个有关联性的预测。

4. 收集数据

数据是最重要的输入信息,我们需要根据预测的内容来收集对应的数据。如果要预测运输费用,我们需要收集的信息有历史运输费用、工厂未来的订单数量、货物的体积重量、送货和发货频率、原材料采购量等。如果要预测原材料库存金额,我们需要的数据包括 SKU 清单和采购单价、未来 12 个月的需求、采购的前置时间、运输时间和频次等。

与预测内容无相关性的数据就不需要收集。在收集数据时,我们要注意数据的质量,先要进行数据清理,把不合理或是错误的数据剔除。

除此之外,如果数据显示很强的季节性,就用去季节性的方法将其暂时去除。

5. 使用历史数据测试模型

预测模型是否有效?我们要测试选用的模型。如果我们有历史数据,准备一个从现在开始的,持续几个时间段的预测结果,并将它与实际历史结果进行比较。我们可以用实际的数值减去预测值,得到误差值,然后进行分析。常用的检验预测数据的方法有以下这三种:

①平均绝对偏差(mean absolute deviation,简称 MAD)。

②均方根误差(root mean squared error,简称 RMSE)。

③平均绝对误差百分比(mean absolute percent error,简称 MAPE)。

我们可以使用多种方法进行预测,然后找到最合适的方法。

6. 实施预测

我们在进行必要的调整后,使用合适的预测模型。如果季节性因素在之前的数据清理中去除了,现在就把它重新加进去。任何定性的调整都将在这时进行,可以在最后的结果之上乘以一个系数,用来解决"噪声",或说是预留一些容错的空间。执行此类调整需要听取一线人员的建议,单纯依赖模型,可能会出现偏离现实的情况。

7. 定期回顾,提高预测模型的准确性

正如预测著名的原理"预测永远都是错误的",预测存在一定的错误区间,也就是预测值和实际值之间的差。我们需要定期审查和改进模型,提高准确性,避免预测过高或过低的倾向。

6.1.3 为什么客户需求总是在变

造成需求变化的根源有很多种,其中一部分是随着时间的推移不断变化的。需求变化是永恒存在的,而我们所处的世界也变得越来越复杂,消费者可选择的商品和服务种类也越来越多,这些都加剧了需求的不确定性。以下我为各位罗列了一些需求变化的来源,供大家参考。

1. 竞争影响

竞争构成了市场经济的基础。竞争对手为了抢占市场份额，会采取价格战、广告宣传和创新等手段，这些情况都会造成需求的不确定性。星巴克曾经占据中国连锁咖啡品牌一半的市场份额。随后国内咖啡品牌飞速崛起，瑞幸咖啡依靠大量发放饮品优惠券吸引消费者，在广告宣传方面与当红明星合作，还高频玩起了跨界合作的模式。在2022年6月底，瑞幸咖啡的门店数量超过星巴克，成为国内门店数量最多的咖啡连锁品牌。随着越来越多咖啡品牌入局，他们都会和星巴克展开激烈竞争，从而造成需求波动性。

竞争还有另外一重影响。竞争者的质量问题或原料短缺等情况，可能会导致客户需求的猛增。例如国内某家汽车整车厂会同时定点两家零部件供应商，A点是外资工厂，质量稳定，交付及时，但是价格偏高。B点是本地民营企业，质量事故时有发生，准时交付也难以保障，唯一的优势是零件价格较低。整车厂出于采购成本的考量，平时主要向价格较低的B点下单。如果B点出现产品质量问题，无法供货，整车厂就转向A点采购。面对额外增加的客户订单，A点是无法拒绝的，在喜获订单的同时，也是对A点供应能力的考验，其必须具备足够的产能来面对需求的波动。这种突如其来的需求，也会给供应商的需求管理增加难度。

2. 季节因素

很多商品的销售严重受到季节因素的影响，比如月饼在中秋节前的销量会达到一年中的顶峰，随后会出现断崖式下落。汽车整车厂一般在每年夏天停产放假1~2周，对机器设备做维修保养。在客户停产期间，汽车零部件供应商就不会收到需求订单。

由于季节因素是可预期的，所以此类的需求计划是有迹可循的，在盛夏来临之前囤积防暑降温的饮料，在寒冬来临之前订购取暖器，大概率是可以销售出去的。但是季节性天气是无法预测的，如果不巧碰到凉爽多雨的夏季，西瓜和饮料就会遭遇滞销。

广义的季节影响还可以延伸到其他时间单位，比如餐馆是以天和小时为单位来作需求计划的,餐馆每天最忙碌的时间段是中午和傍晚。除了商品,服务也会受到季节因素的影响,医院在春季流感爆发的时候总会人满为患。

3. 经济趋势

经济发展的趋势就是会经历波峰和低谷,在高速增长的阶段需求受到刺激,在陷入低潮的时候需求呈现疲软,这些都是经济发展的自然规律。在2008年美国次债危机爆发的时候,几乎所有的行业都被波及,投资人和消费者的信心受到严重打击,坠到了谷底。人们采取了保守的投资策略,减少不必要的消费支出,市场需求因此大幅下降。当人们的消费信心恢复以后,市场开始变得活跃,需求逐渐回升到正常水平。这一降一升的过程,形成了整个的经济周期。在充分竞争的市场环境下,每隔10年左右就可能会经历一次繁荣、萧条、衰退、复苏的周期性波动。

4. 生命周期

产品都是有生命周期的,以汽车零部件为例,零部件制造商在项目开发初期,会给客户提交一些样件,数量可能只有几百套。随着汽车开始进入爬坡量产,零部件也进入大规模生产阶段开始大批量地向客户供货。新车型被市场广泛接受需要一些时间,汽车生产也需要经过一个上升期,汽车整车厂对于零部件的需求也会逐渐增长。

如果新车型受到市场热捧,成为爆款,就会经历一个快速的成长期,销量会迅速上升,汽车整车厂对于原材料的需求也将会加快。当一个车型进入成熟期的时候,它的需求就会进入一个平稳阶段,对应的原材料零部件的需求也相对稳定。随着更新迭代的新车型出现,老车型就会进入产品衰退阶段,产量和销量都会逐渐减少,为新车型的出道让位,它所对应的原材料需求也会进入一个衰退期。

如果市场部的信息如果没有及时传递到供应链,那么我们就不知道哪些新车型即将进入量产,也不知道哪些车型可能会退市。缺少新车型量产的信息,就会影响我们对产能、人员和原材料这些关键资源的判断,可能导致新车型在产量开始爬坡的时候,无法做好充足的准备,无法满足客户生产爬坡所要求的原料供应。缺乏衰退期的车型的信息,可能会导致我们做了额外多的零部件库存,有一些专用物料可能会被迫报废。

5. 移动互联网

移动互联网的出现,彻底改变了中国的商业世界。随着移动支付打通了商家和消费者之间的最后一道交易壁垒,越来越多的交易都是在线上完成,对于零售和快销行业来说,这是一场颠覆性的革命。

社交媒体对于电商零售的发展也起到了决定性的影响。以往产品营销的主要渠道是通过在主流媒体上推放广告来传递给消费者,社交媒体的出现改变了这种传统的模式,它从最早期的文字传播,到短视频和在线直播的视频传播模式,使得传递营销信息的方式越来越多,而且越来越精准。每天看主播们带货直播,用户随手就买下被安利的商品,这种模式已经严重挑战了传统的营销模式。新兴起的民族品牌,依靠新媒体渠道的营销模式,抢占了很多大品牌的产品市场份额。

对于所有的商家来说,移动互联网是一柄"双刃剑"。一方面可以增加他们的市场份额和销售量,但同样的会对需求造成巨大的波动影响。如何在促销的时候保证不会缺货,防止呆滞库存,这都考验着快销行业的快速反应能力,这些能力都需要通过信息技术来实现,从客户需求传递到产品设计、生产制造、履约交付,需要提升整个行业供应链的能力。这些细分行业的供应链,就是被残酷的市场竞争倒逼着要进行升级迭代的。

6. 促销

促销打折是造成需求波动的一个重要原因,从而直接造成了牛鞭效应。每年的"双11"是一场网络购物的狂欢节,但是大促可能给企业的供应链带来极大的影响。企业对于一年一度的"双11"的态度是比较纠结的,看到同行业的竞争者都参与进来了,自己不加入就会失去一个销售的好机会,消费者也会对品牌产生质疑。

如果选择参加,就必须为了"双11"大量备货,其中还包括人力资源和物流快递服务的能力储备。即使是企业选择参与"双11"促销,这也是一场对于市场需求的博弈,赢了,产品大卖,在激动庆祝之余,企业也必然面临后续需求疲软的问题。万一不幸输了,企业就要背负大量的库存和面临产能过剩的困局。

企业为了保持供应链的高效率,抵御需求波动造成的牛鞭效应,可以采用稳定价格的策略,这样就有效地消除了促销引起的需求波动。

7. 天灾人祸

当灾害发生以后,就会对需求供应产生严重的危害。2011年日本"3·11"大地震与海啸导致许多日本制造业工厂停工,使得全球电脑芯片制造业几乎陷入瘫痪,很多电脑生产商被迫停产,连带电脑其他配件的需求也出现断崖式下滑。虽然自然灾害看上去无法预测,而且破坏力巨大,但是企业可以来缓解自然灾害造成的损失,比如,在台风季节来临之前做好防备措施。

另外的一种灾害是人为引起的,比如网络攻击,企业越来越依赖互联网信息系统,包括 ERP、财务、人力资源软件等,如果系统服务器遭受网络攻击,就会导致系统瘫痪、数据丢失或无法及时更新,可能对客户交付产生严重的影响。

8. 距离

经济的全球化使得我们的供应网络遍布全球,运输距离变得越来越长,这导致了需求的牛鞭效应。假设我们从欧洲进口商品进入中国,运输时间大概有两个月。为了确保有足够的原材料,我们供应渠道中的原料必须足以覆盖下批货物的抵达。如果在这段时间之内需求增加了,我们可能面临缺货的风险;如果需求减少,则会有过量的库存。尽管我们使用了一些信息技术的手段,加快信息流动的速度和透明度,但距离是这个因素依然是客观存在,并会对需求产生影响。

以上我梳理了客户需求波动主要的八个原因。为了应对需求的不确定性,企业需要打造富有弹性的供应链,以便能够在快速变化的世界里,及时调整自己的战略和行动方案,积极应对未知的变化,化被动为主动,做好需求管理。

6.2 预测需求和库存的方法

预测需求是为了提前购买或制造适当数量的产品，来满足客户的需要，接下来为读者介绍的是最常使用的几种预测模型。

6.2.1 时间序列模型

对供应链管理来说，时间序列模型的主要用途是预测需求，它有几个前提条件：首先预测的是成熟的商品，因为模型需要历史数据；其次预测的是商品的独立需求，不是相关需求，因为相关需求可以直接通过物料清单计算出来；最后预测的时间跨度通常是数周、数个月，甚至是一整年，但它不太适用于很长的时间范围，三年、五年以后的商业环境很可能不一样了，不能再用原有的模型。

本篇介绍两个最简单的预测模型，它们是天真模型和简单平均模型，分别代表预测方式中的两种极端态度——焦虑和冷静。

1. 天真模型

天真模型的名字来自英文的 Naive，它很容易理解，预测的数量就是上一期的量，比如，今天卖出了 1 000 件商品，那就预测明天也能销售同样的数量。换句话说，天真模型不需要很多历史数据，只需要紧盯上一个时间期内的数字即可，它假设未来和现在是一样的。

如图 6-1 所示，预测 2 月份的需求量数量就直接使用上一个月的实际需求量 683，每个月都是如此，这是最简单的方法，这种模型看上去毫无技巧，但其中也有一些道理，它可以很快地反应需求变动。如果上个月出现了热销商品，那就应该加大供应能力，全力以赴冲销量。

反应太快也可能是缺点，它会让人们很紧张，始终要和上一期的需求量保持一致，这样是很累的，要不断地增加或减少供应量。频繁地折腾对供应端的压力很大，因为供应能力在一段时间内是比较稳定的，供应端不希望看到反复变化的需求，所以就出现了简单平均预测模型。

	A	B	C
1	时间	需求量	天真模型
2	1月	683	1 000
3	2月	936	683
4	3月	1 430	936
5	4月	502	1 430
6	5月	1 321	502
7	6月	1 076	1 321
8	7月	626	1 076
9	8月	1 406	626
10	9月	1 208	1 406
11	10月	875	1 208
12	11月	756	875
13	12月	1 422	756

=B2

图 6-1　时间序列模型——天真模型的计算过程

2. 简单平均模型

简单平均模型是另一种情况,它很重视历史数据,使用所有需求的总和除以周期数,取到一个平均数,用来预测下一期的需求,这个模型认为所有的历史数据是同等重要的,给它们赋予了同样的权重。而天真模型认为上一个周期是唯一需要参照的结果,在此之前的数字不需要考虑,这是两种模型最大的区别。

简单平均模型的预测方法确实不复杂,如图 6-2 所示。

	A	B	C
1	时间	需求量	简单平均模型
2	1月	683	1 000
3	2月	936	683
4	3月	1 430	810
5	4月	502	1 016
6	5月	1 321	888
7	6月	1 076	974
8	7月	626	991
9	8月	1 406	939
10	9月	1 208	998
11	10月	875	1 021
12	11月	756	1 006
13	12月	1 422	984

=B2

=AVERAGE (B2 : B4)

=AVERAGE (B2 : B11)

图 6-2　时间序列模型——简单平均模型的计算过程

首先看到 2 月的预测数量等于 1 月的实际数量，因为这是仅有的历史数据，结果和天真模型是一样的。此后，随着历史数据越来越丰富，模型取用更多的实际值，结果也就趋于稳定。4 月的预测量是 1 月至 3 月实际需求量的平均数，使用 Excel 的取平均值公式 AVERAGE 即可算出是 "1 016"。11 月份的预测量 "1 006" 是 1 月到 10 月需求的均值。

把需求量、天真模型和简单平均模型的数据用表格和图形表示，可以更直观地感受它们的特征，具体见表 6-3 和图 6-3。

表 6-3　需求量、天真模型和简单平均模型的数据

时间	需求量	天真模型	简单平均模型
1 月	683	1 000	1 000
2 月	936	683	683
3 月	1 430	936	810
4 月	502	1 430	1 016
5 月	1 321	502	888
6 月	1 076	1 321	974
7 月	626	1 076	991
8 月	1 406	626	939
9 月	1 208	1 406	998
10 月	875	1 208	1 021
11 月	756	875	1 006
12 月	1 422	756	984

需求量用菱形标记出了每个时期数量，天真模型使用的是正方形记号，可以看出它们构成的折线是一模一样的，如果把天真模型的图形向左移动一个月，它与需求量的折线会完全重叠，这种 "亦步亦趋" 式的变化使得预测非常敏感和紧张，让人感觉很 "焦虑"。反观简单平均的表现，在图中使用三角形做标记，它的折线越来越平稳，不再轻易受到波动的影响，非常的 "冷静"。

在两种模型里，我们看到焦虑和冷静的不同态度，它反映了选择模

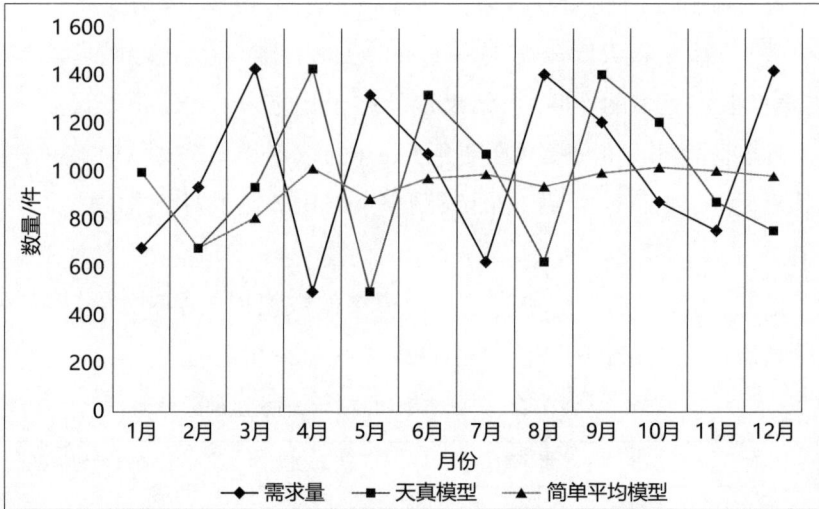

图 6-3　需求量、天真模型和简单平均模型的预测结果对比

型的人的心态,很难说哪一种是更好的,因为它们各有利弊,模型使用者需要进行权衡。天真模型反应速度快,但是会导致供应链管理的混乱;简单平均模型反应速度慢,但是能让运营效率更高,而其他的预测模型都是介于这两种极端之间。

6.2.2　移动平均模型

在上一小节我介绍了两种极端的模型,分别是焦虑紧张的天真模型和冷静淡定的简单平均模型,其他的预测模型都采用了折中的方法,例如接下来要介绍的移动平均预测模型。

移动平均和简单平均最大的区别在于取值范围,前者不再使用全部的数据,而是使用某段时间内的数据,例如三个月内的需求量。在计算方法上,移动平均和简单平均都是取平均值,它们认为每个周期的权重是一样的,所以这种移动平均模型被称为简单移动平均。

移动平均模型使用的时间段 N 是一个变量,它可以是 3 个月、6 个月、9 个月或是任意的一段时间,这种说法看上去很复杂,其实也很简单。我们仍然使用上一小节中的数据进行演示,见表 6-4。

表 6-4   移动平均模型使用 3 个、6 个和 9 个月的预测结果

时间	需求量	移动平均 3 个月	移动平均 6 个月	移动平均 9 个月
1 月	683			
2 月	936			
3 月	1 430			
4 月	502	1 016		
5 月	1 321	956		
6 月	1 076	1 084		
7 月	626	966	991	
8 月	1 406	1 008	982	
9 月	1 208	1 036	1 060	
10 月	875	1 080	1 023	1 021
11 月	756	1 163	1 085	1 042
12 月	1 422	946	991	1 022

假设移动平均模型选用过去 3 个时间段的需求量,在 4 月的时候,预测量等于 1 月至 3 月实际需求量的平均值如下:

4 月预测数量 = (683+936+1 430)÷3 = 1 016

5 月预测就是 2 月至 4 月实际数量的均值,6 月预测是 3 至 5 月的均值,以此类推。移动平均始终用过去 N 个周期的平均数预测下一期的需求,如图 6-4 所示。

如果把 N 设为 6 个月会怎样?模型的计算方法还是简单平均,但需要更多的历史数据,为了统计过去 6 个月的实际值,预测活动只能从 7 月开始,它等于:

7 月预测数量 = (683+936+1 430+502+1 321+1 076)÷6 = 991

6 个月的移动平均上溯了更多的时间段,结果也趋于稳定。同理,当 N 等于 9 时,意味着要使用过去 9 个月的平均数,取值的范围更大了,预测的结果更加冷静,有了一点简单平均模型的意思。

	A	B	C	D	E
1	时间	需求量	移动平均3个月	移动平均6个月	移动平均9个月
2	1月	683			
3	2月	936			
4	3月	1 430			
5	4月	502	1 016		
6	5月	1 321	956		
7	6月	1 076	1 084		
8	7月	626	966	991	
9	8月	1 406	1 008	982	
10	9月	1 208	1 036	1 060	
11	10月	875	1 080	1 023	1 021
12	11月	756	1 163	1 085	1 042
13	12月	1 422	946	991	1 022

=AVERAGE（B2：B4）

=AVERAGE（B2：B7）

=AVERAGE（B2：B10）

=AVERAGE（B7：B9）

图 6-4 时间序列模型——移动平均模型的计算过程

6.2.3 指数平滑模型

此前我们已经介绍了三种预测模型,分别是天真模型、简单平均模型和移动平均模型,它们都有一个特征,那就是对于历史数据赋予相同的权重,这种做法值得商榷。近期的实际需求量更加能够反映趋势变化,理应分配更多的权重。更早以前历史数据的价值会随着时间的推移而降低,这就像新闻一样,越是新鲜,它的价值就越高,而旧闻是鲜有人问津的。最近的数值应该获得更多的加权,这就是指数平滑模型的核心理念。每段时期的需求数量都被赋予了不同的权重,近期的最高,然后以指数形式递减,这是模型名字的来源。

指数平滑模型的公式如下:

下一期的预测数量=加权因子×本期需求数量+(1-加权因子)×
本期预测数量

加权因子,也叫作平滑因子,通常用希腊字母 α（alpha,阿尔法）来表示。

根据公式,如果想要预测下一期的需求量,先使用本期实际的需求

量乘以 α,它代表本期需求量的权重。接下来,使用本期预测的数量,也就是最近的预测值,乘以 1 减去 α 的结果。

举个例子,如果我要对明天进行预测,等于用今天发生的事情乘以 α,加上昨天预测今天的情况乘以 1 减去 α。文字描述可能依然很抽象,继续使用之前的案例来深入理解这个公式的含义。计算过程如图 6-5 所示。

	A	B	C	
1	时间	需求量	α=0.1	
2	1月	683	1 000	
3	2月	936	968	=0.1×B2+ (1-0.1) ×C2
4	3月	1 430	965	
5	4月	502	1 012	
6	5月	1 321	961	
7	6月	1 076	997	=0.1×B6+ (1-0.1) ×C6
8	7月	626	1 005	
9	8月	1 406	967	
10	9月	1 208	1 011	
11	10月	875	1 030	
12	11月	756	1 015	
13	12月	1 422	989	

图 6-5 时间序列模型——指数平滑模型的计算过程

加权因子 α 的取值范围是 $0 \leqslant \alpha \leqslant 1$,假设 α 是 0.1,想要预测 2 月的需求,计算过程分为两个部分:首先是实际需求量的权重计算,它等于 1 月的实际需求量乘以 α,等于 0.1×683 = 68.3;其次是预测量的权重计算,它等于 1 月的预测量乘以 1 减去 α 的值,等于 (1-0.1)×1 000 = 900;两个结果相加,四舍五入后等于 968。1 月的预测数量 1 000 是一个预先设定的值,并不是通过公式产生,其余月份的预测量都是使用同样的公式获得。

公式里的 α 本质是什么?加权因子代表重视程度,当它是 0.1 时,说明对最近的实际需求量的重视度很低,是一种缓慢的平滑,比较冷静,接近于简单平均模型。当 α 的值越大,说明它很依赖最近发生的数据,就成了快速的平滑模型,变得紧张焦虑,波动性强,向着天真模型靠拢了。

让我们把 α 是 0.4 和 0.7 的数据一起放入表格中,就会得到以下的结果,见表 6-5。

表 6-5　三种 α 值对应的预测结果

时间	需求量	$\alpha=0.1$	$\alpha=0.4$	$\alpha=0.7$
1 月	683	1 000	1 000	1 000
2 月	936	968	873	778
3 月	1 430	965	898	889
4 月	502	1 012	1 111	1 268
5 月	1 321	961	867	732
6 月	1 076	997	1 049	1 144
7 月	626	1 005	1 060	1 096
8 月	1 406	967	886	767
9 月	1 208	1 011	1 094	1 214
10 月	875	1 030	1 140	1 210
11 月	756	1 015	1 034	975
12 月	1 422	989	923	822

如图 6-6 所示,可以清晰地发现不同 α 的预测走势。当 α 是 0.7 时,折线图显然波动得更厉害,而 α 是 0.4 时,波动情况介于 0.1 和 0.7 之间。

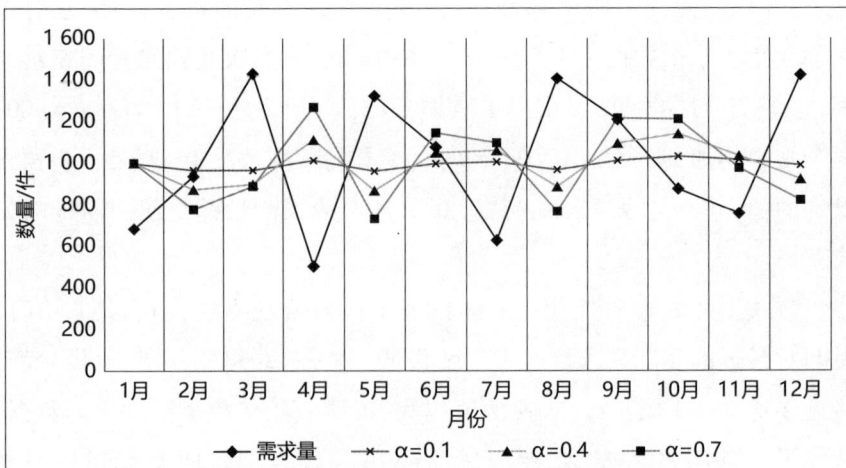

图 6-6　指数平滑模型三种 α 值的预测结果对比

设置不同的 α,就是在控制预测模型的敏感性。当数据比较稳定时,可以使用较小的 α,让模型对数据变动不那么敏感。相反的,如果数据上下波动比较大,就要使用较大的 α,让模型紧跟趋势。

简单总结一下,以上为读者介绍了四种最基本的时间序列预测模型,分别是天真模型、简单平均模型、移动平均模型和指数平滑模型,通过介绍这些入门级别的模型,给大家带来一些基本的概念。我们作预测的目的是获得洞察,预测活动从来不是独立存在的。尽管预测技术更多使用在需求管理上,它还会应用在其他的供应链管理中,例如本书重点讲述的库存,这将会是下一小节的内容。

6.2.4 预测库存的变动

正如前文提到的,预测活动不是独立存在的,它需要和供应链管理的场景相结合,其经典应用是预测未来需求,其他的场景还有运输费用和库存金额等。以库存预测为例,公司高层想要了解每个月末的库存金额会是多少,从现在开始到年末库存的趋势会怎样。

如果公司有降低库存的任务,高层肯定想要看到下降的曲线,否则就说明工作没有做到位。作为供应链管理部门的负责人,理所应当地承担了预测库存的工作。如果公司有先进的 ERP 或是专业的库存优化系统,这项任务可以交给软件完成,很快就能输出结果,即使没有这些系统,我们仍可以进行大致的计算。

1. 粗略的计算方法

先来看一种颗粒度较大的估算方法,它适用于目前没有许多数据,又要快速提供结果的场景,这种情况是比较常见的。公司高层在开会时,可能会突然想起一个话题,要求部门负责人快速提供一些信息,如果没有现成的数据,我们就要当场估算,然后给出一个比较可靠的数字。关于估算的方法,后续的章节会详细介绍,此处暂且略过。

回到估算库存的问题上,我们首先要思考一个问题,库存是如何变动的,怎么样才能预知以后的库存水平?相信读者在小时候都做到一道数学题,它是许多人童年的记忆,或许是不太愉快的那种,这道题就是"水池注水放水问题",题目通常是说有一个蓄水池,如果往里面注水,3小时注满;如果往外放水,4小时放完。请问同时注水和放水,几个小时可以把水池注满?我小时候是很不理解这道题的,为什么既要注水,又要放水,这种做法的意义在哪里?我一直没想明白,所以解不出这道题。

现在我终于找到了题目的现实意义。企业的库存就像是水池,卖出了成品,就相当于是放水,库存水平下降了。为了保持正常的运营,就需要不断地生产和采购库存,这就是注水。库存水平始终在变动,水池如果干涸,说明库存太少,就是缺货;水池如果溢出来,说明库存太多,也就是过剩。通过水池运行的原理,我们可以估算期末库存的金额。

具体要怎么做呢?第一步是要掌握目前的库存金额,这是相对容易获得的,只需要统计现有的库存数量,乘以标准成本即可,例如此刻账面库存金额是1 000万元。

第二步是了解"放水"的情况,即每天预计的销售额是多少?假设公司每天平均出库的订单金额,也就是销售额是50万元,距离月底还有10天,所以预计会减少500万元的库存。

第三步是推算"注水"的情况,即每天预计的采购金额是多少?如果本月还剩余10天,只需要看这段时间的到货计划就能知晓。假设截至月末,还有1票货物即将入库,金额是400万元。

第四步是计算月末库存金额:

> 期末库存金额=现有库存金额−出库金额+入库金额
> =1 000−500+400
> =900(万元)

这样就可以迅速地预估期末库存的结果,当然它可能不是很精准。

2. 进阶的计算方法

不管使用哪种方法,库存预测的底层逻辑都是相同的,它仍然是一个水池注水放水问题,区别在于计算的颗粒度。

假定这次要预测的目标是原材料库存,总经理想要知道月末的原材料库存金额能否降下来,达成集团公司设定的指标。原材料不仅占用了仓库场地,它还涉及应付账款,收到的货物要计入应付的账簿,按照合同规定的期限给供应商付款。

原材料的期初库存就是现有库存,这与此前粗略估算的情况是一样的。不同之处在于"放水"的数据来源发生了变化,它不再是销售预估,而是物料的相关需求。

相关需求的概念在以前介绍物料需求计划和计算逻辑的章节已详细解释过,它和成品的物料清单绑定在一起,通过使用比例计算可得需求量,所以不需要单独作预测。举个例子,制作 1 个汉堡包需要 2 个面包片,在物料清单中成品和原材料的比例是 1∶2,制作 100 个汉堡包就要用到 200 个面包片。

生产型企业的原材料需求量来源于成品的生产计划,假设生产计划都能按时完成,根据物料清单,用 MRP 系统或者是 Excel 表格就可以推算未来库存的变化情况。

继续使用物料需求计划和计算逻辑章节中的案例,假设物料编号是 NCX-10 的原材料,它在 1 月份每周的相关需求分别是 245 件、208 件、408 件、553 件和 104 件,见表 6-6。

表 6-6　NCX-10 相关数据

料号	类型(type)	1 月 1 日	1 月 8 日	1 月 15 日	1 月 22 日	1 月 29 日
NCX-10	相关需求 (dependent demand)	245	208	408	553	104
NCX-10	采购订单 (purchase order/open order)	0	400	0	500	500
NCX-10	计划订单 (planned order)	0	0	0	0	0
NCX-10	全部供应能力 (total supply＝PUO+PLO)	0	400	0	500	500
NCX-10	期初库存 (beginning on hand)	652	0	0	0	0

料号	类型（type）	1月1日	1月8日	1月15日	1月22日	1月29日
NCX-10	预计可用库存 （projected available balance）	407	599	191	138	534
NCX-10	计划中的收货 （scheduled receipts）	0	400	500	0	500
NCX-10	预计可用的库存 （projected on hand）	407	599	691	138	534

根据 MRP 计算规则,每周期末的 NCX-10 库存数量分别是 407、599、691、138 和 534,具体的计算过程可以查看前面的内容,不再赘述。把所有的原材料都用此方法统计,就可以得到全部的库存预测金额。

期末预计可用的库存就是我们要寻求的预测数据,在这里两者是一回事,它们的本质是一样的。此时我们可以思考一下,供应链管理中数据的属性是什么? 相同属性的数据可能有不同的字段名,例如上文提到的销售量和相关需求量,在不同的场景,它们起到的作用是一样的,都是在水池里放水,消耗里面的库存。预测库存量和期末可用的库存量也是如此,都是在某一个时间点库存剩余的数量。有些情况下,数据是可以相互替代的。

为什么要提到这些数据的替代问题? 许多时候我们或许没有现成可用的数据,那工作就不能继续做下去了吗? 显然是不行的,没有数据就要想办法找到数据。可能又有人会说了,"我怎么知道要用什么数据?""这个报表没人教过我,不会做啊!"

在生产车间里,所有的设备操作和产品加工活动都有很明确的作业指导书,工人只需要按部就班地执行操作就可以了。而在职场,并不是所有的工作都有一份操作手册,许多时候,给你布置任务的人也不知道该怎么做。领导通常会提出要求,需要一些数据或是分析,他不关心获取数据的过程,只想要得到结果。接到指令的人可以选择"躺平",没人教过不会做也是正常的,但这样想就失去了磨炼学习的机会。对数据的敏感度和应用能力是在实战中锻炼出来的,只有愿意去接受挑战,才有机会获得成长。我们应该主动地思考"我需要什么数据?现在有什么可用的资源,如果没有,如何去其他数据源中找到替代方法?"经常进行此类训练,可以提升自己的数据应用和逻辑思维能力。想明白了这点,我们也就不会再惧怕或拒绝挑战了。

最后给读者留一道思考题,如何来预测在途库存?是否可以利用NCX-10案例中现有的数据?大家不妨思考后给出答案。

6.3 供应链预算和运费预测

企业有各种类型的预算,例如销售预算决定了销售和市场部门承诺出售产品或服务的数量,这个预期的销售水平构成了物流服务需求的基础,即每月运往每个客户的货物数量。运输有更详细的预算,这是本节要重点谈论的内容。

6.3.1 供应链的预算怎么做

供应链管理者的一项重要工作就是编制预算,每年都有那么几个月,不是在做预算,就是在和领导们回顾预算的数字,随时准备接受高层和其他同事的挑战。

1. 如何编制预算

一般来说,预算编制工作在财政年度结束前2个月开始,在下一个财政年度开始后的数周内结束,整个过程不宜过长,否则会影响运营。

许多企业采用滚动预算的方法,这是一种不断修订预算的模式,通常有12个月或18个月的规划范围,随着当前月份的推移,在最后增加一个新的月份。举个例子,当年7月时的预算,如果时间范围是12个月,就需要覆盖下一年的6月,正好是12个月。到了下一个月,预算范围就改为8月至次年的7月,依此类推,始终保持12个月,不断地向前滚动,所以叫作滚动预算(rolling budget)。在做预测时,我们也使用类似的方法,这种预测方式就是滚动预测(rolling forecast)。

财务会定期重新规划预算数字,比如每月回顾运输费用。预算离现在越近越准确,可以更好地反映经营情况的变化,这也符合预测的特征。根据预测的著名原理"近期预测的准确性高于远期的",我们要不断地更新预算,这样才能做得更准。

我们好像看到预算和预测有一些相似之处,都需要收集历史数据,然后推断未来可能的结果。两者的主要区别是预算仅考虑短期的支出和收入,一般都是在一年之内,而预测会兼顾短期和长期的业务。我们可以使用预测的技术来编制和维护预算,为业务提供更可靠的信息,帮助企业获得更健康的现金流。

2. 预算编制的流程

企业可以使用以下的流程编制预算:

1)设定目标和政策

首先要明确一点,预算需要和企业的战略保持一致。例如,企业的战略是快速扩张,那就需要增加销量,供应链要在各个渠道中铺货,确保有足够的商品供应给市场,库存、物流和人工成本的预算就要相应增加。相反的,企业战略转向了,要收缩战线度过经济寒冬,供应链管理者就要大刀阔斧地削减库存和 SKU 数量,宁可有一些缺货,也不能持有过量的库存,各项预算都要减少,这样才能与企业战略同频共振。

为了实现这点,企业需要设定目标和政策,建立明确的预算预期,看看钱会用在哪些方面上,例如公司要上一套新的 ERP 系统,就需要预留资金。

值得注意的是,预算是对未来的预估,这点和预测很相似,而预测的另一个著名原理就是"预测永远是错误的",所以预算不可能百分百准确地反映未来运营收入和支出的情况,必然存在一定的错误区间。

有些企业把预算用于绩效评估,要求员工根据预算来完成多少金额的销量,或是削减多少的成本,这种做法存在一些问题。例如销售人员完成指标后可以获得奖金,他可能会把预算做得较低,这样只要他稍微努力一点就可以完成任务,但公司业绩就会被低估。如果把预算和绩效考核挂钩,员工为了达成个人的 KPI,就不会客观地编制预算,而是带有目的性地"编"出一些数字来实现个人利益的最大化。企业管理者必须警惕这种现象,应该使用合理的绩效评估方法来考核员工,而不是预算。

正如预测存在一定的错误区间,预算也应有一定的目标范围,可以设定最低和最高目标。最低目标是最有可能达成的结果,而最高目标用于激励员工持续改善,这种方法更加符合实际。

预算需要考虑宏观经济和政策对企业的影响,例如 2021 年全球海运市场供不应求,运输费用不断上涨,导致企业物流成本升高,这部分是物流的变动成本。上海市的部分高架路有外省市牌照车辆的限行时段,物流公司为了完成配送,需要配置有资质的车辆,这是物流的固定成本投资。企业在制定预算时,需要回顾当时的全球经济、市场环境和政策变化。

2) 设定参数,初步编制预算

制定预算需要考虑一些参数,包括人工费率、运费率、租赁费用、维修费率等,这些数字就像飞机驾驶舱的仪表盘,指引飞行员安全飞行,因此需要用大量时间反复确认。如果参数不准,计算的结果可能就会与实际情况天差地别,因为费率都是和数量相乘的,即便数量是准确的,但费率是错误的,最终结果必然是错误的。

举个例子,某条线路的年运输量是 100 吨,做预算时使用的费率是每吨 1 000 元,一年的支出是 10 万元,但在实际操作中发现,每吨费率是 1 500 元,比预算高出 50%,年实际支出相应增加了 50%。由于费率错误造成结果严重偏离,即便数量是正确的也于事无补。

专业人士应该始终对费率的变动保持警惕,并对不寻常的变化提出质疑。我们需要进行价格比较,向多家物流服务供应商询价,或与业内其他甲方企业的专业人士交流信息,这些方法叫作交叉验证。通过这种方法,我们可以获取不同渠道、立场的人士提供的信息,然后进行综合判断,得到最贴近实际现状的费率,了解哪些变动是合理或是不合理的。

除了参数,我们还要注意日期、数据的类型、计量单位、货币和其他定性的信息。如果没有使用预算的专业软件,计算的方法是因人而异的,每个人使用的假设都可能不一样,所以要把这些过程都记录下来,否则过了一段时间,可能连编制预测的人都不记得当时的计算逻辑和假设条件了。

假设是由个人提出的,但需要集体的同意才能最终确立,这样可以保持大家的观点都是一致的,最终把假设写成明确的参数,分发给所有相关人员,这样能确保大家做出的预算不会相差太大。

一般我们使用时间序列方法编制预算,它是参照过去的历史数据,然后结合新的费率、数量趋势、经济周期等多种因素。比如,企业预计明年的运输量增加 10%,费率增长 3%,计算公式就等于:

$$明年运费 = [今年费率 \times (1+3\%)] \times [今年运输量 \times (1+10\%)]$$

如果是初创企业,或是进入一个新的市场时,我们没有足够的历史数据,就没法用上述方法来做预算了。专业人员需要使用其他方法,比如高管预测、德尔菲法、或是对标相似的行业情况做出判断,这些方法定性的成分超过了定量的。当然,即使有历史数据,我们也可以用定性方法来做交叉验证。

在初步完成预算编制后,需要做一个差距分析,与高管设定的期望进行比较。如果物流费用超过了预期,专业人员需要进行合理的解释,比如现在的燃料价格上涨,需要更多的预算,这样预算更有可能被批准。

3)预算协商和确认

一旦制定了预算,每一级管理者都会仔细研究下级人员提交的预算,并根据可用资金进行核对。资金是有限的,这是所有企业都面临的约束条件,而供应链要提高服务水平,所以是在预算范围之内寻求最优解。

编制预算采用先"自下而上",后"自上而下"的方法。各个预算的负责人先制订他们自己的计划,然后汇总起来提交给管理层,这个过程就是"自下而上"。管理层把汇总结果与公司的预期进行比较,如果超过了,就把总额再打回给相关人员,让他们重新制定预算,直至汇总数字符合公司战略,这就是"自上而下"。经过反反复复的修改和确认,预算最终被批准,并传达给有关人员。

6.3.2 线性回归模型预测运输费

线性回归模型可以用来预测未来,所以是预测性模型。本小节使用预测运输费用的场景,为大家介绍这个模型。

1. 什么是线性回归模型

线性回归在供应链中有许多应用场景,比如预测运输费用。假设一家跨境电商 A 公司打算开拓一个新的海外市场,把货物从中国运到法国销售,每次都是用拼箱出口,想要了解海运成本大概是多少。由于是新的市场,A 公司没有运费的历史数据供参考,好在公司已在德国设立仓库运营了,所以有一些运费的数据。由于 A 公司的货物都是体积大但是重量轻的货物,需要根据货物立方数算运费。

运费是从中国工厂提货,到送至海外仓库的全部费用,其中包括内陆卡车、海上集装箱运输、码头操作和进出口手续费等。法国距离德国很近,因此 A 公司可以使用现有的数据来预测新市场的运输成本,此时,我们就可以使用线性回归模型来预测运费了。

什么是回归,它的全名是 regression towards the mean,也就是向平均数回归,这又是什么意思呢?如果我们把 A 公司现有出口德国的 50 条海运数据拿出来,横轴是货物的立方数,纵轴是对应的运输费用,用散点图来表示,看到的就是如图 6-7 所示的效果。

看着这张图,直觉告诉我们,似乎有一条直线,可以穿过所有的点。回归就是通过这堆点,来找一条尽可能在所有的点中间的线的过程,如图 6-8 所示。

这条直线就是我们要寻找的目标,然后根据它来预测未来运输到法国的运费。线性回归就是根据已知预测未知的模型。我们看到实际发生的运费分布在直线的上下,造成差异的原因可能是运费波动,或是因

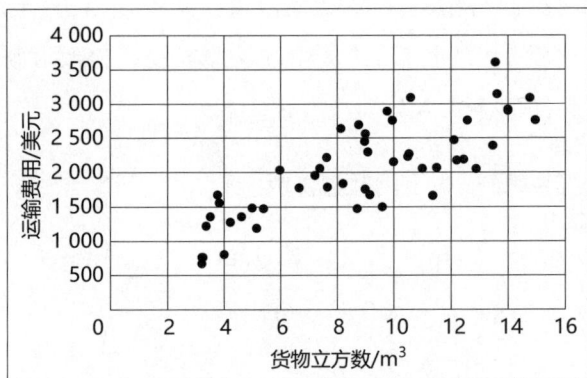

图 6-7　海运拼箱运输费用散点图

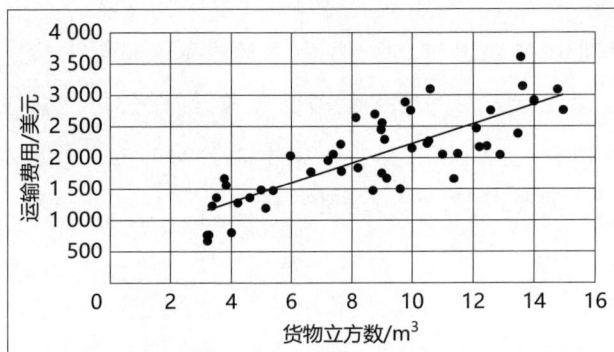

图 6-8　散点图中的直线

为货物较重,也有其他的可能性,我们不必纠结细节,只需要关注这条直线的整体趋势,这样就能更快捷地预测未来的运费情况了。

　　散乱的点不能体现趋势,而回归的线可以预测未来。回归就是通过一堆看不出具体关系的点,来找一条尽量出现在所有的点中间的线,从而让整体关系更加清晰可见,为我们提供洞察。

　　解释过了回归,再来说一下线性。举个例子,出租车计费由两部分组成,首先是固定的起步价,比如 16 元,哪怕你打车只是去前面 200 m 的地方买份早餐,司机也收你 16 元,这是最低收费;其次是每公里车费,如每公里收费 2 元,距离越远,收费越高。出租车计费的公式就是:

车费 = 2×公里数 + 16

这就是一个经典的线性函数公式:

$$Y = A \times X + B$$

当 X 为 0 时,Y 的值是 16,这就是最低收费的起步价 16 元了。"线性"是那条直线,找到那条直线的过程就是"线性回归"。现在我们理解了,所谓线性回归,就是在一堆散点中找出一条含有趋势性的直线,然后根据这种趋势预测未来情况。

2. 如何使用线性回归模型

1)统计分析

理清楚概念后,我们就要开始找出运输费用中的这条直线了。在 A 公司的案例中,现有的数据只有 2 组,分别是每票海运的货物立方数和每票货物的运费,其中包括门到门的运费、港口操作费和进出口费用等。

这两组数值就是函数中的参数,我们要使用它们来找到直线,求解线性函数中的 A 和 B 的值。A 是一个系数,在它的影响下,运费会随着货量增加而上涨,这很容易理解,运输的货量越大,收费就越高,成正比关系。A 在线性函数中的名字是斜率,意思是每增加一个单位货量,会增加多少运费。

B 也是一个系数,就像前文中的出租车起步价一样,运费里也有最低收费,包括海上和内陆运输的起步价,另外还有进出口和港口操作的固定收费。B 在线性函数中的名字是截距,也就是当 X 为 0 时 Y 的数值。在现实情况中,出货量不可能为 0,X 一定是大于 0 的数。货物立方数叫作自变量,就是 X。运输费用是随着货量而变动的,所以叫作因变量,也就是 Y。

整个的公式就等于:

$$海运拼箱运输费用 = A \times 货物立方数 + B$$

只要求出 A 和 B 这两个系数的值,就可以把任何的 X 值——货物立方数代入公式,算出运输费用了。

A 公司运输的汇总统计数据见表 6-7。

表 6-7　A 公司运输数据

数据分析	海运拼箱运输费用(美元)	货物立方数(m^3)
最小值	670	3
平均值	2 039	9
25 百分位数	1 496	5
50 百分位数	2 056	9
75 百分位数	2 579	12
最大值	3 606	15
最大值与最小值的差	2 936	12
75 与 25 百分位的差	1 083	6
标准差	680	4
变异系数	0.33	0.4
相关性分析	1	0.81

2)相关性分析

除了常规的统计外,我增加了一项,就是最后一行的相关性(correlation)分析。运输费用和货量是两个变量,它们之间可能存在一定的相关性。根据我们的常识,运输的货量越大,运费也就越高,它们之间应该是正相关性,也就是运费随着货量的增加而增加。为了证明这点,我们需要使用相关性分析来验证。

在 Excel 中,使用函数公式" =CORREL(数组,数组)"就可以求得解。相关性的结果是在 −1 和 +1 之间。当相关性为 −1 时,数组之间是负相关,X 的值越高,Y 的值越低。比如天气越热,羽绒服越是卖不出去。当相关性为 0 时,数组之间没有任何关系。

当相关性为 +1,数组就是正相关性,也就是我们运费案例中的情况了。CORREL(海运拼箱运输费用,货物立方数)为 1,因为是同一个数组之间分析,结果自然是 1。CORREL(海运拼箱运输费用,货物立方数)是 0.81,比较趋向于 1 了。这个结果告诉我们,两组数据之间的相关性很强,值得进一步分析,来计算 A 和 B 的值。

3）求解过程

求解过程略有点复杂，如果要解释清楚，估计还要用不少篇幅，所以我就先一笔带过。强大的 Excel 可以帮我们很快地计算出结果，具体的方法是在"数据—分析—数据分析"中选择"回归"即可。如果还没有安装数据分析模块的朋友，可以在网上搜索安装的方法，在此就不做介绍了。如果无法安装，可能是 Excel 版本的问题，需要进行升级。

求解过程很简单，如图 6-9 所示，只需要在"Y 值输入区域"中，把 Y 值的数组，也就是运输费用选中，然后在"X 值输入区域"中，把 X 值的货物立方数选中，单击"确定"按钮就可以迅速算出结果。

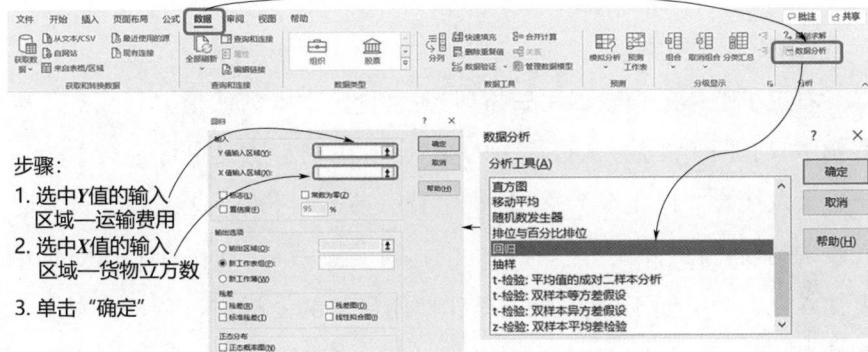

图 6-9　求解过程

4）评估模型

在 Excel 的帮助下，我们可以很轻松地获得模型，但最重要的工作随之而来，就是要评估和验证模型，我们想要确保这个模型是合理的，而且在统计学上是有效的。根据 A 公司的 50 组数据，可以得出这样的结果，里面的信息量较多，由于篇幅有限，本文只解释其中最重要的几个输出。

（1）模型的拟合程度

首先，我们要评估模型的拟合程度，它是回归直线与实际情况的匹配度，也被称为决定系数。在输出结果中，我们重点要关注"调整的 R^2（adjusted R square）"的值。

R^2 可以理解为模型能够解释实际情况的百分比。由于要去除自变量

个数对 R^2 的影响,所以叫作"调整的 R^2",这个数值在 0 到 1 之间,数值越大,说明模型的拟合程度越好,越是能够说明问题;如果数值为 0,这个模型啥也不是。调整的 R^2 是 65%,说明拟合程度还不错,可以解释 65% 发生的情况,值得我们进一步分析下去。计算出的结果如图 6-10 所示。

汇总输出

	调整的 R^2		0.65	

系数统计

	系数	P值	下限95%	上限95%
B:截距	664.52	0.000 093	351.39	977.66
A:斜率,货物立方数	156.41	0.000 000	123.32	189.51

图 6-10　计算结果

(2)A、B 系数

看过了整体的拟合程度后,我们要看看单个系数的情况怎么样。本案例中只有两个系数,是很简单的场景,但在现实情况中肯定会大于这个数量。还是以出租车为例,计费中有一项是时长费,这是根据行驶时间收费的项目,另外还可能有额外的司机奖励费,比如在春节期间每单要加 6 元。为了便于说明,在这里我使用最少的变量进行分析。根据求解结果,我们可以把 A 和 B 的值代入公式如下:

海运拼箱运输费用＝156.41×货物立方数+664.52

回归模型结果如图 6-11 所示。

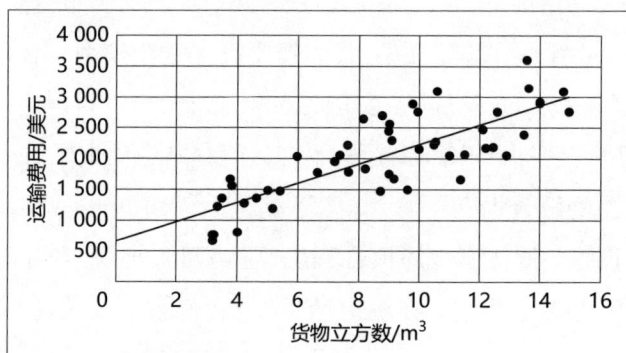

图 6-11　海运拼箱运输费用回归模型结果

假设货物立方数为 0 时(实际上不可能),运费是 664.52,这就是截距。当货物是 4 个立方,运费就是 1 290.18。就这样,我们找到了那条直线,只要输入 3 至 15 中的任何一个数字,就能够得出运费。

(3)验证系数

我们还需要对系数进行验证,看看它们是否有效且合理,这里主要是看 P 值,它是用来判定假设检验结果的一个参数,P 值越小,比如小于 0.01,说明系数越是不可能为 0。系数如果是 0,说明该系数是无意义的。计算得出的截距 P 值是 0.000 093,已经足够小了,说明这个系数是可用的,而斜率的 P 值更小,那就更没问题了。

(4)上下限的值

最后是 A、B 系数上下限的值,这里使用的是模型默认的 95% 的置信区间情况下的值。

计算出的货物立方数系数的下限是 123.32,上限是 189.51,截距的下限是 351.39,上限是 977.66。在 95% 的置信区间里,系数的上下限就在这个范围内,这里需要注意的是上下限值不能小于 0,否则系数就没意义了。如果系数 A 是负的,那意味着运输的货量越高,运费反而更低,这是不现实的。因为两个系数的 P 值都小于 0.01,所以也不会出现上述情况。

至此,我把这个简单的线性回归模型介绍完毕,本来想着尽量简化内容,但实际看来,里面包含的知识点是很多的,一篇短文恐怕难以讲清楚所有的内容。从模型构建和使用的角度,我们需要重点关注以下几个方面。

3. 建模时的关键点

1)选择模型的自变量

在建模之前,我们可能会有多个自变量 X,此时就要想一想,该使用哪些?我在本案例中用了一个最简单的场景,所以只有 1 个自变量。在实际情况中我们会遇到多个自变量的情况,如距离、重量等,需要根据经验来判断、选择合适的自变量。决定以后,我们要收集自变量的数据,但有些数据可能是缺失的,因此现实情况会更复杂一些,要做好心理准备。选择自变量是建模过程中最难的环节,需要我们对问题有充分的认知。

2)简单就是最好的

根据经验,在模型中尽量少用一些自变量,只要能解释问题就可以了,自变量越多,模型就越复杂。虽然调整的 R^2 会很高,却是人为"调"出来的,距离现实情况反而更远了。模型最终要在现实中验证,过度拟合可能会偏离实际情况。

3)模型验证

由于 Excel 可以快速运行分析,计算过程已成为最容易的一步,这导致我们可能想要尽快看到模型结果,忽视了前期思考和选择的过程,因此,验证模型就更加重要了。调整的 R^2、P 值和置信区间的上下限,这三个是最重要的点,我们需要用常识和经验去判断它们是否合理。

总结一下,线性回归模型是供应链管理经常会使用的工具,听起来很高大上,但是原理并不复杂,使用 Excel 就能搭建模型,预测未来。掌握基本的建模技能,可以帮助我们提高逻辑思考和数据分析能力,增加在职场上的竞争力。

6.3.3 如何快速估算供应链问题

在上一小节的案例中,如果我们要使用线性回归模型,需要在前期收集一些数据,这是一项费时的工作。有时候我们想要有一种更快捷的方法,可以让我们迅速获得一些洞察,尽管结果可能不太准确,但这并不重要,此时就可以使用快速估算了。

1. 供应链难题

大家有没有遇到过这样的情况?老板着急地让你提供一些数据,比如预测未来的库存金额或是运费。场景可能是这样的,假设张三是一家制造企业的物流经理,负责全国数个工厂和仓库的运输。这天,老板突然来找张三。

老板:"张三,大老板要和我过一下明年的空运费用预算,你今天下班前给我,明天我要去汇报。"

张三:"好的,但是老板我手里还有几个报告要交,下班前可能给不了你……"

老板:"好的,我知道了,你抓紧做,明天给我。"

张三:"……"

老板给张三布置了一道题,但是要解开这道题需要花费大量的时间。当我们没有很强大的系统时,就要从许多地方找数据,然后进行计算,而结果未必很准确,这是非常令人沮丧的。我们投入了许多时间精力,但效果不佳,还要被老板嫌弃。为什么会这样呢?

首先,数据获取可能很困难,系统之间是不通的,数据存储在各个系统和 Excel 文件里。我们要从各个地方去找数据,费时费力,效率低下。

其次,我们要预测未来的数据,而预测的特点之一就是它是不准确的。预测是对未来的预估,假设未来和过去是一样的,而这是不可能的事情。计划没有变化快,未来情况一直在变,就算假设得很完美,但未来的发展未必如你所愿。预测不准确是大概率的事件,导致的结果是我们费尽力气,但最终结果还是有偏差。

有没有一种方法,可以让我们花最少的时间和精力,计算出一个比较准确的结果?

2. 费米问题——芝加哥有多少钢琴调音师

著名的物理学家恩利克·费米提供了一个解决方案。费米有多厉害?他被誉为"原子能之父",是美国芝加哥大学物理学教授,在 1938 年获得了诺贝尔物理学奖。

顺便提一下,提出约束理论的艾利·高德拉特也是一位著名的物理学家。看来学好数学和物理,解决供应链问题就是"降维打击"。

费米有一个经典问题"芝加哥有多少个钢琴调音师"?他喜欢把这个问题丢给学生们,并要求他们快速估算出数字。要知道费米生活的年代是没有互联网,没有搜索浏览器,最多只有电话黄页(一种上古时期的搜索工具)。如何在很短时间内找出答案,或者估算出一个很接近的数字？我们可以按照以下的思路，逐步解开费米的问题：

①芝加哥位于美国中部，是连接美国东西南北的重要交通枢纽。目前芝加哥的人口数量大约是 2.68 百万人（2021 年数据）。

②假设芝加哥每户人家有四口人，这样全城的家庭数量就是 67 万户。美国的中产家庭一般都会买架钢琴，培养小孩的艺术气质。考虑不是所有人都会买，我们就假设有 50% 的家庭拥有钢琴，这样芝加哥的钢琴保有量约是 33.5 万架。

③一般来说，一架钢琴每年至少要做一次调音，有些人 2 年调一次（比如我们家），而有些人半年就要调一次。我们就取个平均数，每台钢琴一年调音一次，芝加哥在一年里需要调音的钢琴总数是 33.5 万架。

④调音师每次调音大概需要 2 小时，每天平均做 4 单，每周工作 5 天，全年工作算 50 个星期，这样一位调音师一年可以处理的钢琴数量计算如下：

$$一位调音师一年可以处理的钢琴数量 = 每天工作单量 \times 每周工作天数 \times$$
$$每年工作星期数$$
$$= 4 \times 5 \times 50$$
$$= 1\,000（架）$$

⑤把芝加哥全城一年里需要调琴的数量，除以调音师一年可以完成的工作量，就可以得出芝加哥钢琴调音师的人数，计算如下：

$$调音师数量 = 芝加哥钢琴保有量 \div 调音师每年可以处理钢琴数量$$
$$= 335\,000 \div 1\,000$$
$$= 335（人）$$

实际情况是怎么样的呢？

根据沃尔夫勒姆搜索网站给出的数据，2019 年芝加哥的调音师数量是 300 人！是不是很神奇呢？与实际结果的误差只有 35 人，是非常接近的数字了。

我查阅了多个网站，有些说有 100 多人，或是 200 多人的，但不管怎样，在数量级上都是一样的，都是以百位为单位。钢琴调音师是一个非常小众的职业,这个数量级是很合理的。

3. 简单的估算规则

费米问题遵循一种简单的估算规则,他本人特别擅长解决此类难题,他曾经用一把纸片估算出核弹的爆炸当量。费米估算问题主要通过以下三个步骤:

①把庞大的问题不断分解为小问题,直到可以作出较为准确的估算。

在芝加哥调音师问题中,首先把总人口数量分解为家庭数量,然后估算钢琴的保有量。值得注意的是,费米没有进一步去细分家庭结构,他停留在家庭这个层级上。如果再细分下去,需要耗费许多时间,就背离了快速估算的初衷。然后,费米估算出调音师的处理能力。就这样,他把纷繁复杂的问题,拆解成了2个小问题,进行下一步的计算。

②在完成小问题的估算之后,使用倒推的方法,把数字相乘或相除,就可以求得想要的答案。

把钢琴的保有量除以调音师的处理能力,就能得出调音师的数量。我们换个场景,如果想知道上海每天消耗多少杯咖啡,可以尝试用上海总人口乘以喝咖啡人数的百分比,再乘以每人每天喝的咖啡数量,很快就可以估算出一个数字。

③使答案处于正确的数量级,用数量级代替精确值。

费米估算方法的精髓在于用最短时间求出数量级,而不是精确数值,这种“毛估”的方法看上去粗糙,但其中蕴含深刻的数学原理。估算法的奇妙之处在于,通过数量级的方法估算各种值的时候,一定有一些数量是被高估了,还有一些是被低估了,这些高估的和低估的值会相互抵消,这是数学美妙的地方,这样估算出的结果“意外地”接近真实的情况。

4. 应用案例,如何做空运费的预算

再回到本文开头的地方。老板让张三当天就拿出明年空运费用的预算情况,这似乎是个宏大的问题,里面牵涉许多工厂和仓库,以及空运

发货给各地的客户。如果要精确计算，需要收集所有的数据。

张三的公司主要运输模式是卡车、铁路和海运，只有在赶不上交货期时，才会去使用空运，因为空运的时效性最快，但价格也是最贵的。由于空运只在特殊情况下才会使用，本来就存在相当大的不确定性。想要正儿八经地去计算出精确值很难，而且要花很多时间。

精确计算的方法是这样的，要收集所有的 SKU 基础数据，每箱多少个产品，每箱体积重量，可能还要细分到每袋产品的信息，此外还要统计每托盘的数据。可是张三没有强大的系统，不能立即统计所有的 SKU 基础数据。

计算空运需求就更难了，张三如何能预见未来什么时候需要空运呢？需求是波动的，当需求突然增加，供应可能就接不上了，此时要安排空运，但是，去年的这个时候空运了 300 kg，今年同期也会运 300 kg 吗？这是不确定的事情。如果要仔细计算，就会用到许多数据和假设，很难，这时候就可以用费米问题的思路，快速回复老板。

首先是分解问题。空运是由什么组成？计费公斤（以下简称公斤）乘以每公斤的费率。每公斤运费是个波动的数据，这需要根据最新费率进行调整。未来会涨会跌很难说，比如机场出现了疫情，运力减少，费率就会上涨，所以我们可以取一个平均值，比如 10 元，这样就开始了第一步的问题分解。

接下来继续拆解运输重量，我们肯定有一些历史数据对吗？可以分解到工厂、仓库这个级别，但就此打住，再细分可能就比较困难了。使用每个月的运输重量，估算未来可能的变化，是会增加，还是会减少，或是保持不变，这样就能得到未来每个月的运输量。

最后，把未来的运输费率和货量公斤相乘，就可以得到一个估计的值。需要注意的是，我们得到的仅是大概的数字，可能不是很精确，但肯定是在同一个数量级上。比如张三去年花了 300 万元的空运费，今年估算的结果是 200 万元，至少是在同一个数量级上，都是百万元。如果估算出的结果是十万元或是千万元级别的，那就要看看是哪里出了问题。

估算并不是瞎算,需要有一定的推理过程和计算依据,是可以向领导解释的,是合理且经得起挑战的。在实际运营过程中,有些空运货量会增加,而有些会减少,两者之间会相互抵消,从而使得估算更接近真实的情况,这是估算方法的神奇之处。如果估算和实际结果的偏差较大,可能是出现了一些意外情况,超出了预估的合理区间。

总结一下,当我们遇到一个复杂的供应链问题时,想要快速找出答案,可以使用费米估算方法,把问题拆分成小问题,然后作出较为准确的估算,把数字相乘或相除,求得一个较为准确的答案。请注意,这样求解出的答案在数量级上是正确的,而不是绝对的精确,但是这种方法可以帮我们用最少的时间精力,解决一些很复杂的问题。一些咨询公司在面试时,经常会给候选人出类似的问题。我们平时也可以适当做些训练,锻炼自己的逻辑思维能力,说不准哪天就能派上用场。

本 章 小 结

预测是供应链管理中常用的一项技术,通常应用在需求预测上,学习预测的原理和方法,我们也可以对库存和运输进行预测。虽然预测不可能是 100% 准确的,但我们也要把预测坚持做下去。通过不断地分析对比预测和现实的偏差,我们就能找到一些问题点,这些问题点可能仅仅是一个错误的输入,如没有及时更新的 BOM、产品升级换代、客户或者市场的变动等。如果不去分析、研究和修正,错误就会重复发生,久而久之正确的预测内容也会受到影响,使得大家都不相信任何的预测,否定预测活动的必要性。做好预测并不容易,但是只要我们持之以恒,总能从茫茫数据大海中找到一丝线索和正确的方向。